평생교육경영의 실제

조재준 저

태영출판사

머리말

사람들을 만날 때면 '배움에는 끝이 없기에 죽을 때까지 배워야 한다'는 말을 자주 듣게 된다. 나이를 불문하고, 때와 장소를 불문하고, 전공을 불문하고 '누구나, 언제, 어디서나' 학습을 원하는 사람이라면 교육받을 수 있는 것이 명실상부한 평생교육사회이다. 이러한 맥락에서 볼 때 우리나라의 평생교육은 학교교육의 테두리에서 벗어나 누구나 원하는 교육을 받을 수 있는 평생교육의 법적 · 행정적 기초 위에 사회 제반 영역과 상황에 따라 실천적으로 이루어지고 있다.

이 같은 현실적 상황을 직시하면서 평생교육사회의 중핵적 역할을 담당할 우수한 평생교육사의 양성을 목적으로 예비평생교육사들에게 평생교육의 이념-이론-체제-사실을 일관성 있게 제시하고자 본서를 마련하였다. 비록 본서가 평생교육과 평생교육경영에 관한 개념체계나 실천체제 등에 있어서 새로운 독창적인 내용이 주류를 이루는 것이 아니고, 기존의 다른 교재들 수준에서 다루었던 내용과 최근 국내 · 외의 평생교육의 법과 체제, 그리고 정책 등의 동향과 자료를 중심으로 집필되었다.

그럼에도 불구하고 본서는 다른 교재들과 달리 평생교육경영과 관련한 평생교육의 이념에서 출발하여 제도적, 행정적, 경영적 측면의 실제를 중심으로 다루었기에 예비평생교육사 및 평생교육기관을 경영하는 현장 전문가들에게 도움이 될 것으로 기대한다.

본서는 총 12장으로 구성되었다. 제1장은 평생교육경영의 기초에 관하여 다루었고, 제2장은 평생교육을 실시하기 위한 평생교육법과 관련 법규, 제3장은 평생교육을 추진하기 위한 중앙 · 지방의 평생교육행정조직, 제4, 5, 6, 7장은 평생교육기관을 경영하기 위해 필수적인 지도성, 기획하기, 의사소통하기 그리고 동기부여하기, 제8, 9, 10, 11장은 우리나라에서 중점적으로 추진되고 있는 학점은행제와 평생학습계좌제 그리고 여성, 노인, 다문화가정을 위한 평생교육, 끝으로 제12장은 유네스코와 ASEAN에서 중심으로 한 평생교육의 방향을 다루었다. 본서를 엮는 과정에서 부족하고 미흡한 점, 그리고 오류가 있는 부분은 기회가 닿는대로 수정 · 보완할 것을 약속드립니다.

탈고에 즈음하여 지금까지 여리고 부족한 아들을 귀하게 여기고, 한결같이 칭찬으로 가르쳐 주시며, 늘 기도해 주시는 사랑하는 어머니와 아낌없이 나누어 주는 8남매, 그리고 인의예지를 강조하시며 좋은 가정의 본보기가 되어 주시는 장모님과 6남매에게도 감사드립니다.

아울러, 늘 미안한 마음과 감사한 마음이 교차하는 나의 반쪽인 한신희님과 이 모든 것을 보고, 듣고, 배워가는 향원, 현수 두 딸에게 이 기회를 빌어 진솔한 마음을 전해 봅니다.

끝으로, 짧은 일정에도 불구하고 본서의 출판을 흔쾌히 맡아 주신 태영출판사의 김현태 사장님과 편집부 여러분께 깊은 감사를 전합니다.

2016. 1.

조재준 씀

차 례

제1장

평생교육경영의 기초

제1절 평생교육의 개념 및 정의
제2절 평생교육경영의 위상
제3절 평생교육경영의 원리

제1절 평생교육의 개념 및 정의

1. 평생교육의 개념

"평생교육이란 무엇인가?에 대한 물음에 답하는 것은 그리 간단하지 않다. 이것은 평생교육을 어떠한 관점에서 접근하느냐에 따라 다양한 개념이 있기 때문이다. 이에 남정걸은 평생교육의 개념을 세 가지 접근, 즉 이념적 접근, 법적 접근, 고전적 접근으로 분류하였다(남정걸, 2002).

1) 이념적 접근

현대적 의미의 평생교육의 주창자인 폴 랑그랑(Paul Lengrand)은 프랑스의 저명한 성인교육학자인 동시에 유네스코의 성인교육부장이었다. 그는 1965년 12월 UNESCO(국제연합교육과학문화기구)가 주최한 「유네스코 성인교육추진국제위원회(International Committee for the Advancement of Adult Education)에서 프랑스어로 된 "永續教育(l'education permanente)"이라는 자료를 정리하여 제출하였고 이것이 영문 "Lifelong Education"으로 번역되어 발표되었다(김도수, 2001).

> 유네스코는 태어나서 죽을 때까지 인간의 일생을 통해서 행해지는 교육의 過程(process)－그러므로 전체로서 통합적인 구조가 필요한 교육의 과정－을 만들어 활동시킬 원리로서 '평생교육'이라는 구상을 승인해야 한다. 그러기 위해서는 사람의 일생이라고 하는 時系列에 따른 수직적 차원과 개인 및 사회의 생활 전체에 걸친 수평적 차원의 쌍방에 관하여 필요한 통합을 달성해야 한다.

이 유네스코의 평생 구상은 교육정책의 기본이념으로서 전세계에 보급되었으며, 랑그랑의 평생교육 이념의 핵심은 바로 교육의 통합(integration), 즉 수직적

(vertical) 차원의 교육과 수평적(horizontal) 차원의 교육의 통합에 있다고 할 수 있다.

수직적 차원의 교육의 통합은 '요람에서 무덤까지' 일생동안 계속되는 교육의 단계, 즉 유아기, 소년기, 청년기, 성인기, 노년기와 같은 각 단계의 교육이 분절되지 않고 서로 일관성 있는 교육의 과정으로 통합되는 것을 의미하며, 수평적 차원의 교육의 통합이란 개인과 사회에 존재하고 있는 교육영역, 즉 가정교육, 학교교육 및 사회교육 등이 단절되지 않고 서로 긴밀하게 제휴 · 협력하는 것이다. 이와 같은 평생교육의 통합의 원리는 縱的인 개인적 수준의 교육과 橫的인 사회 전체의 교육기회를 통합하려는 교육이념을 의미한다.

Dave는 평생교육은 가정과 교육기관 · 지역사회 · 직장 등 어느 곳을 막론하고 그 안에서 행해지는 모든 자원학습을 총칭하며, 계획적이건, 우발적이건, 그 형태를 가리지 않는다고 정의하고 평생교육의 개념적 특성을 다음과 같이 20가지로 설명하고 있다(Dave, 1973).

(1) 평생교육 개념의 의미가 기초하고 있는 세 가지 기본 용어는 life, life-long, education이며, 이 세 가지 용어에 부여된 의미와 그 해석은 평생교육의 범위와 의미를 결정한다.

(2) 교육은 형식적인 학교교육이 끝남과 동시에 종결되는 것이 아니라 평생을 통하여 계속되는 과정이다.

(3) 평생교육은 성인교육에 국한되는 것이 아니라 학령전교육, 초 · 중등교육과 고등교육 및 그 이후의 교육을 망라하고 통합한다. 그래서 평생교육은 교육을 전체로서 보는 관점을 취한다.

(4) 평생교육은 사회교육, 비공식교육, 계획적인 학습과 부수적인 학습을 모두 포함한다.

(5) 가정은 평생과정을 시작함에 있어서 가장 예민하고 결정적인 역할을 한다. 가정학습은 개인의 전 생애에 걸쳐 계속된다.

(6) 지역사회도 역시 어린이가 그 지역사회에 교섭하기 시작하는 바로 그 시간부터 평생교육체제에 중요한 역할을 하며 전문적인 영역에 있어서나 일반적인

영역에 있어서나 일생을 통하여 교육적 기능을 행사한다.

(7) 학교와 대학 및 훈련센터 등의 교육기관도 물론 중요하다. 그리고 그것은 다만 평생교육을 위한 하나의 기관으로서 중요성을 갖는다. 그러나 기관들은 사람들을 교육함에 있어서 더 이상 전매특권을 누릴 수 없으며 사회의 다른 교육기관으로부터 더 이상 독립해서 존재할 수 없다.

(8) 평생교육은 또한 수직적 혹은 수평적 차원에서 계속성과 접합성의 모든 단계에서 통합성을 추구한다.

(9) 평생교육은 그 수직적 혹은 수평적 또는 깊이의 차원에서 인생의 모든 단계에서 통합성을 추구한다.

(10) 교육의 엘리트형과는 대조적으로 평생교육은 성격상 보편적이다. 그것은 교육의 민주화를 표방한다.

(11) 평생교육은 그 내용 · 학습도구 · 학습기술 · 학습시간에 있어서 융통성과 다양성으로 특정지워진다.

(12) 평생교육은 학습에 있어서 자료와 매체의 적응과 새로운 발전을 허용하는 역동적인 접근방법이다.

(13) 평생교육은 교육을 받는 유형이나 형태에 있어서 선택을 허용한다.

(14) 평생교육은 일반과 전문의 두 가지 넓은 요소를 포함한다. 이 두 가지 요소들은 서로가 완전히 다른 것이 아니라 성질상 서로 관련되고 상호작용한다.

(15) 개인이나 사회의 적응적 · 혁신적 기능은 평생교육을 통하여 달성된다.

(16) 평생교육은 기존 교육체제의 결점을 보완하는 교정적 기능을 갖는다.

(17) 평생교육의 궁극적 목적은 생활의 질을 향상 · 유지시키는 것이다.

(18) 평생교육을 위해서는 이른바 기회 · 동기유발 · 교육 가능성의 세 가지 중요한 전제조건이 필요하다.

(19) 평생교육은 모든 교육의 조직원리이다.

(20) 조직적 수준에서 평생교육은 모든 교육에 전체 체계를 마련해 준다.

2) 법적 접근

법적 접근이란 평생교육의 이념적 접근을 교육의 실제에 적용 · 실현하기 위한 구체적이고 제한적인 접근 방법이다. 우리 나라는 1970년 UNESCO의 "세계교육의 해"의 기본 이념이 평생교육이었고, 1973년 유네스코 한국위원회가 '평생교육 발전세미나'를 개최하면서 보고서를 간행한 것이 계기가 되었다. 이에 교육부는 1982년 12월 31일 『사회교육법』을 공포하게 되었고 이후 3차에 걸쳐 부분적인 개정이 있은 후에 평생교육의 진흥을 국가의 의무로 규정하고 있는 헌법 및 교육기본법의 규정에 따라 종전의 「사회교육법」을 전문 개정하여 「평생교육법」으로 1999년 8월 31일 공포하였다. 새로 마련된 평생교육법은 「교육기본법」아래 「초 · 중등교육법」, 「고등교육법」, 「평생교육법」으로 체제를 유지하고 있으며, 평생교육법은 근본적으로 "열린교육사회 · 평생학습사회"의 구현을 기본 방향으로 하고 있다.

평생교육법상 평생교육의 정의(제2조 제1항)는 "학교의 정규교육과정을 제외한 학력보완교육, 성인 문자해득교육, 직업능력 향상교육, 인문교양교육, 문화예술교육, 시민참여교육 등을 포함하는 모든 형태의 조직적인 교육활동을 말한다".

3) 고전적 접근

현대적 의미의 평생교육은 랑그랑에 의하여 제창되었다는 것은 매우 중요한 의미를 가지고 있지만, 평생교육에 대한 사상은 옛날부터 많은 성인, 사상가, 학자들에 의하여 제창되었지만 그 중 대표적인 사람은 바로 孔子이다. 공자는 『論語』에서 다음과 같이 평생교육을 사상적인 측면에서 기술하고 있다.

吾十有五而志于學
三十而立 四十而不惑
五十而知天命 六十而耳順

七十而從心所欲不踰矩

"나는 열다섯 살에 학문에 뜻을 두었고
설흔 살에 독립했고, 마흔 살에 현혹되지 않았으며
쉰 살에 천명을 알았고, 예순 살에 남의 말을 순순히 들었고
일흔 살에 마음내키는 대로 쫓아도 법도를 넘어서지 않았다."

이 내용은 사람은 10대에서 70대에 이르기까지 일생동안 연령단계에 따라서 자기수양의 과제가 있고 성취해야 할 인격도야가 있다는 것을 의미하며, 이것은 바로 자기 자신의 평생교육의 과정이라 할 수 있다.

아울러, 로마의 철학자 키케로(M. T. Cicero)는 '노년기의 한계'를 부정하였고, 토마스 모아(T. Moore)는 그의 저서 「유토피아」에서 평생교육을 구상하였으며, 프랑스혁명의 이론적 지도자인 꽁도르세(M. Condorcet)는 혁명 직후인 1791년에 최초의 교육론인 「교육에 관한 다섯 가지 각서」와 이듬해인 1792년 「공교육의 전반적 조직에 관한 보고서 및 법안」을 통하여 교육개혁안을 제출하였다. 그 골자를 살펴보면, 가르치는 것이나 배우는 것은 자유며 각자에게 보장하는 공교육의 조직과 정비는 국민에 대한 사회의 의무라고 주장하고 있다. 그리고 교육은 '일정한 연령단계에서 종료되지 않고 모든 연령에 걸쳐서 행해져야 하며, 그러기 위해서 그에 상응하는 교육체제를 정비해야 한다'고 하였다. 이것이 평생교육을 공교육, 즉 국가가 국민의 교육기회를 확충하는 교육정책으로 다루어야 한다는 최초의 제안이었다(김도수, 2001).

2. 평생교육의 정의

평생교육의 정의는 학자들에 따라 매우 다양하다. 그 중에서 평생교육의 개념에 근거한 학자들의 조작적 정의를 소개하면 다음과 같다. 먼저, 현대 평생교육의 대표적인 제창자인 Paul Lengrand은 "평생교육은 개인의 출생부터 죽을 때까지

의 생애의 걸친 교육, 즉 유아기-소년기-청소년기-성인기-노년기 등의 수직적 차원과 개인 및 사회 전체의 교육, 즉 가정교육-학교교육-사회교육 등의 수평적 차원의 통합이다"로, R. H. Dave는 "평생교육은 개인과 집단 모두의 생활의 질을 향상시키기 위하여 개인의 평생을 통한 개인적 · 사회적 · 직업적 발달을 성취시키는 과정이다"로, UNESCO한국위원회는 "평생교육이란 문자 그대로 평생을 통한 계속적인 교육을 의미하며 급변하는 현대사회에 있어서 한편으로는 일정 연령층을 대상으로 하는 한정된 기간의 교육으로서의 學校教育과 다른 한편으로는 조직화되지 못한 비효율적 상태로 방치되어 있는 社會教育의 기능을 다 같이 개편 · 강화하고 한 사회가 가지고 있는 교육자원을 효율화함으로써 교육역량의 극대화를 지향하려는 노력을 의미한다"고 하였으며, 사회교육법(1982년 12월 31일 공포)은 "사회교육이라 함은 다른 법률에 의한 학교교육을 제외하고 국민의 평생교육을 위한 모든 형태의 조직적인 교육활동을 말한다"라고 하였고, 평생교육법(1999년 8월 31일 공포)은 "평생교육이라 함은 학교교육을 제외한 모든 형태의 조직적인 교육활동을 말한다"고 정의하였다.

그 밖에 장진호는 평생교육은 "개인이 전생애를 통하여 능동적 · 계속적 학습의 기회를 포착함으로써 인간성의 조화적 발달을 꾀하며 변화하는 현대적 생활에 슬기롭게 대처하고 창조적으로 개척해 갈 수 있는 지식과 기능을 익히며 다른 사람과 더불어 공동체의 복지를 증진시켜 나가는 인간화교육을 의미한다"(장진호, 1985)고 하였으며, 김도수는 "개인과 집단의 생활의 질을 높이기 위하여 私的 교육의 단계에서 모든 사람에게 교육기회를 보장하는 公的 교육의 단계로 전환하는 것을 목표로 하며, 인간의 교육을 위하여 기존의 모든 교육을 수직적 · 수평적으로 통합 · 재편성하려는 교육체제 개혁의 지도이념이다"라고 정의하였다(김도수, 1994).

지금까지 평생교육에 대한 개념과 정의를 통하여 볼 때, 평생교육이란 "學校教育과 學校外教育 및 潛在的 教育的 作用 등의 모든 樣態次元教育의 統合"이라고 정의할 수 있다.

3. 평생교육의 유사개념

1) 사회교육(social education)

사회교육의 개념은 '평생교육'이란 개념이 사용되기 전에 주로 사용되었으며, 학교교육에 의한 교육활동, 즉 형식적 · 의도적인 교육을 제외한 청소년 및 성인에 대한 모든 형태의 조직적인 교육활동을 의미하는 것으로 교육의 광의의 의미에서 볼 때 평생교육보다 협의의 개념이다.

2) 성인교육(adult education)

성인교육의 개념은 미국을 포함한 구미와 한자문화권인 한국, 일본, 중국, 인도에서 주로 사용되고 있다. 용어 자체가 내포하고 있듯이 성인을 대상으로 하는 모든 형태의 교육활동을 총칭하며, 교육방식은 형식 · 비형식 교육이 모두 포함될 수 있다.

1967년 유네스코 총회에서는 성인교육을 ① 성인이 참가하는 모든 조직적 교육활동, ② 성인들이 그들의 소질과 능력을 키워 지식을 획득하고 직업이나 직업적 자질 향상이나 직업전환을 위해 실시하는 교육활동, ③ 조화롭고 영속적인 사회, 경제, 문화발전에 기여할 수 있도록 태도와 행동을 변화시켜 주는 조직적인 교육활동, ④ 그가 속해있는 국가나 사회가 성인이라고 인정하는 사람들을 대상으로 실시하는 조직적인 교육활동이라고 정의하고 있다.

3) 비형식교육(nonformal education)

쿰즈(Coombs)는 교육을 양태차원에 따라 형식교육(formal educat ion), 비형식교육(non-formal education) 및 무형식교육(informal edu cation)으로 구분하였다. 비형식교육이란 정규 학교교육과 같은 형식교육에 비해 여러 면에서 그 형식성이 낮은 교육을 의미하며, 이는 사회교육과 일맥상통하는 개념이다.

4) 리커렌트교육(recurrent education)

"순환교육" 또는 "회귀교육"으로 번역 · 사용되고 있다. 1969년 5월 베르사이유에서 개최된 제6회 유럽교육부장관회의에서 스웨덴의 교육부장관인 파르메(Olof Palme)장관의 강연내용에서 처음 사용하였다.

리커렌트교육이란 교육기-노동기-은퇴기라는 생활주기에서 벗어나 교육활동과 다른 사회활동과의 협력 · 제휴를 통해서 평생교육정책을 수립하려는 것이다.

5) 생애진로교육(career education)

생애진로교육은 미국에서 시작된 개념으로서 주로 '직업교육'의 의미로 많이 사용되고 있다. 생애진로교육이란 개인이 생활의 일부로 혹은 생활의 수단으로서 일을 배우고 일에 종사하기 위하여 준비할 수 있는 경험의 총체를 의미하며, 日本에서는 'lifelong education'을 평생교육이 아닌 '생애교육'으로 번역하고 있다.

6) 지역사회교육(community education)

지역사회교육은 주로 저개발국에서 지역사회의 종합적인 생활 향상을 위한 주민들의 집단적인 사회교육 과정을 의미한다.

제2절 평생교육경영의 위상

평생교육경영의 位相, 즉 위치와 기능을 살펴보기 위해서는 교육의 4가지 차원,

즉 ① 교육의 양태, ② 교육의 기능, ③ 교육의 과정, ④ 교육의 실체 등의 개념체계를 정확하게 이해하는 데에서 출발해야 한다. 이것을 바탕으로 평생교육의 위치는 교육의 4가지 차원 중 교육의 양태차원을 통하여, 교육경영은 교육의 기능차원을 통하여 각각 확인할 수 있다(오기형, 1983).

1. 교육의 양태차원

교육의 양태는 여러 관점에서 특정화된다. 즉 가르치는 주체의 측면에서 학교교육(SHE)과 학교 외 교육(OSHE)으로 특정화된다. 학교교육은 가르치는 일을 전업으로 하는 기관에서 전개하는 교육을 뜻하며, 학교 외 교육은 가르치는 일을 전업으로 하지 않는 기관에서 전개하는 교육을 의미한다.

학습하는 주체의 면에서는 교육은 학생교육(STHE)과 비학생(NSTHE)교육으로 특정화된다. 학생교육은 배우는 일을 전업으로 하는 사람들이 전개하는 교육이며, 비학생교육은 배우는 일을 전업으로 하지 않는 사람들이 전개하는 교육이다.

교육을 전개하는 데 있어서 의도성의 관점에서 인간교육은 의도적 교육(IHE)과 무의도적 교육적 작용(NISE)으로 특정화된다. 의도적 교육은 가르치는 주체와 배우는 주체가 공히 교육을 전개함에 있어서 의도성을 갖고 전개하는 교육이며, 무의도적 교육적 작용은 의도성을 갖지 않은 채 생활과정 자체에서 전개되는 교육적 작용을 의미한다.

의도적 교육은 다시 프로그램의 형식성의 관점에서 형식적 교육(FHE)과 비형식적 교육(NFHE)으로 특정화된다. 형식적 교육은 목적, 내용, 방법, 수단, 수강신청 등의 형식적 면에서 고도로 형식성을 갖춘 교육을 의미한다. 비형식적 교육은 앞에서 언급한 여러 면에서 그 형식성이 낮은 것을 의미한다.

지금까지 4가지 관점에서 특정화환 교육의 양태를 도시하면 〈그림 1-1〉과 같다.

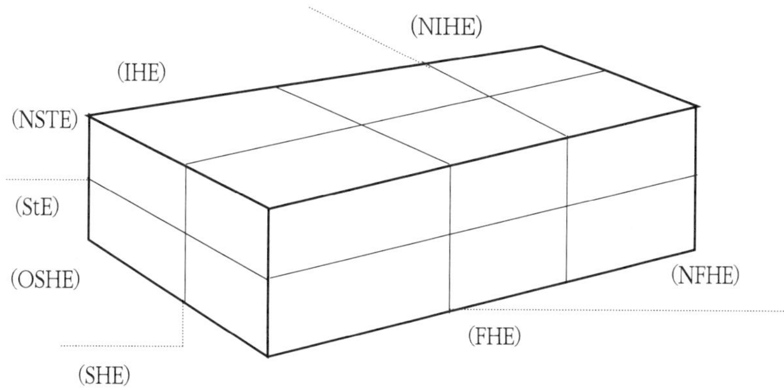

〈그림 1-1〉 교육의 양태 구조

출처 : 오기형(1983). 전인교육 : 원리와 실제(상). 서울: 인간교육학회.

위에서 예시한 12개의 요소로 된 교육의 양태는 다시 아래와 같이 3개의 중요한 양태로 특정화할 수 있다.

① 학교교육(SHE)

② 학교 외 교육(OSHE)

③ 잠재적 교육적 작용(LHE)

이들 요소들은 다음 〈그림 1-2〉와 같이 인간교육 특유의 연결관계로 연결되어 통합된 전체성을 띈다.

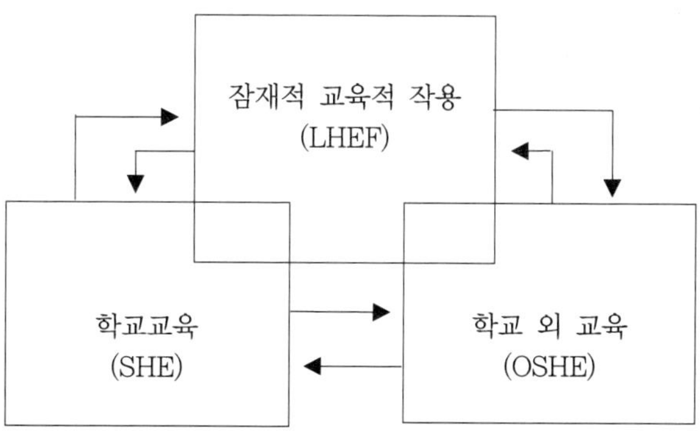

〈그림 1-2〉 교육의 양태 : 교호관계

1) 학교교육(SHE)

학교교육은 가르치는 일을 전업으로 하는 기관이 전개하는 교육이다. 배우는 사람이 학생이든 아니든, 그 전개되는 장소가 학교 안이든 밖이든지 간에 가르치는 일을 전업으로 하는 기관에서 전개하는 교육이면 학교교육이다. 학교교육은 형식적 교육, 비형식적 교육 및 학교 생활과 환경 자체가 지니고 있는 잠재적 인간 교육적 작용을 포함한다. 학교교육은 학생-형식적-학교교육이다.

학교교육은 학교 외 교육에 대해서는 학교가 지닌 전문적인 용역과 자원을 제공하고, 학교 외 교육의 기회와 자원을 활용함으로써 학교 외 교육의 성과를 향상시키고 비용과 부담을 경감시키는 데 그 역할을 분담한다. 학교교육은 잠재적 교육적 작용에 의해서 영향을 받으며, 그 반대로 학교교육이 지닌 전문적인 인격과 용역을 제공하여, 잠재적 교육적 작용을 평가하고 향상시킴으로써 사회가 인간 교육적 사회로 변화해 나가는데 영향을 미친다.

2) 학교 외 교육(OSHE)

학교 외 교육은 가르치는 일을 주업으로 하지 않는 기관에서 전개하는 교육이다. 학교 외 교육에도 형식적 교육, 비형식적 교육 및 사회생활과 환경자체가 지닌 잠재적 교육적 작용을 포함한다. 학교 외 교육이란 이름은 학교가 아닌 기관이 학교 밖에서 인간교육을 실시한다는 것을 의미한다.

학교 외 교육기관이 지닌 장점은 종교, 보건, 지역사회 개발운동, 사회사업, 산업, 영업 및 국방 등 그들의 종사하고 있는 특수한 분야에서 쌓은 전문적인 지식과 현실적인 경험이 풍부하다는 점이다. 학교 외 교육의 장점은 학교교육과는 달리 형식적 교육과 비형식적 교육을 개인생활과 사회생활 및 문화, 시민, 경제, 사회, 보건 등의 생활 환경에 긴밀히 관련시킬 수 있는 위치에 있다는 점이다. 따라서 학교 외 교육은 한편으로는 학습의 파지와 습관화에 이바지하며, 타면으로는 의도적인 학습에의 과도한 의존을 축소시키는 데 이바지한다. 한 걸음 더 나아가 교육자원을 경제적으로 활용함으로써 모든 사람들에게 평생학습을 제공하여 교육적인 사회의 출현을 가속화시킬 수 있다.

교육양태의 다른 구성요소들 간의 관계를 살펴보면, 학교 외 교육은 학교교육에 대해서 교육기회와 자원을 제공하고, 차례로 학교교육이 지니고 있는 전문적인 용역과 자원을 활용한다. 이것은 교육비를 절감하는 데 공헌한다. 학교 외 교육은 사회생활과 활동 분야에서 형식적 · 비형식적 프로그램을 통해 잠재적 교육적 작용을 강화시키며 또한, 매스컴, 출판, 유형 및 기타 다른 유사한 환경적인 요인들을 순화 · 향상하는 데 이바지한다.

3) 잠재적 교육적 작용(LHEF)

잠재적 교육적 작용은 가르지는 주체나 혹은 배우는 주체들이 의도하거나 의식하지 않았는데도 결과적으로 교수-학습에 이바지하게 되는, 가정과 사회생활 및 사회환경이 갖고 있는 기능을 말한다. 학교교육이나 학교 외 교육, 형식적 및 비형식적 프로그램을 통해서 학습된 것들은 매일 매일의 실제 생활에서의 실천을 통해서 파지되고 습관화된다.

매스컴과 출판은 공히 인간 삶의 다양한 측면에 관한 정보와 메시지를 전달할 뿐만 아니라 인간의 학습과 인간화에도 영향을 미친다. 어떤 나라에서 특정한 가치를 실현하기 위해서 형성되어 유지되고 있는 체제와 환경은 이러한 가치를 유지하기 위한 잠재적 교육적 작용으로서 기능을 발휘하게 된다.

잠재적 교육적 작용은 인간 활동과 사회적 환경 자체가 지니고 있는 잠재적 교육적 작용을 통해 학교교육의 성과를 보완해 줄 뿐만 아니라, 학교교육의 성과를 파지하고 습관화하는 데 공헌을 한다. 잠재적 교육적 작용은 학교 외 교육에 대해서도 같은 기능을 발휘한다.

2. 교육의 기능차원

교육은 기능의 차원에서 다음 세 가지, 즉 수행기능, 촉진기능, 창조기능으로 특정화된다.

1) 수행기능(Performance Function : PF)

수행기능은 타인이 베풀어 주는 지도 · 감독 및 조건정비 작용을 받아야만 인간교육을 정상적으로 전개해 나가는 기능을 뜻한다.

지도는 학습자가 스스로 학습을 전개해 나가는 데 필요한 교육의 방법과 전개과정에 관한 조력을 베풀어 주는 활동을 뜻한다. 감독은 학습자가 주어진 절차, 질서 또는 사전에 세운 계획에서 지나치게 이탈하여 학습활동에 지장을 초래할 때 베푸는 통제활동이다. 조건 정비는 학습활동에 필요한 조건의 확인, 동원, 유지, 평가, 향상 활동이다.

수행기능의 특성은 모든 개인, 기관들과 관련을 맺고 있는 교육의 기능이라는 점이다. 어떤 발달 단계에 있는 사람이라 하더라도 그의 학습과제를 처음에는 수행기능을 통제해서 배우기를 시작하여 정착시켜야 한다. 수행기능은 학습자들로 하여금 기본적인 과제에 숙달하도록 하며, 나아가 촉진기능과 창조기능의 기초를 마련해 준다.

2) 촉진기능(Facilitation Function : FF)

촉진기능은 지도, 감독 및 조건정비 작용을 베푸는 기능이다. 학습자가 이 기능이 발전 정착되면, 그는 가르치는 사람의 도움을 받지 않고도 스스로 자기의 학습활동을 전개할 수 있다. 즉, 촉진기능은 자기 자신에 대해서 지도, 감독 및 조건정비 작용을 베풀 뿐만 아니라 타인에 대해서도 지도, 감독 및 조건정비 작용을 베푸는 기능이다. 수행기능과는 달리 촉진기능은 모든 학습자가 자기의 학습활동을 전개할 때 반드시 촉진기능에 의해서 전개하는 것은 아니다. 그렇지만 각각의 수준에서 대부분의 학습자들은 그들의 발달단계와 능력에 적합한 학습활동을 전개할 때 촉진기능을 발휘한다. 따라서 각기 자기에게 적정한 과제를 가지고 학습활동을 전개하는 학습자들은 가르치는 사람의 도움을 전혀 받지 않거나 또한 극히 제한된 범위의 도움만을 받고 학습활동을 전개한다.

촉진기능은 학습자들이 스스로 학습활동을 전개하도록 돕는다. 따라서 각 학습자들에게 수행기능 다음에 촉진기능을 발휘할 수 있도록 하면 교사의 조력은 감소되고, 교육의 부담도 감소된다.

3) 창조기능(Creation Function : CF)

창조는 현존하는 요소나 잠재 가능한 요소들을 재구조화나 재조직화를 통해서 새로운 연결관계로 연결시킴으로써 새로운 가치나 기능을 창안해 내는 것을 뜻한다. 교육에서의 창조기능은 이념, 이론, 기예 등과 같은 것이나, 학습자료, 설비 등과 같은 새로운 수단 및 새로운 교육제도 등과 같은 것을 고안해 내는 것까지 포함한다.

창조기능은 학습자들로 하여금 그의 학습과제를 좀 더 창조적이고, 혁신적으로 학습할 수 있도록 해 줌으로써 수행기능과 촉진기능 모두를 발전시키는데 기여할 수 있다.

제3절 평생교육경영의 원리

평생교육의 이념을 달성하기 위한 평생교육경영은 교육관계 법령과 정책에 근거를 둔 통일성 및 독자성을 지닌 것이라야 한다. 따라서 평생교육경영은 법제면과 실제 운영면에서만 그치지 말고, 교육경영의 민주화를 위한 구체적 원리를 설정해야 한다(김영돈, 1986).

1. 법제면에서의 기본원리

1) 법치행정의 원리

이는 평생교육기관이 최고경영자(CEO)의 자의에 의해서 운영되어서는 안 되며, 국가법령의 테두리 내에서 촉진적 · 창의적 운영을 기해야 한다는 것이다. 즉, 교육경영은 어디까지나 교육관련 법규 내에서 제 법규를 근거로 운영되어야 한다는 것이다. 이 원리가 근거할 법규로는 헌법 제31조를 근간으로 해서 교육기본법, 평생교육법, 평생교육법시행령, 평생교육법시행규칙 등이 있는 데 교육경영은 이러한 범위 내에서 이루어져야 한다. 그러나 이러한 법치행정의 원리에 지나치게 따르다 보면 교육의 자주성이나 창의성 및 전문성 등이 오히려 위축될 수도 있기 때문에 신중할 필요가 있다.

2) 기회균등의 원리

이는 민주주의의 기본원리로서 18세기 후반부터 교육에 적극 적용하고자 하였다. 민주주의는 모든 사람이 평등한 권리를 갖는 것을 생활신조로 삼는다. 따라서 교육을 받을 권리도 누구에게나 그 기회를 평등하게 주고 있는 데 이 같은 정신이 헌법 제31조 제1항에는 "모든 국민에게 그 능력에 따라 균등하게 교육을 받을 권리를 가진다"라고 규정되어 있으며, 교육기본법 제3조에는 "모든 국민은 평생에 걸쳐 학습하고, 능력과 적성에 따라 교육받을 권리를 가진다"와 제4조 제1항에는 "모든 국민은 성별, 종교, 신념, 인종, 사회적 신분, 경제적 지위 또는 신체적 조건 등을 이유로 교육에서 차별을 받지 아니한다"고 규정하고 있다.

3) 적도집권의 원리

適度集權의 원리는 집권주의와 분권주의 사이에 적도의 균형점을 발견 · 유지

해야 한다는 것이다. 교육경영에 있어서도 경영자와 교수자 사이에 이 원리가 그대로 적용되어야 한다. 평생교육기관의 경영자는 교수자들의 민주적 참여와 합의를 얻음으로써 원만한 교육경영을 할 수 있고, 반면에 교수자는 경영자의 방침을 이해하고 절도있는 협력을 해야 한다.

4) 자주성 존중의 원리

교육경영은 국가의 교육방침이나 정책에 순응하면서 독자성과 자주성을 견지해야 하는 바, 이러한 교육의 자주성을 헌법 제31조에 규정하였고, 교육기본법 제5조 "국가와 지방자치단체는 교육의 자주성과 전문성을 보장하여야 하며, 지역 실정에 맞는 교육을 실시하기 위한 시책을 수립 · 실시하여야 한다(제1항)"와 제6조 "교육은 교육 본래의 목적에 따라 그 기능을 다하도록 운영되어야 하며, 정치적 · 파당적 또는 개인적 편견을 전파하기 위한 방편으로 이용되어서는 아니 된다(제1항)"에서도 교육의 자주성과 중립성을 강조하고 있다. 따라서 평생교육기관의 경영자는 법령의 범위 내에서 자주성을 통하여 창의성과 독자성을 살려 평생교육기관을 촉진적으로 운영할 수 있는 것이다.

2. 운영면에서의 기본원리

1) 민주성의 원리

이는 교육경영자의 독단과 편견을 배제하고, 교직원의 자발적 참여를 얻어야만 올바른 교육경영을 할 수 있다는 것이다. 교육경영의 책임은 경영자에게 있지만, 경영자의 일방적인 명령이나 지시에 의한 교육 운영보다는 교수자들의 중지를 모아 서로 협력함으로써 교육경영의 성과가 더 오른다.

2) 능률성의 원리

능률성의 원리는 교육경영활동에 있어서 경비를 극소화시키고 경영효과를 최대한 올리자는 것이다. 그러나 교육의 효과는 유형적인 성과만이 아니라 무형적인 성과가 오히려 중요한 것이므로 교육적인 면에서 장기적인 평가를 하도록 해야 한다. 교육경영이 잘되느냐, 못되느냐 하는 것은 그 능률성 여하에 따라서 판단될 수가 있는 것이다. 능률이란 달성하고자 하는 목적과 그에 필요한 수단이 서로 균형을 이루고 있는 상태로서 무리와 낭비가 없이 일정량의 수단으로서 최대의 성과를 올린다는 것이라 하겠다. 그러나 지나치게 능률만을 강조하다 보면 민주성의 원리가 희생된다 할 것이다.

3) 타당성의 원리

타당성의 원리는 일명 '合目的性의 원리'로서 교육경영의 모든 과정이 타당성 있게 운영, 즉 교육목적에 비추어 가장 타당한 방법으로 실천을 해야 한다는 것이다. 여기서 말하는 타당성은 "모든 학습자와 사회적 요구를 충족시키며, 또한 계속적으로 진보해 나가는 교육프로그램을 존속 · 유지하기 위해서 필요한 여러 가지 자원을 구사하고 필요한 설비, 조언, 지도 및 봉사를 마련해 주는 힘"이다.

4) 적응성의 원리

이는 교육경영에 있어서 획일적인 통제보다도 구체적 환경에 적응하는 조치를 강구하여 사회변화에 순응하는 한편 사회변화를 질서있게 조정해 나가도록 해야 한다는 것이다. 그리고 여기서 말하는 적응이란 새롭게 발전되어 나가는 시대에 대하여 신축성 있게 대응해 나감으로써 조화적 관계와 능률적 성과를 계속 확보해 나가는 것을 의미한다.

5) 안정성의 원리

이는 교육활동은 일관성 있는 지속성, 안정성을 견지하면서 서서히 발전해 나가야 한다는 것이다. 즉, 이것은 앞의 적응성의 원리와는 대조적으로 적응성의 원리가 사회변화에 민감하게 순응한다는 데 반하여, 안정성의 원리는 비교적 급진적인 변화를 피해야 한다는 것이다. 교육은 점진적인 성격을 무시할 수 없다. 그러므로 급진적인 사회변화나 외래사상을 아무런 비판도 없이 그대로 받아들이거나 쫓아간다면 오히려 건전한 현실적 제도까지 망쳐버릴 수 있다. 그러므로 적응성과 안정성을 잘 조정하는 중용이 필요하다 할 것이다.

제2장

평생교육법과 관계 법규

제1절 평생교육법 제정의 배경 및 취지

1. 평생교육법 제정의 배경

평생교육법은 평생교육의 진흥을 국가의 의무로 규정하고 있는 헌법 및 교육기본법의 규정에 따라 종전의 「사회교육법」을 전문 개정하여 「평생교육법」으로 1999년 8월 31일 공포하였다. 새로 마련된 평생교육법은 「교육기본법」 아래 「유아교육법」「초 · 중등교육법」, 「고등교육법」, 「장애인등에 대한 특수교육법」 그리고 「평생교육법」으로 체제를 유지하고 있으며, 평생교육법은 근본적으로 "열린교육사회 · 평생학습사회"의 구현을 기본 방향으로 하고 있다. 교육부는 사회교육법이 1982년 12월 31일 공포된 이후 3차에 걸쳐 부분적인 개정을 하였으나, 급변하는 사회변화에 법적 · 제도적으로 따라가지 못하는 현실을 새롭게 인식하게 되었다. 특히 21세기 지식기반사회를 맞이하여 평생학습의 중요성이 날로 증가하여 새로운 틀의 법령의 필요성이 대두되게 되었고, 교육공급자 중심의 닫힌 사회교육체제를 수요자(학습자) 중심의 열린평생학습체제로 개편하기 위해 교육개혁의 핵심 과제로 평생교육법 제정을 추진하게 된 것이다(교육부. 1999 평생교육백서).

2. 평생교육법 제정의 취지

이러한 사회교육법의 한계를 극복하고, 국민의 평생학습권을 보장하며, 열린학습사회를 진작시키기 위해 제정된 평생교육법 제정의 기본 목표는 다음과 같다.

> "급변하는 세계화 · 정보화사회에서 누구나, 언제, 어디서나 원하는 교육을 받을 수 있는 열린교육사회 · 평생학습사회"를 구축하여 교육복지국가(Edutopia)를 건설함으로써 국민의 삶의 질 향상과 사회발전에 기여하는 데 기본 목표를 두고 있다.

이러한 기본 목표를 달성하기 위한 평생교육법 제정의 취지는 다음과 같다.

첫째, 현행 헌법의 평생교육 진흥조항을 근본이념으로 하여 교육 삼법(교육기본법, 초·중등교육법, 고등교육법)의 기본 체계를 구축하는데 있다. 교육개혁방안으로 현행 교육법과 사회교육법 체제를 교육기본법 아래 초·중등교육법, 고등교육법, 평생교육법으로 체제를 개편한다.

둘째, 종전의 공급자(교수자) 중심의 사회교육보다는 넓은 개념으로 수요자(학습자) 중심의 평생학습으로 범위를 확대한다. 평생교육법은 급변하는 지식기반사회에서 누구나, 언제, 어디서나 배울 수 있는 "열린교육사회·평생학습사회"를 건설하여 국민의 삶의 질 향상과 사회발전에 기여하는데 있다.

셋째, 국민의 학습권과 학습자의 선택권을 최대한 보장하여 평생학습분위기를 조성하는데 있다. 평생교육기관의 상호유기적인 수평적 통합과 정보통신매체를 통한 원격교육확대, 평생교육정보센터 및 평생학습관 운영 등 다양한 평생교육제도 마련과 폭넓은 교육과정 운영으로 학습자 중심의 학습기회 확대와 평생학습분위기를 조성하는데 있다.

넷째, 평생교육과정 이수자의 사회적 대우와 평생학습 의욕을 고취시키는데 있다. 평생교육과정 이수자에게 학점 및 학력인정, 각종 자격시험 및 승진·승급 기회부여, 유급학습휴가 및 학습비 지원 등 금전적·비금전적 보상을 통해 평생학습 의욕을 고취시키는데 있다.

다섯째, 형식적 학력위주사회를 실질적 능력위주사회로 변화를 유도하는데 있다. 성인의 경험학습인정, 사내검정인정, 문하생 학력인정, 기술자격 학점인정 등을 통해 우리사회를 형식적 학력위주에서 실질적 능력위주사회로 변화시키기 위한 새로운 제도를 마련하는데 있다. 평생교육법과 학점인정 등에 관한 법률에 의거 취득한 학점 및 학력으로 대학의 편입학 기회를 부여하는데 있다.

여섯째, 성인교육 기회 확대와 고등교육 수준으로 국민의 능력향상에 중점을 두고 있다. 지역사회학교, 평생교육원, 사업장 및 언론기관부설 평생교육시설 등 다양한 평생교육기관을 통해 성인교육기회를 확대하고, 학점은행제, 사내대학 양성화, 원격대학 등 다양한 학력인정제도를 통해 고등교육 수준으로 국민의 능력을 향상시키는데 중점을 두고 있다.

일곱째, 국가 및 지방자치단체의 평생교육 정책지원을 강화하는 데 있다. 국가 및 지방자치단체는 평생교육기관의 학습비 지원, 평생교육기관의 네트워크 구축, 중앙평생교육센터와 지역평생교육정보센터 및 평생학습관 운영 등 행·재정지원을 강화하는데 있다.

끝으로, 지식·인력개발사업과 교육훈련산업을 육성하는데 있다. 민간자본을 통해 교육훈련, 연구용역, 프로그램 개발, 평생교육기관의 경영진단 및 평가, 교육서비스 사업 등 지식·인력개발사업을 육성하는데 있다.

제2절 평생교육법의 주요 내용

평생교육법은 그 법적 성격을 학교의 정규교육(학교교육)을 제외한 평생교육에 관련된 기본적인 사항을 규정하여 평생교육 관계법령 등을 지원·육성하도록 마련되었으며, 총 8장 46조와 부칙으로 구성되어 있으며, 그 주요 내용은 다음과 같다.

가. 평생교육진흥과 관련된 업무를 지원하기 위하여 국가평생교육진흥원을 설립한다(제19조).

진흥원은 법인으로 하며, 평생교육진흥을 위한 지원 및 조사 업무, 진흥위원회가 심의하는 기본계획 수립의 지원, 평생교육프로그램 개발의 지원, 평생교육사를 포함한 평생교육 종사자의 양성·연수, 평생교육기관간 연계체제의 구축, 시·도 평생교육진흥원에 대한 지원, 평생교육 종합정보시스템 구축·운영, 「학점인정 등에 관한 법률」 및 「독학에 의한 학위취득에 관한 법률」에 따른 학점 또는 학력 인정에 관한 사항, 학습계좌의 통합 관리·운영 그리고 그 밖에 진흥원의 목적수

행을 위하여 필요한 사업 등의 업무를 수행한다.

나. 유 · 무급 학습휴가제의 도입 및 학습비의 지원이다(제8조).

직장인들의 계속교육 및 재교육 등을 통한 자아실현과 안정적인 교육기회 확대를 위해 각 직장의 실정에 따라 유급 또는 무급으로 학습휴가를 실시하거나 교서비 · 교육비 · 연구비 등 학습비를 지원할 수 있도록 한다.

다. 시 · 도평생교육진흥원(제20조)과 시 · 군 · 구평생학습관(제21조)의 운영이다.

시 · 도지사는 대통령령으로 정하는 바에 따라 시 · 도평생교육진흥원을 설치 또는 지정 · 운영함으로써 해당 지역의 평생교육기회 및 정보를 제공하고, 평생교육 상담, 평생교육프로그램 운영 및 해당 지역의 평생교육기관간 연계체제를 구축한다. 아울러 시 · 도교육감은 주민을 대상으로 평생교육프로그램 운영과 평생교육 기회를 제공하기 위하여 평생학습관을 설치 · 운영하여야 한다.

라. 학습계좌의 도입 · 운영이다(제23조).

교육부장관은 국민의 평생교육을 촉진하고 인적자원의 개발 · 관리를 위하여 학습계좌, 즉 국민의 개인적 학습경험을 종합적으로 집중 관리하는 제도를 도입 · 운영하고 있다.

마. 평생교육사의 전문성 제고와 의무 배치이다(제24~27조).

교육부장관은 평생교육의 기획 · 진행 · 분석 · 평가 및 교수 등의 업무를 수행하기 위하여 평생교육사의 자격을 부여한다. 첫째, 「고등교육법」 제2조에 따른 학교 또는 이와 동등 이상의 학력이 있다고 인정되는 기관에서 교육부령으로 정하는 평생교육 관련 교과목을 일정 학점 이상 이수하고 학위를 취득한 자, 둘째, 「학점인정 등에 관한 법률」 제3조제1항에 따라 평가인정을 받은 학습과정을 운영하는 교육훈련기관에서 교육부령으로 정하는 평생교육 관련 교과목을 일정 학점 이상 이수하고 학위를 취득한 자, 셋째, 대학을 졸업한 자 또는 이와 동등 이상의 학력이 있다고 인정되는 자로서 대학 또는 이와 동등 이상의 학력이 있다고 인정되는 기관, 제25조에 따른 평생교육사 양성기관, 학점은행기관에서 교육부령으로 정하는 평생교육 관련 교과목을 일정 학점 이상 이수한 자, 그 밖에 대통령령으로 정하는 자격요건을 갖춘 자이다.

아울러, 교육부장관은 평생교육사의 양성과 연수에 필요한 시설 · 교육과정 · 교원 등을 고려하여 대통령령으로 정하는 바에 따라 평생교육기관을 평생교육사 양성기관으로 지정할 수 있으며, 「유아교육법」, 「초 · 중등교육법」 및 「고등교육법」에 따른 유치원 및 학교의 장은 평생교육프로그램을 운영함에 있어서 필요한 경우에 평생교육사를 채용할 수 있고, 시 · 도평생교육진흥원 및 시 · 군 · 구평생학습관에 평생교육사를 배치하여야 하며, 국가 및 지방자치단체는 평생교육프로그램 운영 및 평생교육사 채용에 사용되는 경비 등을 보조할 수 있다.

바. 각급학교에서의 평생교육이다(제29~31조).

각급학교의 장은 평생교육을 실시함에 있어서 평생교육의 이념에 따라 교육과정과 방법을 수요자 관점으로 개발 · 시행하도록 하며, 학교를 중심으로 공동체 및 지역문화 개발에 노력하여야 하며, 이를 위하여 각급학교의 장은 해당 학교의 교육여건을 고려하여 학생 · 학부모와 지역 주민의 요구에 부합하는 평생교육을 직접 실시하거나 지방자치단체 또는 민간에 위탁하여 실시할 수 있다. 그리고 학교형태의 평생교육시설을 설치 · 운영하고자 하는 자는 대통령령으로 정하는 시설 · 설비를 갖추어 교육감에게 등록하여야 한다. 또한 대학의 장은 대학생 또는 대학생 외의 자를 대상으로 자격취득을 위한 직업교육과정 등 다양한 평생교육과정을 운영할 수 있다.

사. 사내대학 형태의 평생교육시설이다(제32조).

대통령령으로 정하는 규모 이상의 사업장의 경영자는 교육부장관의 인가를 받아 전문대학 또는 대학졸업자와 동등한 학력 · 학위가 인정되는 평생교육시설을 설치 · 운영할 수 있으며, 사내대학형태의 평생교육시설은 해당 사업장에서 일하는 종업원을 대상으로 하되, 교육에 필요한 비용은 해당 종업원을 고용한 고용주가 부담함을 원칙으로 한다.

아. 원격대학형태의 평생교육시설이다(제33조).

누구든지 정보통신매체를 이용하여 특정 또는 불특정 다수인에게 원격교육을 실시하거나 다양한 정보를 제공하는 등의 평생교육을 실시할 수 있으며, 불특정 다수인을 대상으로 학습비를 받고 교육을 실시하고자 하는 경우에는 대통령령으로 정하는 바에 따라 교육부장관에게 신고하여야 한다. 이를 폐쇄하고자 하는 경우에는 그 사실을 교육부장관에게 통보하여야 한다.

전문대학 또는 대학졸업자와 동등한 학력 · 학위가 인정되는 원격대학 형태의 평생교육시설을 설치하고자 하는 경우에는 대통령령으로 정하는 바에 따라 교육부장관의 인가를 받아야 한다. 이를 폐쇄하고자 하는 경우에는 교육부장관에게 신고하여야 하며, 교육부장관은 인가한 원격대학 형태의 평생교육시설에 대하여는 평가를 실시하고 그 결과를 공개하여야 한다.

자. 사업장 · 시민사회단체 · 언론사부설 및 지식 · 인력개발사업 관련 평생교육시설의 설치와 폐지이다(제35~38조).

사업장 · 시민사회단체 · 언론사부설 및 지식 · 인력개발사업을 진흥 · 육성을 위하여 평생교육시설을 설치하고자 할 때에는 대통령령이 정하는 바에 따라 교육감에게 신고하여야 하며, 이를 폐쇄하고자 하는 경우에는 그 사실을 교육감에게 통보하도록 하고 있다.

차. 문자해득교육이다(제39~40조).

성인의 사회생활에 필요한 문자해득능력 등 기초능력을 높이기 위하여 교육감은 대통령령으로 정하는 바에 따라 관할 구역 안에 있는 초 · 중학교에 성인을 위한 문자해득교육 프로그램을 설치 · 운영하거나 지방자치단체 · 법인 등이 운영하는 문자해득교육 프로그램을 지정할 수 있으며, 문자해득교육 프로그램을 위하여 대통령령으로 정하는 바에 따라 재정적 지원을 할 수 있다.

제3절 평생교육법시행령 및 시행규칙

1. 평생교육법시행령의 주요 내용

제6장 제78조와 부칙으로 구성된 평생교육법시행령의 주요 내용은 다음과 같다.

가. 교육부장관은 '평생교육진흥기본계획안'을 평생교육법 제10조에 따른 평생교육진흥위원회의 심의를 거쳐 확정하며, 특별시장 · 광역시장 · 도지사 또는 특별자치도지사는 매년 다음 해의 평생교육진흥시행계획을 수립하여 교육부장관에게 제출하여야 한다. 진흥위원회의 심의사항은 평생교육 시설 · 장비 등 평생학습 기반 확충에 관한 사항, 학습계좌 운영 및 학습결과의 활용촉진 등 제도 개선에 관한 사항, 평생학습문화의 조성 및 지원에 관한 사항, 그 밖에 진흥위원회의 위원장이 필요하다고 판단하여 진흥위원회에 심의를 요구한 사항 등이다.

나. 전국평생학습도시협의회는 교육부장관이 평생학습도시로 지정한 시 · 군 · 자치구의 장 및 교육장으로 구성하며, 국가 및 지방자치단체는 도시협의회의 운영 및 활동에 필요한 인력 및 경비를 지원할 수 있다.

다. 평생교육사의 등급은 1급부터 3급까지로 구분하고, 평생교육 프로그램의 요구분석 · 개발 · 운영 · 평가 · 컨설팅, 학습자에 대한 학습정보 제공, 생애능력개발 상담 · 교수, 그 밖에 평생교육 진흥 관련 사업계획 등 관련 업무 등을 수행한다.

라. 학교부설, 학교형태, 학력인정시설, 전문대학 학력인정 평생교육시설, 사내대학, 원격평생교육시설, 사업장 부설, 시민사회단체 부설, 언론기관 부설, 지식·인력개발사업 관련 평생교육시설의 설치 신고 등을 정한다.

학력인정시설의 지정기준은 평생교육법 제31조 제2항 및 제5항에 따른 학력인정시설의 지정기준은 제2항부터 제6항까지의 규정에서 정한 경우를 제외하고는 다음 각 호의 사항이 각각 초등학교, 중학교 또는 고등학교에 준하는 각종 학교의 설립·운영 기준과 같은 수준 이상이 되는 것으로 한다.

① 수업연한·학기·수업일수 및 수업시간

② 교육과정

③ 학생정원·학급수 및 학급편성

④ 입학자격

⑤ 교원자격·정원

⑥ 수료·졸업

⑦ 시설·설비

⑧ 교과서·교재

⑨ 재무·회계 규칙

수업학기는 관할청의 승인을 받아 매 학년도를 3학기로 나누어 운영할 수 있다. 이 경우 수업연한은 초등학교과정은 2년, 중학교 및 고등학교과정은 1년의 범위에서 단축할 수 있도록 하되, 단축된 고등학교과정에 입학할 수 있는 자는 제3항의 입학자격을 갖춘 자 중에서 다음 각 호의 어느 하나에 해당하는 자로 한다.

① 만 16세를 넘은 자

② 고등학교 입학 후 퇴학 등의 사유로 학업을 중단한 자

③ 산업체에 근무하는 청소년

입학자격 중 초등학교과정인 경우에는 초등교육을 받지 못하고 「초·중등교육법」 제13조 제1항에 따른 취학연령을 넘은 자로 하고, 중학교과정인 경우에는 「초·중등교육법」 제43조 제1항에 따른 중학교 입학자격이 있는 자로서 「초·중등교육법」 제13조 제3항에 따른 취학연령을 넘은 자로 하며, 고등학교과정인

경우에는 「초 · 중등교육법」 제47조 제1항에 따른 고등학교 입학자격이 있는 자로 한다.

교원자격과 정원은 교원 중 교감은 두지 아니할 수 있으며, 초등학교과정을 운영하는 경우에는 교장 및 교감 외에 학급마다 교원 1명을 두되, 6학급 미만인 경우에는 교장 및 교감이 학급을 담당할 수 있고, 12학급 미만인 경우에는 교감이 학급을 담당할 수 있다.

시설 · 설비 중 체육장의 기준면적은 350제곱미터 이상으로 하되, 이에 상응하는 규모의 옥내 체육장으로 갈음할 수 있다. 다만, 「고등학교 이하 각급 학교 설립 · 운영 규정」 제5조제3항제1호 또는 제2호에 해당하는 경우에는 체육장을 두지 아니할 수 있다.

초등학교과정 및 중학교과정, 중학교과정 및 고등학교과정, 초등학교과정 · 중학교과정 및 고등학교과정을 병설하여 운영하는 학력인정시설의 경우에는 다음 각 호의 기준에 따를 수 있다.

① 시설 · 설비 기준(교구 및 도서에 관한 기준은 제외한다)은 병설되는 학교 중 각급 학교별에 준하는 각종 학교의 설립 · 운영 기준에 따르되, 체육장, 관리실 및 특별교실 등은 병용할 수 있다.

② 교구 및 도서는 「고등학교 이하 각급 학교의 설립 · 운영 규정」 제8조에 따라 학과 및 교과별로 갖추되, 학습 또는 수업에 지장이 없는 범위에서 병용할 수 있다.

③ 교장은 1명이 겸임할 수 있으며, 교원은 수업에 지장을 주지 아니하는 범위에서 중학교과정과 고등학교과정에서만 서로 겸임할 수 있다.

마. 문자해득교육 프로그램의 설치 · 운영 및 지정 · 폐지 그리고 문자해득교육 제도의 개선, 문자해득교육 교원의 자격 인정 등에 관한 사항을 심의하기 위하여 진흥원에 문자해득교육심의위원회를 두며, 이에 필요한 사항은 진흥원장이 정한다. 아울러, 문자해득교육 프로그램 설치 · 지정 기준 및 그 충족 여부, 문자해득교

육 프로그램 이수자의 학력인정 기준 및 그 충족 여부 등을 심사하기 위하여 교육감 소속으로 문자해득교육심사위원회를 두며, 이에 필요한 사항은 교육감이 정한다.

2. 평생교육법시행규칙의 주요 내용

제25조와 부칙으로 구성된 평생교육법시행령의 주요 내용은 다음과 같다.

가. 평생교육실무조정위원회는 위원장 1명 및 부위원장 1명을 포함한 15명 이내의 위원으로 구성하되, 위원장은 교육부 제1차관이 되고, 부위원장은 평생직업교육국장이 된다. 위원은 기획재정부, 국방부, 행정안전부, 문화체육관광부, 농림수산식품부, 지식경제부, 보건복지가족부, 환경부, 노동부 및 여성부의 고위공무원단에 속하는 일반직공무원 또는 이에 상당하는 특정직공무원 중 소속기관의 장이 지정한 자와 평생교육에 관한 학식과 경험이 풍부한 자 중에서 위원장이 위촉하는 자가 된다. 실무조정위원회 위원의 임기는 당연직 위원의 경우 그 직(職)에 재직하는 동안으로 하고, 그 밖에 위촉된 위원의 임기는 2년으로 하되, 연임할 수 있다.

나. 전문인력정보은행제와 학습계좌의 운영 등을 정한다.

다. 평생교육사 자격기준에 규정된 평생교육영역의 교과목을 정하고 평생교육사의 자격증 수여, 자격증의 재발급 및 평생교육사 양성기관 지정의 신청 등을 정한다.

라. 학교 부설, 학교형태, 학력인정시설, 전문대학 학력인정 평생교육시설 설치계획서, 사내대학, 원격대학, 문자해득교육 프로그램 등을 정한다.

제3장

평생교육조직

제1절 일반조직론

1. 조직의 개념

인간은 조직 속에서 태어나서 조직 속에서 살다가 조직 속에서 죽는다. 이렇듯 조직은 인간을 위해 존재하며 인간은 조직의 공동목표를 달성하기 위해 봉사한다.

이와 같은 조직은 오늘날 교육경영에 있어서 가장 기본적인 개념으로 되어 있다. 교육에 있어서의 조직의 문제는 다른 분야에 있어서와 마찬가지로 교육체제가 지향하는 공동목표를 달성하기 위하여 조직구성원의 협동적인 노력을 요구함으로써 조직목표 · 달성에 최대의 효과를 거두는 데 의의가 있다(김명한 외, 1996).

이러한 조직의 정의는 학자들에 따라 각기 다르다.

버나드(Chester I. Barnard, 1936)는 "조직이란 두 사람 이상에 의한 의식적으로 조정된 활동이나 노력의 체계"라 하였고, 가우스(John M. Gaus, 1936)는 "조직이란 여러 가지 기능과 책임의 분배를 통하여 합의된 목적의 수행을 촉진하기 위한 인원의 배정"이라 하였으며, 에치오니(A. Etzioni, 1964)는 "조직이란 일정한 환경하에서 특정한 목표를 추구하며 이를 위하여 일정한 구조를 가진 사회적 단위"라고 하였다. 또한 샤인(Edgar H. Schein, 1965)은 "조직을 업무와 기능의 분배, 권한과 계층의 위임을 통하여, 어떤 특정한 조직구성원의 공통된 목적달성을 위한 다수인의 활동을 합리적으로 조정하는 것"이라고 규정하였다.

이상의 여러 학자들이 정의하는 조직의 개념을 종합해 보면 다음과 같다(이형행, 1990).

① 조직은 어떤 특수한 목적 또는 목표를 가지고 있다.

② 조직은 사람들로 구성되지만 개별적인 구성원의 존재와는 별개의 실체를 형성한다.

③ 조직 내에는 분화와 통합에 관한 공식적 구조와 과정이 있으며, 반드시

비공식적 또는 자생적 관계가 형성된다.

④ 조직에는 경계가 있어서 조직과 그 환경을 구별하게 해 준다.

⑤ 조직은 개방체제로서 언제나 그 조직이 놓여 있는 환경과 영향을 주고받는 교호작용을 한다.

⑥ 조직은 규모가 크고 그 구성이 복잡하여도 어느 정도 합리성의 지배를 받는다.

따라서 조직이란 "두 사람 이상이 일정한 환경에서 목적을 달성하기 위하여 구성된 집합체"라 할 수 있다.

2. 조직의 구조

조직은 그것을 구성하는 과정이나 절차에 따라 다양하게 구분된다고 할 수 있으나 여기서는 공식조직과 비공식조직, 계선조직과 막료조직, 관료제에 관해서 간단히 설명하고자 한다.

1) 공식조직과 비공식조직

조직의 발생 원인이 인위적이냐 아니면 자연발생적이냐에 따라 공식조직과 비공식조직으로 분류된다(곽영우 외, 1993).

(1) 公式組織(formal organization)

공식조직은 인위적 조직으로서, 조직구성원들이 추구하는 공동목표가 있어 그 목표를 추구하기 위하여 과학적 합리성을 근거로 한 공식적인 의사통로가 있고, 권한의 배분이 이루어지는 조직이다. 따라서 공식적 조직은 권위의 계층, 명료한 책임분담, 표준화된 업무수행, 비정의 인간관계 등을 특징으로 하는 조직이다.

(2) 非公式組織(informal organization)

비공식조직은 자연발생적 조직으로서, 형식적인 조직체 안에 있는 조직구성원 간에 직접적인 면접관계를 통해서 이루어지는 것이며 준거집단의 성격을 지닌다. 비공식조직의 발생 근원은 인간의 사회적 속성과 유사성을 추구하려는 경향, 그리고 자아실현적 욕구에서 찾을 수 있다. 따라서 공식조직의 내부에서 자연적으로 발생하는 소집단 또는 자생조직으로, 공식조직과는 달리 조직 특유의 생활양식을 발전시킨다.

(3) 공식조직과 비공식조직의 차이점

① 공식조직은 인위적이고, 비공식조직은 자연발생적으로 형성된다.

② 공식조직은 그 수명이 조직의 설립에서 폐지까지인 데 비하여, 비공식조직은 공식조직에 선행하여 존재할 수 있고, 공식조직이 폐지된 후에도 계속되는 수가 있다.

③ 공식조직은 성문화되고 외면적 · 외재적인 데 비하여, 비공식조직은 성문화되지 않고 공식조직의 내면적 · 내재적인 것으로 겉으로 잘 드러나지 않는다. 비공식조직이 성문화되고 외면적으로 드러나면 그 때는 이미 비공식조직이 아니라 공식적 조직화된 것이다.

④ 공식조직은 계층에 따른 과업의 분담이 분명한 데 비하여, 비공식조직은 계층이나 성원의 역할분담이 불분명하다.

⑤ 공식조직은 그 조직구성원 전체로서 구성되지만, 비공식조직은 공식조직의 구성원의 일부로서 구성되기 때문에 주로 소집단이다. 그래서 비공식조직이라는 말 대신에 비공식집단이라는 용어를 쓰는 경향이 있다.

⑥ 공식조직이 합리적 또는 능률의 논리에 따라서 구성 · 운영되는 데 비하여, 비공식조직은 비합리적인 감정의 논리에 따라 형성 · 운영된다.

2) 계선조직과 막료조직

조직 내에서 권한과 책임의 정도에 따라 구분되는 의무의 등급에 따라 계선조직과 막료조직으로 분류된다(곽영우 외, 1993).

(1) 階線組織(line organization)

계선조직은 명령통일의 원칙 하에서 조직 존립의 목적이 되는 업무를 수행하면서 권한과 명령권을 독점하는 일차적 조직이다. 이 조직에서 계선의 권한은 조직체의 효과적인 목적의 수행을 위해서 階序的이며 垂直的으로 행사된다. 따라서 조직 내의 업무는 지시 · 명령단일화의 원리에 따라 경영자의 명령과 의사가 상부에서 하부로 직선적으로 전달된다. 또한 조직 내의 업무내용과 목표는 그 성격에 준하여 수직적으로 분화된 권리와 책임이 부여되고 업무의 내용이 지시 · 전달되어 수행된다. 그러므로 계선조직은 구성원 상호간의 권한과 책임의 한계가 명료하고 의사결정이 신속히 이루어짐으로써 강력한 통솔력을 발휘할 수 있다.

(2) 幕僚組織(staff organization)

막료조직은 계선조직으로 하여금 효과적인 목표를 성취할 수 있도록 지원 및 보조해주는 조직으로 일명 '參謀組織'이라고도 한다. 이 조직은 계선의 상층부에 위치하여 계선조직에 필요한 계획, 정보, 인사, 서무, 예산, 통계 등의 업무를 담당함으로써 계선조직의 활동을 횡적인 측면에서 지원 및 보조하는 조직이다.

이 막료조직은 에머슨(H. Emerson)이 제창한 것으로 그 주요 특징은 계선조직에서 최고위층의 독자적 지휘통제의 장점을 살리고 참모부서를 설치하여 보조적 · 조언적 효과를 얻으려는 데 있다.

이 조직의 장점은 전문적인 입장에서 행정기관의 지도능력이 확대될 수 있고, 각 방면의 의견 조정이 가능하게 한다는 점이며 단점은 조직책임자의 독립적인 판단을 약화시켜 의뢰심을 발생하게 할 염려가 있고, 참모에게 책임을 전가시킬 수 있으며, 조직관리비를 증대시킬 수 있다는 점이다.

3) 官僚制

베버(Max Weber, 1947)는 조직체에는 반드시 통제와 권위가 불가결한 것이며, 그와 같은 절대적인 통제(imperative control)의 기초가 되는 정당한 권위(legitimate authority)에는 합리적 · 합법적(rational-legal), 전통적(traditional), 신비적(charismatic) 권위의 세 가지가 있다고 하였으며, 순수형의 관료제 조직은 합리적 권위를 토대로 하는 것으로서 다음과 같은 특징을 가지고 있다고 주장하였다.

① 계층적 조직이 확립되어 있으며 상급직위자는 하급직위자에 대하여 통제하고 감독한다.

② 기능이 분화되어 있으며 직무에 대한 책임의 한계가 명료하고 공사의 분별이 분명하다.

③ 직원은 기술적 능력(technical competency)을 핵심으로 하는 전문적 자격을 기준으로 하여 선발된다.

④ 직무수행의 기준을 유지하기 위한 제 규정이 있다.

⑤ 고정적인 봉급제도와 직무전속주의가 확립되어 있다.

⑥ 집행상 규율과 통제의 방법이 확립되어 있으며, 직무는 몰주관성 또는 비정(impersonality)을 특징으로 한다(김종철 외, 1995).

(1) 관료제의 순기능

① 합리적 의사결정과 행정능률을 극대화할 수 있다.

② 분업과 전문화는 전문가를 산출하며, 몰정적 전문가는 사실에 근거하여 기술적으로 올바르고 합리적인 결정을 한다.

(2) 관료제의 역기능

① 서면주의 · 번문욕례(red-tape) · 형식주의
② 목표의 전환, 수단의 목표화(goal displacement)
③ 무사안일주의(mannerism)
④ 귀속주의(ascription)에 입각한 자생집단
⑤ 부서의 종적 관계만 중시는 할거주의(sectionalism)
⑥ 상관의 권위에 의존
⑦ 전문화로 인한 무능(trained incapacity)
⑧ 변화에 대한 저항

3. 조직의 원리

모든 조직은 설정한 목적을 달성하기 위해서 많은 노력을 하고 있으며, 그 목적을 달성하기 위해서는 조직의 운영과 관리의 원리, 즉 기준이 있어야 한다.

일찍이 페이욜(Henri Fayol)은 모든 조직체에 공통적으로 적용할 수 있는 원리로서 ① 분업의 원리 ② 권위의 원리 ③ 규율의 원리 ④ 단일지휘계통의 원리 ⑤ 방향성 통일의 원리 ⑥ 전체이익 우선의 원리 ⑦ 정당보수의 원리 ⑧ 적도집권의 원리 ⑨ 계층의 원리 ⑩ 적재적소의 원리 ⑪ 공정성의 원리 ⑫ 신분보장의 원리 ⑬ 창발성 존중의 원리 ⑭ 단결정신확립의 원리 등 14개의 기본적인 조직원리를 들었다.

무늬(James D. Mooney)와 레일리(Alan C. Reily, 1939)는 조직의 3대 원리로서 ① 조정의 원리(coordinative principle) ② 계층의 원리(scalar principle) ③ 기능주의의 원리(functional principle)를 들고 있다(김종철 외, 1995).

몰페트(Edgar L. Morphet) · 잔스(Roe L. Johns) · 렐러(Theodore L. Reller, 1974) 등은 공저인 『교육조직과 행정』에서 조직의 효과성과 관련하여 ① 최고책임자 단일화의 원리(single executive) ② 목적일원화의 원리(unity of purpose) ③ 명령일원화의

원리(unity of command) ④ 권한 및 책임위양의 원리(delegation of authority and responsibility) ⑤ 분업화의 원리(division of labor) ⑥ 표준화의 원리(standardize ion) ⑦ 통솔범위 제한의 원리(span of control) ⑧ 안정성의 원리(stability) ⑨ 융통성의 원리(flexibility) ⑩ 안전성의 원리(security) ⑪ 인사정책의 원리(personnel policies) ⑫ 평가의 원리(evaluation)와 같은 열두 가지 원리를 제시하였다(김명한 외, 1996).

지금까지 제시한 학자들의 견해를 종합해 보면 ① 계층의 원리 ② 통솔범위의 원리 ③ 분업의 원리 ④ 명령통일의 원리 ⑤ 조정의 원리 ⑥ 적도집권의 원리로 요약할 수 있으며 구체적인 내용은 다음과 같다.

1) 계층의 원리(the principle of hierarchy)

이 원리는 조직의 구조와 행태면의 원리로서 보통 피라미드형의 계층을 이루고 있다. 계층이란 조직체의 공동목표 달성을 위한 업무수행에 있어서 권한과 책임의 정도에 따라 직위의 서열과 등급을 매기는 일, 즉 조직구조의 상하관계를 의미한다.

무늬(James D. Mooney)에 의하면 계층은 그 자체의 독자적인 원칙과 과정의 효과를 가지고 있는데 그것은 ① 지도성(leadership) ② 권한과 책임의 위양(delegation of authority and responsibility) ③ 직무의 규정(functional definition) 등 세 요소로 구성된 것으로 보았다.

2) 통솔범위의 원리(the principle of span of control)

이 원리는 한 사람의 지도자가 직접 통솔할 수 있는 부하의 수에 관한 원리를 말한다. 이 원리는 인간의 능력에는 한계가 있기 때문에 한 사람의 상관은 일정수 이상의 부하를 직접 통솔할 수 없다는 전제에서 출발한다.

그러면 어느 정도의 직속 부하의 수가 적절한가? 1918년 영국의 홀데인위원회(Haldane Committee)는 10명이 이상적이며 12명을 초과해서는 안 된다고 하였으며,

페이욜(H. Fayol)은 5~6명을 어윅(L. Urwick)은 상위책임자의 경우 4명, 하위층은 8~12명이 적절하다고 주장하였다.

그리고 그라이쿠너스(V. A. Graicunas, 1937)는 계층제 상부층은 5~6명, 말단은 20명이 적정규모이며, 통솔 범위에 관한 수학적 연구를 통해 상관과 부하간의 관계의 수를 다음과 같이 공식화하였다(김윤태, 1995).

$$N = n(\frac{2n}{2} + n-1)$$

N : 상관과 부하 간의 관계의 수
n : 부하식원의 수

예를 들어, 상관 A가 B와 C의 두 사람을 통솔하는 경우에 A는 B와 C를 각각 따로 통솔할 수도 있고 그들을 함께 통솔할 수도 있다. C가 있는 경우의 B의 행동, B가 있는 경우의 C의 행동은 B와 C가 각각 따로 A와 같이 있을 때의 행동과는 다르게 될 것이다. 뿐만 아니라 B가 C에 대해서 생각하고 있는 것과 C가 B에 대해서 생각하고 있는 것이 각각 다르며, 이것은 두 개의 교차관계(cross relationship)를 이루고 있는 것이다. 따라서 A의 부재중 B와 C가 협력해서 사무를 처리하는 것을 맡길 때, A는 이 교차관계도 유의해야 한다. 말하자면, 2명의 부하만이 있는 극히 작은 조직에서도 상관은 여섯 개의 부하와의 관계에 있어서 여러 면에서 부단히 주의해야 한다는 것이다. 이 공식에 의하면, 부하의 수(n)가 1명이면 상관관계의 수도 1이지만, 부하의 수(n)가 2, 3, 4, …로 변하면, 관계수(N)는 6, 18, 44, …와 같이 크게 증가하게 된다.

3) 분업의 원리(the principle of division of work)

조직의 구성원은 기능 또는 직능에 따라 각각 상이한 업무를 담당하고 있다.

조직체는 집단적 협동체제로서 분업은 필수적 요건이다. 분업이란 한 사람에게 가능하다면 한 가지 주된 업무만 수행하도록 일을 분담시키는 것을 말한다. 전문화는 분업과 동시에 발생하는 것이므로 분업의 원리는 專門化의 원리라고도 한다. 즉, 조직체 구성원들의 전문적 지식이나 기술적 숙련도에 따라서 각각 어떠한 특수업무를 분담하고 그 일을 반복함으로써 그 일에 대한 전문성이 더욱 높아질 수 있으며, 마침내 조직의 능률을 높일 수 있다는 것이다. 이러한 면에서 분업의 원리와 전문화의 원리는 인과적 관계에 있다.

분업의 형태는 크게 횡적(수평적) 분업과 종적(수직적) 분업으로 나눌 수 있다. 횡적 분업은 동일 계층 내에서 기능의 성질에 따라 직무를 배분하는 것이며, 종적 분업은 계층의 원리와 같이 계층과 계층 사이에 업무가 분담되도록 권한과 책임을 위임하는 것을 말한다.

4) 명령통일의 원리(the principle of unity of command)

이 원리는 부하는 오직 한 사람의 상관으로부터 명령이나 지시를 받고 한 상관에게 보고하도록 되어야 한다는 것이다. 말하자면, 하나의 단위조직에서는 오직 1인의 長만이 있어야 하며, 이 한 명의 장에게 그 단위조직을 운영할 최종 권한을 부여해야 한다는 것이다.

귤릭(L. Gulick)은 여러 상관으로부터 명령을 받는 부하는 ① 혼돈을 일으키고 ② 비능률적이며 ③ 무책임한 데 반하여, 한 사람의 상관으로부터 명령을 받는 부하는 ① 조직적이고 ② 능률적이며 ③ 책임있게 일한다고 하면서 명령통일의 중요성을 강조하였다.

그러나 오늘날 전문인으로 구성되는 막료조직의 기능이 자문 및 보조기능 이상으로 확대 · 강화되면서 명령통일의 원리는 많은 한계를 드러내고 있다.

5) 조정의 원리(the principle of coordination)

조정의 원리는 조직의 공동목표를 달성하기 위하여 집단적 노력을 질서있게 배열하는 것이다. 조직 안에서 흔히 볼 수 있는 할거주의 내지 분립주의의 경향을 경계하고 조직의 공동목표를 향하여 협동적 노력을 기울여야 한다는 것이다.

무니(J. D. Mooney)는 조정의 원리를 조직의 제1의 원리라고 하면서 기타 전통적 조직원리는 조정을 위한 수단적 하위원리라고 말하고 있다.

오늘날 조정의 원리는 조직구성원의 갈등적 이익추구나 이질적이며 다양한 욕구로부터 파생되는 문제를 해결하는 데 큰 의의를 지니고 있다. 우리 나라의 경우 기획조정실 · 담당관실 · 경제장관회의 등의 조정기능은 행정체제 전반에 걸쳐 매우 중요한 위치를 차지하고 있다.

6) 적도집권의 원리(the principle of optimum centralization)

適度集權의 원리는 중앙집권제(centralization)와 분권제(decentrali- zation) 사이에 적절한 균형을 취하는 것을 말한다. 중앙집권제는 중앙관서나 중심기관에 권한을 집중시킴으로써 능률화를 가져오는 데는 유리하나 획일주의와 전제주의를 초래할 위험성이 있다. 반면에 분권제는 지방관서나 하부기관에 권한을 분산시킴으로써 지방 또는 하부기관의 특수성과 자율성을 촉진할 수 있으나 비능률을 초래할 가능성도 있다. 따라서 지나친 집권제는 전제나 독재를 초래하며, 반대로 지나친 분권제는 비능률과 낭비를 가져오는 경향이 있다.

이와 같이 민주적 권한 위양과 참여의 기회를 보장하는 분권주의나 기획의 합리화, 강력한 집행, 획일적 통제를 통해 능률을 보장하는 집권주의나 모두 한계가 있다. 분권주의가 지나칠 정도로 발달한 미국과 같은 나라가 집권제를 지향하려는 노력이나 우리 나라와 같이 집권주의를 채택하고 있는 나라가 분권주의를 도모함으로써 양극 간에 균형을 취하려는 경향이 있는 것은 좋은 예가 될 것이다. 그러나 그 균형점은 조직의 목적과 기능, 구성원들의 성격, 사회 · 문화적 환경, 역사적 배경 등에 따라 결정되는 것이므로 일률적으로 단정하기는 어렵다.

이상 주요한 조직 원리에 관하여 간략히 살펴보았다. 그러나 이들 조직 원리를 개별적으로 적용하면 능률을 향상시키는 데 한계가 있다. 조직이 처한 상황, 목적과 기능, 구성원의 특성에 따라 조직 원리들을 적절하게 그리고 복합적으로 적용하는 것이 효과적일 것이다.

제2절 중앙의 평생교육 행정조직

중앙교육행정조직이란 중앙정부가 교육행정을 담당하는 기관으로서 교육행정의 법률주의의 원칙에 따라 헌법을 정점으로 정부조직법, 교육부직제 등의 규정에 의거하여 대통령과 국무총리도 교육행정조직에 포함시켜야 한다. 따라서 우리나라 중앙교육행정조직을 대통령, 국무회의, 교육부로 나누어 고찰하고자 한다.

1. 대통령

대통령은 행정부의 수반으로서(헌법 제66조 제4항) 교육행정을 포함한 국가행정권의 정점에 위치하고 있다. 대통령의 교육행정에 관한 주요 권한은 다음과 같다(남정걸, 2000).

1) 대통령령의 발포(헌법 제75조)

대통령은 법률에서 구체적으로 범위를 받아 위임받은 사항과 법률을 집행하기 위하여 필요한 사항에 관하여 대통령령을 발할 수 있다.

2) 긴급처분 · 명령권(헌법 제76조)

대통령은 내우 · 외환 · 천재 · 지변 또는 중대한 재정 · 경제상의 위기에 처하거

나, 국가의 안전을 위협하는 교전 상태에 처하여 긴급한 조치를 할 필요가 있다고 판단될 때 법률의 효력을 가진 처분이나 명령을 발할 수 있다.

3) 주요 공무원 임명권(헌법 제78조)

대통령은 법률이 정한 바에 따라 공무원(예컨대, 교육부장 · 차관, 국립대학의 총 · 학장 등)을 임명한다.

4) 국무회의 의장권(헌법 제88조 제4항)

대통령은 국무회의의 의장이 되어 주요 정책 심의에 영향력을 발휘한다.

5) 중앙행정기관의 지휘 · 감독권(정부조직법 제10조)

대통령은 정부의 수반으로서 모든 중앙행정기관의 장을 지휘 · 감독한다.

2. 국무회의와 국무총리

국무회의는 대통령과 국무총리 및 15인 이상 30인 이하의 국무위원으로 구성되는 합의제 기관(헌법 제88조 제2항)으로, 정부의 권한에 속하는 중요한 정책을 심의하는 행정에 관한 최고심의기관이다(헌법 제88조 제1항). 헌법상 국무회의의 심의를 거쳐야 할 사항 중 교육행정과 관련되는 것을 열거하면 다음과 같다(헌법 제89조).

1) 국정의 기본계획과 정부의 일반정책
2) 예산안 · 결산 등 재정에 관한 중요 사항
3) 행정 각 부처간의 권한의 확정
4) 정부 안의 권한의 위임 또는 배정에 관한 기본 계획
5) 국정 처리상황의 평가 · 분석

6) 행정 각 부처의 주요한 정책의 수립 · 조정

7) 정부에 제출 또는 회부된 정부의 정책에 관계되는 청원의 심사

8) 국립대학 총장, 기타 법률이 정한 공무원의 임명

9) 기타 대통령 · 국무총리 또는 국무위원이 제출한 사항

의장은 대통령이며 국무총리는 부의장으로서 국무회의를 주재하면서 교육행정에 영향력을 행사할 뿐만 아니라, 행정에 관하여 대통령의 명을 받아 행정 각부를 통할하는 권한과 총리령을 발하는 권한을 가지고 있다. 국무회의나 국무총리는 각 부처간의 정보를 분배하고 교환하는 수평적 조정기관으로서의 역할을 통해 교육정책에 관한 다른 부처의 이해를 넓히고 협조를 촉진시킨다.

또한 국무회의는 대통령의 교육정책에 관한 지시사항을 토의하고, 교육부장관이 제출한 사항을 국무총리와 대통령에게 상달되게 하는 수직적 조정기능도 한다. 한편 교육에 관한 중요계획이나 정책은 국무회의에 상정되기에 앞서 관련 부처와의 합의를 거쳐야 하기 때문에 관련 부처도 중앙의 교육행정에 영향을 주게 된다. 예컨대, 법령안의 경우 조직과 관련되면 행정자치부, 예산에 관련되면 기획재정부의 합의를 거쳐 법제처의 심사를 받아야 한다. 법제처의 심사를 거친 법령안은 행정자치부에 접수되어 차관회의의 심의를 거쳐 국무회의에 상정하게 된다.

3. 교육부

우리나라에서 중앙교육행정조직의 중추적 부서는 교육부이다. 교육부에서 평생교육행정 지원 업무를 담당하는 주무 부서는 평생직업교육국으로 인재직무능력정책과, 평생학습정책과, 진로교육정책과, 직업교육정책과로 구성되어 있다.

1) 인재직무능력정책과

(1) NCS(국가직무능력표준) 학습모듈 개발

(2) 일-교육훈련-자격 등을 연계하는 국가역량체계(NQF) 구축 추진

(3) 자격관리기본계획 및 민간자격제도 등
(4) 민간자격등록관리 및 자격정책심의회운영
(5) 대한민국인재상, 글로벌인재포럼

2) 평생학습정책과

(1) 평생교육진흥에 관한 종합정책의 수립 · 시행
(2) 평생교육에 관한 법령의 제 · 개정
(3) 평생교육진흥위원회의 구성 · 운영지원
(4) 평생교육진흥원의 운영지원 및 지도
(5) 시 · 도평생교육협의회, 시 · 도평생교육진흥원, 시 · 군 · 자치구평 생교육 협의회 및 시 · 군 · 자치구평생학습관의 운영지원 · 지도 등 지방자치단체의 평생교육진흥에 관한 사항
(6) 전문대학 학력인정 평생교육시설의 운영지원 · 지도
(7) 학점은행제와 독학에 의한 학위취득제 운영에 관한 사항
(8) 시간제 등록제도 운영지원에 관한 사항
(9) 평생학습중심대학 등 고등교육기관의 평생교육 지원에 관한 사항
(10) 평생학습도시의 지정 · 운영 및 평생학습도시협의회의 운영지원
(11) 지역사회학교 등 초 · 중등학교의 평생교육 운영지원
(12) 대학 부설 평생교육원 등 각종 평생교육시설 · 단체의 육성 및 운영 지원
(13) 학습계좌제의 운영에 관한 사항
(14) 문해교육(文解教育)의 실시 및 문해교육 프로그램의 운영지원 · 지도
(15) 평생교육 통계조사 등 평생교육 인프라 구축에 관한 사항
(16) 평생교육 관련 국제협력 증진 및 대외개방에 관한 사항
(17) 학원 관련 법령 운영 및 한국학원총연합회의 운영지원 · 지도
(18) 교육부 소관 교육분야와 관련이 있는 비영리법인에 관한 기본정책 수립
(19) 교육부 소관 교육분야와 관련이 있는 비영리민간단체의 운영 지원

(20) 지역 및 지방자치단체의 인적자원개발에 관한 사항

(21) 여성 · 군 인적자원개발, 노인 등 사회 · 경제적 취약계층 인적자원개발, 무형문화재 · 명인 등 희소인적자원개발에 관한 사항

3) 진로교육정책과

(1) 진로교육, 진로체험, 진로교사연수

(2) 시 · 도 진로체험 운영 지원

(3) 진로교육관련 포상 업무

4) 직업교육정책과

(1) 마이스터고 육성 기반 조성, 도제 시범학교 도입 추진 등

(2) 기술사관 육성

(3) 특성화고 역량강화사업, 특성화고 체제개편

(4) NCS 기반 교육과정 등

(5) 직업교육정책

(6) NCS 기반 교육과정 편성 · 운영, 특성화고 · 마이스터고 현장실습 내실화

(7) 고졸진로 역량 강화

국가 및 지방의 평생교육전담기구는 2007년 평생교육법의 개정에 의해 시 · 도 지사가 설치 운영의 책임을 지게 되었다. 현재 평생교육법에 의한 평생교육전담기구는 국가평생교육진흥원과 시 · 도수준의 평생교육진흥원, 그리고 시 · 군 · 구지역에 설치 · 운영되는 평생학습관이다. 평생교육법에는 명시되지 않았지만 평생학습도시로 선정된 기초자치단체들은 지역주민의 평생학습기회를 제공하기 위하여 조례에 의한 평생학습센터를 설치 · 운영하고 있다.

우리 나라 평생교육의 추진체계를 국가평생교육진흥원, 시 · 도 평생교육진흥

원, 시 · 군 · 구 평생학습관(평생학습센터)을 중심으로 도식화하면 다음 〈그림 3-1〉과 같다.

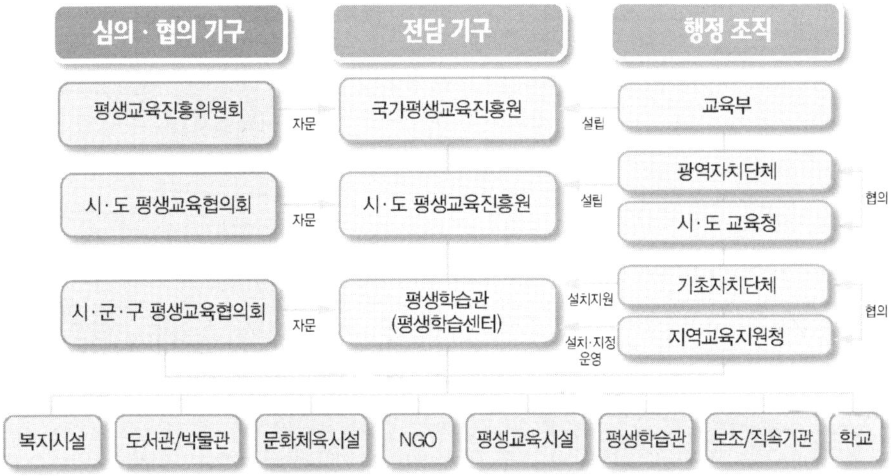

〈그림 3-1〉 우리나라 평생교육의 추진체계

출처 : 교육부 · 국가평생교육진흥원. 2013 평생교육백서. p. 52.

4. 국가평생교육진흥원(National Institute for Lifelong Education)

평생교육진흥원은 2007년 11월 22일 평생교육법 전부개정(안)이 국회에서 의결됨으로써 「평생교육법」 제19조(국가는 평생교육진흥 관련 업무를 지원하기 위하여 평생교육진흥원을 설립한다)에 따른 평생교육진흥과 관련된 업무를 효율적으로 수행함으로써 국민의 평생교육 활성화에 기여함을 목적으로 한국교육개발원에서 운영한 평생교육센터, 학점은행센터와 한국방송통신대학교에서 운영한 독학학위검정원을 통합하여 2008년 2월 15일에 개원하였다.

2012년에는 '평생교육진흥원'을 '국가평생교육진흥원'으로 명칭을 변경하였으며, 국가평생교육진흥원의 조직은 〈그림 3-2〉와 같다.

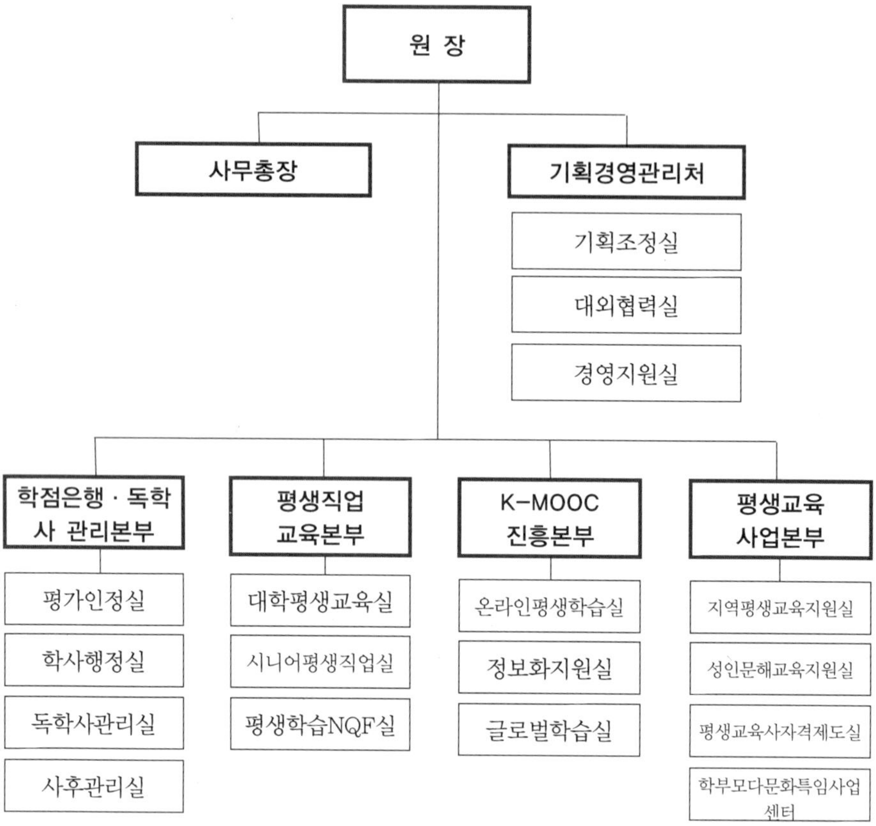

〈그림 3-2〉 국가평생교육진흥원의 조직도

이와 같이, 국가평생교육진흥원은 대학 중심의 평생학습 활성화 사업, 저학력 성인의 생애기초능력 향상을 위한 성인문해교육 지원사업, 전 국민 평생학습 참여 인프라를 구축하기 위한 평생학습계좌제와 학점은행제, 독학학위제 등과 같은 주요 사업을 수행하고 있다.

또한 평생교육 관계자들의 전문성 향상을 위한 평생교육 연수 사업, 평생교육사 자격제도운영, 평생교육 국제교류 등 평생학습 진흥과 관련된 다양한 지원 사업들을 수행할 뿐 아니라 학부모 교육, 다문화 교육, 100세 시대 인재개발 사업 등 다양한 영역으로 활발하게 평생교육 사업을 확장해 나가고 있다. 2013년에는 정부로부터 대학 중심의 평생학습 활성화 사업에 대한 대폭적인 예산을 지원받아

사업을 추진하였고, 지방자치단체의 평생학습참여를 활성화하기 위하여 2014년 현재 평생학습도시를 129개로 확대하였다. 또한 읍 · 면 · 동 단위의 평생학습을 활성화하기 위하여 행복학습센터를 시범운영하고, 평생학습 문화의 진흥 및 확산을 위해 전국평생학습박람회를 충북 제천에서 개최하였다(교육부 · 국가평생교육진흥원, 2013).

제3절 지방의 평생교육 행정조직

1. 시 · 도 평생교육 행정조직

현행 「평생교육법」은 평생교육에 대한 지방자치단체의 기능과 역할뿐만 아니라 시 · 도교육청의 역할을 함께 고려하고 있다. 가장 대표적인 기능은 '협의'로, 평생교육시행계획의 수립 · 시행에 관한 사항, 시 · 도 평생교육협의회의 위원 구성에 관한 사항, 시 · 도지사가 조례에 따라 실시하거나, 지원하는 평생교육진흥사업에 관한 사항, 그리고 시 · 도 평생교육진흥원의 설치나 지정에 관한 사항(「평생교육법시행령」 제12조)이 교육감 협의 대상이 된다.

시 · 도 평생교육협의회의 부의장은 부교육감을 당연직으로 두도록 함으로써 지방평생교육에 대한 시 · 도교육청의 참여를 유도하고 있다.

광역자치단체의 역할을 살펴보면, 「평생교육법」 제5조는 지방자치단체에 대하여 지역평생교육계획의 수립 · 수행의 임무를 부과시킴으로써 광역자치단체는 평생교육행정조직을 구축하고, 지역평생학습의 업무를 수행해야 한다고 명시하고 있다. 「평생교육법」 제11조에 따르면 시 · 도지사는 교육부 장관이 5년마다 수립하는 '평생교육진흥기본계획'에 따라 광역 지방자치단체의 '연도별 평생교육진흥시행계획을 수립 · 시행'하고, 「평생교육법시행령」 제3조 제3항에 따라 매년 다음 해의 평생교육진흥시행계획을 수립하여 교육부 장관에게 제출하여야 한다고 강제함으로써 광역 단위 지방자치단체에 대한 평생교육의 책무성을 강조하고 있다. 또한 「평생교육법」 제12조는 시행계획의 수립 · 시행에 필요한 사항을심의하기 위하여 시 · 도지사 소속의 시 · 도 평생교육협의회를 두도록 하고 있으며 「평생교육법」 제20조 제1항과 제2항은 광역의 지방 평생교육 사업을 추진할 수 있도록 시 · 도 평생교육진흥원을 설치 또는 지정 · 운영을 권고하고 있다.

한편, 시 · 도교육청의 평생교육에 관한 중요한 업무는 평생교육시설의 인가 및 등록에 관한 사항으로 교육감의 직접 관리 대상이 되는 시설로서 학교의 평생교육, 학교 부설 평생교육시설(단, 대학 소속 시설은 제외), 학교 형태의 평생교육시설(등록사항), 사업장 부설평생교육시설, 시민사회단체 부설 평생교육시설, 언론기관 부설 평생교육시설, 지식 · 인력개발 관련 평생교육시설이 있다. 이들 시설에 대해서 교육감은 설치인가 또는 등록을 취소할 수 있는 강력한 권한을 부여받고 있다. 교육청이 직접 실시하고 있는 평생교육진흥사업으로는 문자해득교육이 있으며 교육감이 책임을 지도록 하고 있다. 또한 현행 「평생교육법」은 경과규정을 두어 교육감은 시 · 도 평생교육진흥원과 사실상 동일한 기능을 수행하는 지역평생교육정보센터를 지정 · 운영할 수 있다(교육부 · 국가평생교육진흥원, 2013).

이상에 보는 바와 같이 현행 「평생교육법」에는 교육감도 평생교육 사무를 계속 추진할 수 있는 경과조치를 두고 있어, 사실상 시 · 도지사와 같이 의지에 따라 계속평생교육사무를 추진할 수 있다. 「평생교육법」에서의 광역 지방자치단체와 교육자치단체의 평생교육 역할을 요약하여 제시하면 다음 〈표 3-1〉과 같다.

표 3-1 시 · 도 및 교육자치단체의 평생교육에 대한 역할

구 분	시 · 도청	시 · 도교육청
평생교육진흥 시행계획	–수립 · 시행(제11조) –교육부장관 제출(제3조)	–시 · 도지사의 수립 · 시행에 협의(제11조)

행정권한	-시행계획 수립을 위해 관련 기관에 자료 요구(제13조) -평생교육통계조사(제18조)	-평생교육시설 설치인가 또는 등록 관리(제28조~제38조) -평생교육시설 설치인가 또는 등록 취소(제42조)
시·도 평생교육협의회	-협의회 구성·운영(제12조) -시·도지사 당연직 위원장(제12조)	-협의회 위원 구성 협의(제12조) -부교육감은 당연직 부의장(제12조)
평생교육기관 지도 및 지원	-기관요청시 평생교육활동 지도 또는 지원(제17조)	-좌동
평생교육사업 추진기구 운영	-시·도 평생교육진흥원 설치 또는 지정·운영(제20조)	-지역평생교육정보센터 지정 운영(부칙) -시·도 평생교육진흥원 또는 지정에 대한 협의(시행령 제12조)
평생교육진흥 사업 내용	평생교육진흥사업 실시 또는 지원(제16조) -평생교육기관의 설치·운영 -평생교육사의 양성 및 배치 -평생교육프로그램의 개발 -그밖에 국민의 평생교육 참 여를 촉진하기 위하여 수행 하는 사업 등 -조례에 따라 주민을 위한 평생교육진흥사업(제16조) -전문인력정보은행제 운영(시행령 제13조)	-좌동 -시·도청의 평생교육진흥사업에 대한 협의(제16조)
평생교육진흥 사업 영역	-법이 규정한 모든 평생교육 사업 -정규교육과정을 제외한 학력보완교육, 성인기초 문자 해득교육, 직업능력 향상교육, 인문교양교육, 문화예술 교육, 시민참여교육 -정보화 관련 평생교육(제22조)	-문자해득교육(제39조) -좌동

출처 : 고영상 외(2011). 시·도-시·군·구 평생교육 연계체제 구축방안 연구.

2. 시·도 평생교육진흥원

「평생교육법」 제12조는 시행계획의 수립·시행에 필요한 사항을 심의하기 위하여 시·도지사 소속의 시·도 평생교육협의회를 두도록 하고 있으며, 「평생교육법」 제20조에 의하면 시 · 도 평생교육진흥원 임무는 해당 지역의 평생교육기회 및 정보의 제공, 평생교육 상담, 평생교육 프로그램 운영, 해당 지역의 평생교육기관 간 연계체제 구축, 그 밖에 평생교육진흥을 위하여 시 · 도지사가 필요하다고 인정하는 사항 등으로 규정하고 있다.

시 · 도별 평생교육진흥원의 운영 현황을 살펴보면 다음 〈표 3-2〉와 같다.

표 3-2 시 · 도별 평생교육진흥원 운영 현황

2014. 6월 기준

구분	시 · 도	지원 연차	운영시점	운영형태
운영 중	대전	4년차	2011. 7.	재단 설립(대전평생교육진흥원)
	경기	4년차	2011.12.	재단 설립(경기평생교육진흥원)
	부산	3년차	2011. 3.	지정(부산인적자원개발원)
	울산	3년차	2012. 7.	지정(울산발전연구원)
	충북	3년차	2011. 4.	지정(충북발전연구원)
	충남	3년차	2012. 1.	지정(설립후 충남인재육성재단에 위탁)
	제주	3년차	2012. 7.	지정(제주발전연구원)
	광주	2년차	2013. 4.	지정(광주발전연구원)
	인천	2년차	2013. 5.	지정(인천인재육성재단)
	경북	2년차	2013. 5.	지정(대구대학교 평생교육원)
	전남	1년차	2014. 1.	지정(전남발전연구원)
	대구	1년차	2014. 2.	지정(대구경북연구원)
	강원	1년차	2014. 2.	지정(강원발전연구원)
	서울	1년차	2014. 4.	지정(서울연구원)
운영 예정	전북	—	2014년 운영목표	지정 예정(전북발전연구원)
	경남	—	2014년 운영목표	지정 예정(경남발전연구원)
미정	세종	—	미정	

한편, 시 · 도교육청의 평생교육에 관한 중요한 업무는 평생교육시설의 인가 및 등록에 관한 사항으로 교육감의 직접 관리 대상이 되는 시설로서 학교의 평생

교육, 학교 부설 평생교육시설(단, 대학 소속 시설은 제외), 학교 형태의 평생교육시설(등록사항), 사업장 부설 평생교육시설, 시민사회단체 부설 평생교육시설, 언론기관 부설 평생교육시설, 지식 · 인력개발 관련 평생교육시설이 있다. 이들 시설에 대해서 교육감은 설치인가 또는 등록을 취소할 수 있는 강력한 권한을 부여받고 있다. 교육청이 직접 실시하고 있는 평생교육진흥사업으로는 문자해득교육이 있으며 교육감이 책임을 지도록 하고 있다. 또한 현행 「평생교육법」은 경과규정을 두어 교육감은 시 · 도 평생교육진흥원과 사실상 동일한 기능을 수행하는 지역평생교육정보센터를 지정 · 운영할 수 있다.

시 · 도 평생교육진흥원의 운영 기능을 도식화하면 다음 〈그림 3-3〉과 같다(권인탁, 2009).

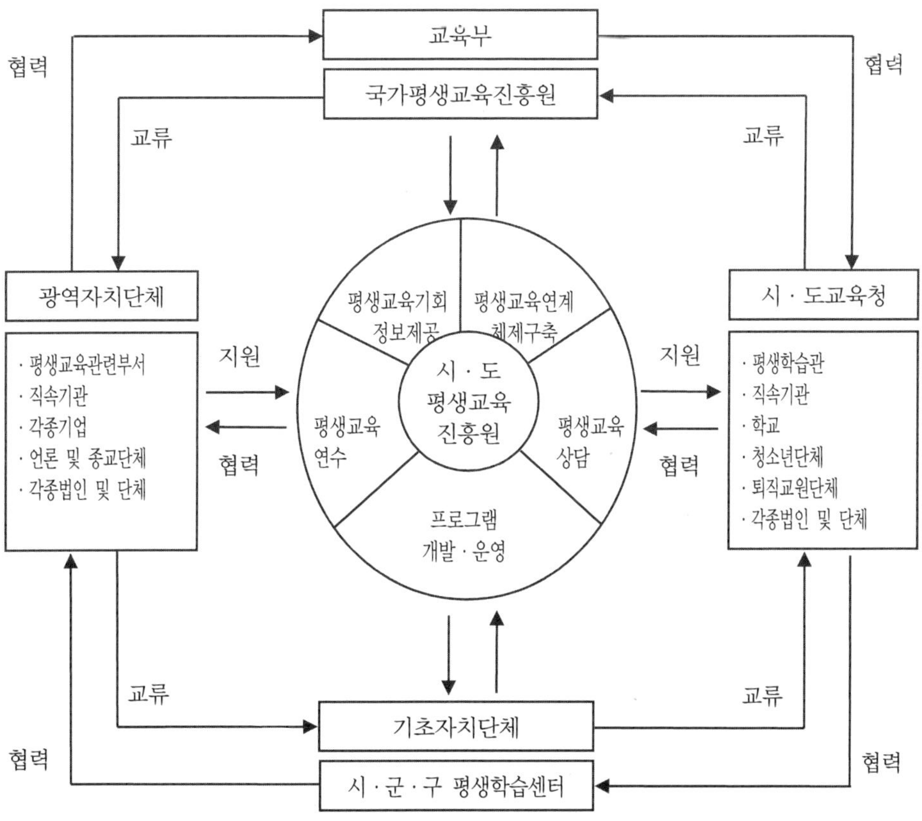

〈그림 3-3〉 시 · 도 평생교육진흥원의 운영 기능

출처 : 권인탁. 평생교육경영론. 서울: 학지사. p. 77.

3. 시 · 군 · 구 평생학습센터(평생학습관)

지금까지 평생학습관 설치 또는 지정 · 운영은 시 · 도 교육감의 권한이었다. 2008년에 개정된 「평생교육법」 제21조에 의하면 교육감뿐만 아니라 시장 · 군수 · 구청장도 평생학습관의 설치 또는 재정적 지원 등 해당 지방자치단체의 평생교육을 진흥하기 위하여 필요한 사업을 실시할 수 있도록 규정하고 있으며, 이를 위해서는 조례를 제정하여 실시하도록 규정하고 있다. 따라서 평생학습관은 지역 특성에 따라 시 · 군 · 구 단위 또는 읍 · 면 · 동 단위로 도서관, 시 · 군 · 구민회관, 문화원 등 기존의 평생교육시설을 활용하거나 신설하여 운영될 수 있다. 평생학습관은 지역주민을 대상으로 평생교육 프로그램 운영 및 평생학습정보제공 기능 수행하고 있다.

시 · 도 교육감의 제정에 의한 평생학습관은 2001년에 208개 기관에서 2012년 현재 421개 기관이 운영 중에 있다(교육부 · 한국교육개발원, 2013).

시 · 군 · 구의 평생학습센터의 기능을 살펴보면 다음 〈표 3-3〉과 같다.

표 3-3 시 · 군 · 구 평생학습센터의 기능

시 설 명	평생학습센터	센 터 장	전문가 또는 공무원
설 치 자	지방자치단체	설치근거	시 평생학습 조례
관리운영	자치단체 직속기구 또는 평생학습진흥재단		
인력구조	평생교육사, 평생학습행정지원공무원 등		
사업내용	1. 평생학습센터의 서무에 관한 일 2. 시 평생학습센터 조례에 규정한 사항 · 평생학습에 관한 정보의 수집 및 제공에 관한 일 · 평생학습에 관한 조사 연구 및 계발에 관한 일 · 지도자 등의 양성 및 연수에 관한 일 · 평생학습에 관한 강좌, 강연회 등의 개최에 관한 일 · 평생학습과 관련되는 상담에 관한 일 · 센터의 시설 제공에 관한 일 · 그 외 센터의 목적을 달성하기 위해서 필요한 사업 3. 시설 · 설비의 유지 관리에 관한 일 4. 학습정보제공 시스템의 유지관리에 관한 일		

제4장

평생교육지도자

제1절 지도성이론

1. 지도성의 개념

지도성(leadership)이란 "조직의 목적 달성을 위하여 지도, 조건정비, 감독의 촉진 작용을 발휘하는 것"으로 그 중요성은 재론의 여지가 없으나 그 관점이나 접근 방법에 따라 다양하게 정의되고 있다.

먼저, Etzioni는 "지도성은 본질적으로 규범적이며 주로 개인의 특성에 기초한 권력"으로 보았으며(Etzioni, 1961), Lipham은 "조직의 목적과 목표를 달성하거나 변화시키기 위하여 새로운 구조나 절차를 창출하는 것"으로 보았다(Lipham, 1964).

Stogdill은 "목표설정과 목표달성을 위해 조직화된 집단의 활동에 영향을 주는 과정"으로 지도성을 규정하고 있다. 특히 그는 지도성에 대한 여러 정의들을 관찰한 다음, 지도성의 범주를 10가지, 즉 ① 집단과정으로서의 지도성 ② 인성특성으로서의 지도성 ③ 복종시키는 기술로서의 지도성 ④ 영향력 행사로서의 지도성 ⑤ 행위로서의 지도성 ⑥ 설득의 형태로서의 지도성 ⑦ 목표성취수단으로서의 지도성 ⑧ 상호작용의 영향으로서의 지도성 ⑨ 분화된 역할로서의 지도성 ⑩ 구조창출로서의 지도성으로 나누어 제시하였다(Stogdill, 1950).

Hersey와 Blanchard는 "지도성의 일정한 상황 하에서 목적달성을 위해 개인이나 집단의 활동에 영향을 미치는 과정"으로 정의하였다(Hersey & Blanchard, 1982). 그래서 그들은 지도성(L : leadership)을 지도자(l : leader)와 추종자(f : follower) 및 상황변인(sn : situation)들 간의 함수관계(function)로 나타낼 수 있다고 보고, 이를 $L=f(l \cdot f \cdot sn)$으로 수식화하였다.

지도성의 개념과 관련하여 이론적으로나 실증적으로 현재까지 확인된 바를 Gibson 등은 다음과 같이 제시하고 있다(곽영우 외, 1993).

① 지도성의 개념은 관리의 개념과 동일한 것은 아니다.

② 지도성의 개념은 복잡하다.

③ 지도성의 속성은 경험과 훈련과정 및 분석을 통해 개발되어 질 수 있다.

④ 지도성의 효과성은 지도자와 추종자 그리고 상황변인 사이의 적합성에 따라 달라진다.

⑤ 지도성은 다양한 조직 및 상황에 따라 다른 것으로 대체되어 질 수 있다. 즉, 지도성이 어떤 상황 하에서는 의의있는 영향력을 발휘하지 못할 수도 있다.

2. 지도성의 접근

지도성의 접근은 연구의 방법이나 학자들에 따라 다르지만 일반적으로 논의되고 있는 접근은 ① 특성이론(trait theory) ② 행위이론(behavioral theory) ③ 상황이론(contingency and situational theory)으로 구분될 수 있다.

1) 특성이론

이 접근 방법은 特質論 또는 偉人理論(great-man theory)이라고 불리우며, "어떤 소수의 사람들만이 리더로 타고 난다"는 기본 가정 아래 리더와 부하 간의 특성의 차이를 발견하려고 하였다(노종희, 1992).

초기의 특성연구는 심리검사의 급격한 발전에 의해 추진되었고, 가장 빈번히 연구되었던 특성의 종류는 신체적 특성(신장, 외모, 힘의 정도), 성격(자존심, 지배성, 정서적 안정성), 능력(일반지능, 언어의 유창성, 독창성, 사회적 통찰력) 등에 관한 것들이었다.

(1) Kimbrough와 Nunnery의 연구

킴부로와 너너리는 지도성에 관한 심리학적 연구를 요약하면 다음과 같은 일반적인 경향이 있다고 하였다(Kimbrough & Nunnery, 1976).

① 지도자는 지도를 받고 있는 집단의 평균 지능보다 지능이 조금 높다.

② 지도자는 정서적으로 성숙하고, 자신감을 보이고, 목표지향적이고, 주도적으로 행동하고, 책임수행을 신뢰하고, 집단이 직면하는 문제에 대한 통찰력이 있으며, 성공하려는 꾸준하고 강한 행동이 있는 경향 이 있다.

③ 지도자는 목표달성에 있어서 인간이 핵심적인 것임을 알고 있다.그러므로 그들은 타인과 의사소통을 시도하고, 사교적인 경향이 있고, 인간에 대한 사려가 깊으며, 타인의 협조를 추구한다.

④ 그런 특징 · 특성들이 지도자로서의 효과적인 직무수행을 보장하는 것은 아니며, 그것들이 결여되었다고 해서 효과적 직무수행을 저해하는 것은 아니다. 이들은 지도자로서 효과적인 직무수행을 할 확률을 높일 따름이다.

(2) Stogdill의 연구

스톡딜은 1949년부터 1970년까지 수행된 163개의 특성연구를 조사 · 분석한 결과 다음과 같이 요약하였다(Stogdill, 1974). 지도자의 특성은 상황에 따라 요구되는 것이 다르지만 대부분의 상황에서 지도자는 ① 과업의 수행에 대한 책임감 ② 목표달성에 대한 집요성 ③ 문제해결을 위한 창의성 ④ 특정 상황에서의 지도성의 행사 ⑤ 자신감과 일체감 ⑥ 의사결정과 실행의 결과에 대한 수용성 ⑦ 갈등해소능력 ⑧ 좌절과 지연에 대한 관용성 ⑨ 영향력 ⑩ 사회적 상호작용 ⑪ 체제구성 능력 등을 가지고 있어야 하며, 이들 특성들은 상호작용하여 조합(combination)을 이루면서 상황에 따라 효과적인 지도성 특성을 형성하는 것이라 하였다.

2) 행위이론

행위이론(behavioral theory)은 집단 내에서 지도자의 행위에 초점을 맞추어 어떤 형태가 조직 구성원의 사기와 효과성에 영향을 주는가에 관점을 맞추어 연구하는 방법이다.

(1) Lewin의 연구

지도성에 관한 행동과학적 접근의 효시를 이루는 연구는 1938년에 레빈(Lewin)의 지도하에 리피트(Lippitt)와 화이트(White)에 의해 수행된 “지도성과 집단생활에 관한 실험적 연구(an experimental study of leadership and group life)”이며, 지도성 유형을 전제형(autocratic), 민주형(democratic) 및 자유방임형(laissez faire)으로 분류하였다(Lewin, 1939).

그들은 11세의 초등학생 20명을 5명씩 네 집단으로 구성하고 한 집단은 통제집단으로 3개 집단은 실험집단으로 구분하여, 사전에 훈련받은 초등학교 교사들로 하여금 세 가지 유형(전제형, 민주형, 자유방임형)의 지도자 역할을 연출하도록 하였다. 각 유형의 지도성이 아동들에게 미치는 영향 및 지도자가 바뀔 때 아동들의 반응 등이 분석되었다.

또한 각종 재료를 주고 공작물을 만들도록 한 이 실험에서 지도자가 독단적으로 의사결정을 하며 강압적 방법을 사용한 전제형 집단에서는 지도자에 대한 반감, 구성원간의 공격성, 공동체 의식의 결여들이 나타났으며, 집단토의를 거쳐 의사결정을 하며 동기유발적 방법을 사용한 민주형 집단에서는 지도자에 대한 존경, 원만한 인간관계, 강한 공동체 의식 등이 나타났으며, 완전한 자율을 허용하여 모든 것을 위임한 자유방임형 집단에서는 지도자에 타인시(他人視), 낮은 생산성, 독자적 행동들이 나타났다.

이 연구에서 민주형 지도자가 이끄는 집단은 생산성과 구성원의 만족도가 가장 높으며, 민주형 지도자는 존경을 받으면서 집단을 지속적으로 이끌어 나갈 수 있으며, 상이한 지도성 유형은 상이한 반응을 초래한다는 점을 보여 주었다.

(2) Ohio 주립대학교 경영학연구팀의 연구

지도자의 행동에 초점을 맞춘 일련의 광범위한 연구들이 Ohio 주립대 경영연구소와 인사연구위원회를 중심으로 1945년부터 시도되었는데, 헴필(Hemphill)과 쿤스(Coons)는 지도자행동기술질문척도(LBDQ : Leader Behavior Description Questionnaire)

를 개발하여 다양한 집단과 상황에 있어서의 지도자의 행동을 객관적으로 분석하는 데 획기적 전기를 마련하였다(Hemphill & Coons, 1950).

햄필(Halpin)과 위너(Winer)는 LBDQ에 대한 반응을 요인분석하여 지도성의 차원을 구조중심(initiating structure)과 배려중심(consideration)이라는 두 개의 요인으로 구분하였다.

구조중심이란 "리더 자신과 작업집단구성원 간의 관계를 묘사하고, 분명한 조직 패턴, 의사소통의 통로 및 작업절차의 방법을 확립하려고 노력하는 지도자의 행동"을 말한다. 또한 배려중심이란 "리더와 집단구성원 간의 관계에 있어 우정과 상호 신뢰, 존경 및 온정을 나타내 보이는 행동"을 의미한다(곽영우 외, 1993).

LBDQ는 구조중심과 배려중심 차원에서 각각 15개의 문항씩 30문항으로 구성하였고, 각 문항마다 '항상 그러한 행동을 한다', '그러한 행동을 하는 경우가 많다', '때때로 그러한 행동을 한다', '그러한 행동을 좀처럼 하지 않는다', '그러한 행동을 하지 않는다' 등의 다섯 단계 척도 중에서 하나를 골라 4점에서 0점까지 배점하여 측정하도록 되어 있다.

한편, Ohio 주립대학교 연구진들은 지도자의 구조중심과 배려중심 차원이 상호 독립된 차원임을 발견하였다. 한쪽 차원에서 높은 점수를 보인다고 해서 반드시 다른 한쪽 차원에서 낮은 점수를 보이지 않는다는 점이 지적되었고, 지도자의 행동은 이와 같은 상호 독립된 두 가지 행동 차원의 조합에 의해서 기술될 수 있다고 하여 〈그림 4-1〉과 같은 사분도(quadrant)가 개발되었다.

지도자의 위치를 점유하고 있는 사람에 대한 LBDQ점수는 배려와 구조중심 차원의 평균점을 기준으로 네 가지 지도성 유형을 나타낸다. 양차원의 지도성 행위가 평균점 이상을 기록하는 지도자를 역동적 지도자(Ⅰ)라고 하고, 양차원의 지도성 행위가 평균점 이하를 기록하는 지도자를 수동적 지도자(Ⅲ)라 한다. 또한 구조중심 행위는 평균 이하의 점수를 기록하고, 배려 행위는 평균 이상을 기록하는 지도자는 배려적 지도자(Ⅳ)로 명명되고, 구조중심 행위는 평균 이상의 점수를 기록하면서도 배려중심 행위가 평균 이하인 지도자는 구조적 지도자(Ⅱ)로 불리웠다.

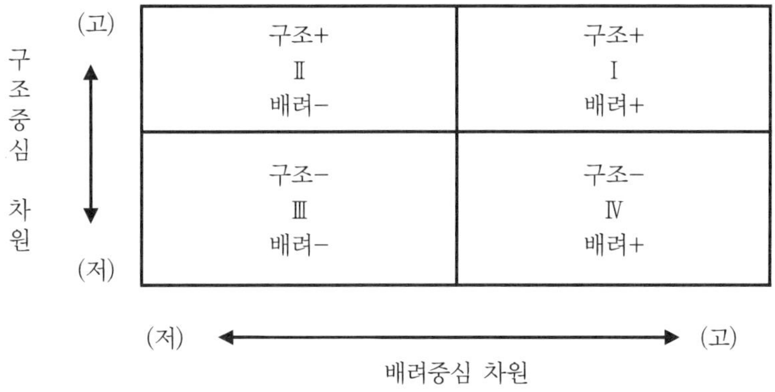

〈그림 4-1〉 Halpin의 사분표

출처 : ① Andrew W. Halpin, "The Superintendent's Effectiveness as a Leader." Administrations Notebook. Vol. 7, No.2, Oct., 1958. p.2.
② 김창걸. 교육행정학 및 교육경영. 서울: 형설출판사, 1997. p. 242.

Halpin이 Ohio 주립대학교의 LBDQ 연구들을 통해서 얻어진 주요 결과는 다음과 같다(한국교육행정학회, 1995).

① LBDQ에 의하여 측정된 구조중심과 배려중심은 지도자 행위의 기초적 차원이다.

② 효과적인 지도자는 양 차원의 지도자 행위가 모두 높게 나타나는 경향이 있다.

③ 상사와 부하는 지도성 효과의 평가에 있어 지도자의 행위 차원을 상반되게 평가하는 경향이 있다. 부하가 배려행위를 강조하는 반면, 상사는 구조중심을 강조하는 경향이 있다. 따라서 지도자는 가끔 역할갈등을 갖게 한다.

④ 역동적 지도자는 집단의 조화성, 친밀성 및 절차상의 명확성과 같은 특성과 집단적 태도의 우호적인 변화와 관계가 있다.

⑤ 지도자가 자신의 행위에 대한 규범적 진술을 하는 것과 부하가 지도자의 행위를 기술하는 것 사이에는 상관관계가 미미한 편이다.

⑥ 상이한 상황은 상이한 지도성 유형을 촉진하는 경향이 있다.

3) 상황이론

1960년대의 행동적 접근을 사용한 지도성 연구는 매우 인상적인 것이었지만 강력한 이론적 기초를 갖지 못했다. 따라서 더욱 큰 설명력을 가진 이론적 대안이 필요하게 되었는데 그러한 필요성에 의해 현대적 이론이라 할 수 있는 상황이론이 대두되었다(한국교육행정학회, 1995).

지도성 연구에서 특성이론이나 행위이론은 지도성이 발휘되는 시간과 장소 및 조직이나 집단의 성격이 고려되지 않았다. 그러나 상황이론은 지도성의 효과성이 지도자의 인성 특성, 지도자의 행위, 그리고 과업구조, 지위권력, 부하의 기술이나 태도와 같은 상황변인에 의해서 결정된다고 본다. 이를 하나의 공식으로 표현하면 $L=f(l \cdot f \cdot sn)$, 즉 리더십(Leadership)은 지도자(leader)와 부하(follower)의 상호작용인데, 그 작용을 둘러싸고 있는 상황(situation)과의 함수관계(function) 속에서 발휘된다는 것이다.

따라서 상황이론에서는 단 하나 뿐인 최선의 지도성 유형은 없다는 입장을 취하면서 다양한 상황 속에서 어떤 지도자 유형이 효과적인지를 예측하려고 한다.

(1) Fiedler의 상황모형

상황조건이론을 최초로 제시했던 피들러(Fiedler)는 지도성의 유형은 지도자의 동기체제(motivational system)에 의해 결정된다는 점과 조직의 효과성은 지도성 유형과 상황의 호의성(situational favorableness)과의 결합에 의해 결정된다는 점을 기본 가설로 삼았다. 그리하여 지도자의 동기유발 구조를 측정하여 지도성 유형을 상정하였으며, 집단의 목표를 성취하는데 부응하는 환경 상황이 얼마나 호의적인가를 측정하였다(Fiedler, 1967).

피들러는 지도자의 동기유발을 측정하기 위해서 LPC(Least Preferred Coworker : 가장 싫어하는 동료작업자) 척도를 개발하였다. LPC 척도는 다음 〈표 4-1〉과 같이 설문을 통해 측정하게 되어 있다.

표 4-1 LPC 척도

함께 일하기가 가장 싫었던 사람을 생각해 보십시오. 그 사람이 지금 함께 일하는 사람이라도 좋고 과거에 함께 일한 경험이 있는 사람이라도 좋습니다. 그러나 그 사람이 개인적으로 또는 감정적으로 가장 싫어한 사람일 필요는 없고, 다만 함께 일을 수행하기에 어려웠거나 어려운 사람이어야 합니다. 그 사람의 여러 측면에 대해서 해당되는 곳에 "V"표를 하시오.

즐거운 사람	8	7	6	5	4	3	2	1	즐겁지 않은 사람
우호적인 사람	8	7	6	5	4	3	2	1	비우호적인 사람
거부적인 사람	1	2	3	4	5	6	7	8	수용적인 사람
도움을 주는 사람	8	7	6	5	4	3	2	1	도움을 주지 못하는 사람
열정적이 아닌 사람	1	2	3	4	5	6	7	8	열정적인 사람
긴장하는 사람	1	2	3	4	5	6	7	8	심신을 편하게 해 주는 사람
거리를 두는 사람	1	2	3	4	5	6	7	8	친근한 사람
냉담한 사람	1	2	3	4	5	6	7	8	다정한 사람
협동적인 사람	8	7	6	5	4	3	2	1	비협동적인 사람
지원적인 사람	8	7	6	5	4	3	2	1	적대적인 사람
따분한 사람	1	2	3	4	5	6	7	8	흥미있는 사람
다투기 좋아하는 사람	1	2	3	4	5	6	7	8	조화를 이루기를 좋아하는 사람
자신이 있는 사람	8	7	6	5	4	3	2	1	주저하는 사람
능률적인 사람	8	7	6	5	4	3	2	1	비능률적인 사람
우울한 사람	1	2	3	4	5	6	7	8	쾌활한 사람
개방적인 사람	8	7	6	5	4	3	2	1	방어적인 사람

출처 : Fred E. Fiedler. A Theory of Leadership Effectiveness. New York : McGraw-Hill Book Company, 1967. p. 41.

결국 LPC 점수에 의하여 지도자의 지도성 유형이 결정된다. 지도자는 가장 싫어하는 동료작업자 한 사람을 택하여 LPC 척도의 각 항목에 대하여 그 사람을 평가한다. 지도자가 가장 싫어하는 동료작업자에 대해 부정적인 평가를 하면 낮은 LPC 점수를 얻게 되고 긍정적인 평가를 하면 높은 LPC 점수를 얻을 것이다.

LPC 측정은 지도자의 동기구조를 밝히는 것이다. LPC 점수가 높은 지도자는 대인관계를 밀접하게 가지려는 동기성향이 우세하다. 그러므로 LPC 점수가 높은 지도자는 부하와의 사교를 강조하고 필요하다면 적극적이고, 지원적인 태도를 취하는 관계성 지향적 지도성을 발휘하게 된다.

반면에 LPC 점수가 낮은 지도자는 과업목표달성에 우선적으로 동기를 부여한다. 그러므로 LPC 점수가 낮은 지도자는 직무를 훌륭히 완수하는 데만 관심이 있으며 부하를 다룰 때에도 과업지향적 지도성을 발휘한다(김창걸, 1997).

피들러는 지도성의 상황변수를 다음 〈그림 4-2〉와 같이 지도자와 부하와의 관계(leader-member relation), 과업구조(task structure), 지위권력(position power)의 세 가지로 구분하였다. 리더와 부하와의 관계는 부하가 리더를 승인하는 정도를 말하며, 과업구조는 부하의 직무가 자세히 기술되는 정도를 의미하고, 지위권력은 지도자가 조직에서 공식적으로 소요한 권력의 강도를 말한다(왕기항, 1986).

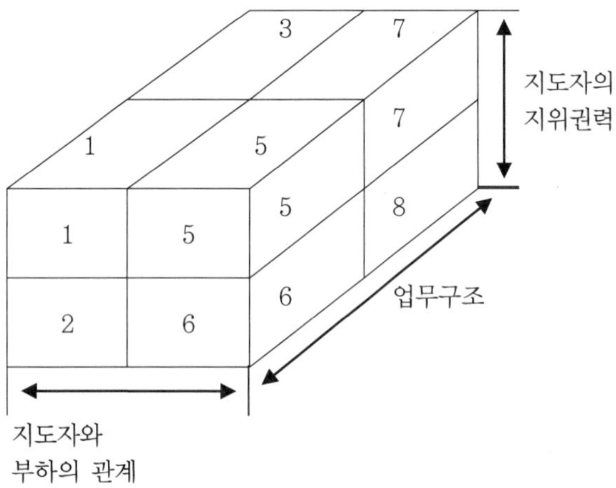

〈그림 4-2〉 Fiedler의 지도성 결정요인간의 상관관계 모형

지도성이 효과적이기 위해서는 상황의 호의성 정도에 따라 지도성 유형이 달라져야 하는데, 그는 3개의 상황변수에 서로 다른 가중치를 부여하여 8개의 집단상황에 대한 상황의 호의성 정도를 호의적, 중간, 비호의적의 세 가지로 크게 구분하였다.

그 다음 상황의 호의성 정도에 따라 효과적인 지도성 유형을 〈그림 4-3〉과 같이 제시하였으며, 여기에서 효과적이란 말은 특정집단이 부여된 과업을 성취하는 정도를 뜻하고 있다. 즉, 상황의 호의성이 집단상황 Ⅰ, Ⅱ, Ⅲ과 같이 매우 호의적이거나 또는 집단상황 Ⅷ과 같이 매우 비호의적일 경우에는 LPC 점수가 낮은 과업지향성 지도자가 LPC 점수가 높은 관계지향형 지도자가 보다 더 효과적이며, 호의성이 집단상황 Ⅳ, Ⅴ와 같이 중간정도일 때는 LPC 점수가 높은 관계지향형 지도자가 집단의 과업을 잘 수행할 수 있다는 것이다.

그리고 호의성이 중간정도라는 것은 ① 과업이 명확하게 규정되어 있으나 구성원이 지도자를 싫어하고 있으므로 구성원의 감정을 중시하지 않으면 안 되는 상황이거나 ② 구성원이 지도자를 좋아하기는 하지만 과업이 불명확하여 구성원의 창의성과 참여를 구해야만 하는 상황을 말한다(곽영우, 1993).

(2) Reddin의 3차원 관리유형이론

레딘은 과업차원(task dimension)과 관계성 차원(relationship dimension)의 두 차원에다 효과성 차원(effectiveness dimension)을 추가하여 3차원의 모형을 다음 〈그림 4-4〉와 같이 제시하였다.

여기서 과업차원이란 조직의 목표달성을 위해 힘쓰는 지도자의 행동을 말하고, 관계성 차원은 구성원을 신뢰, 존경하고 정서적 배려를 하며 인간관계를 중요시하는 지도자의 행동을 뜻하며, 효과성 차원은 지도자가 자신의 책임하에 있는 목표를 달성하는 정도를 뜻하는 데 현실적으로 지도성이 발휘되는 지도자의 환경을 의미한다.

레딘은 지도자가 상황에 어떻게 적응하느냐에 따라서 상황에 적합할 때는 같은 유형이라도 효과적인 유형이 되고 적합하지 않을 때는 비효과적인 유형이 된다고 하였으며 다음 〈표 4-2〉와 같이 지도성 유형을 제시하였다.

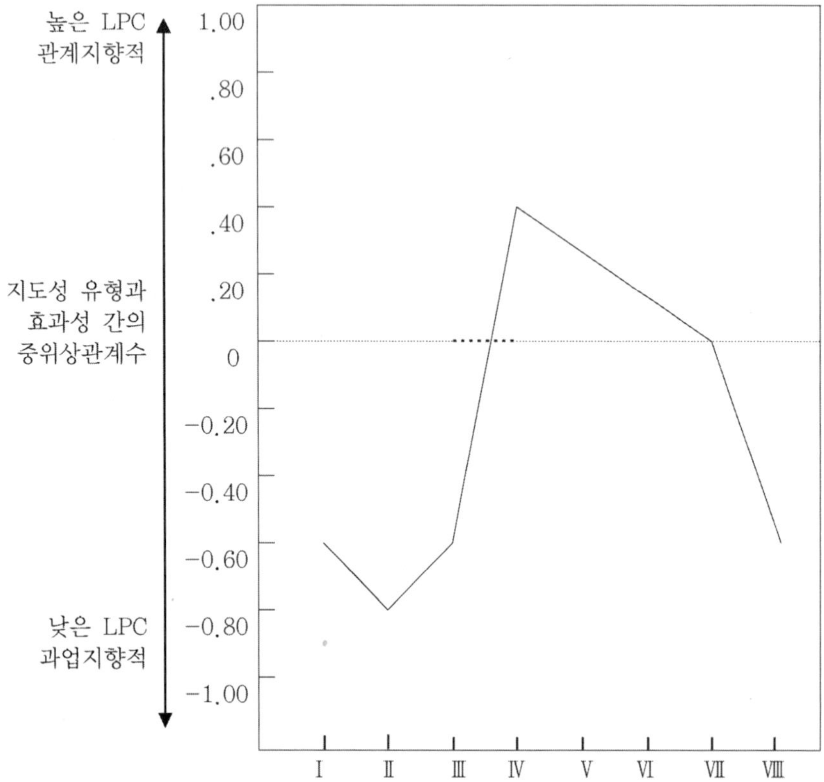

집단상황	호의적			중간정도			비호의적	
리더-성원관계	양호	양호	양호	양호	불량	불량	불량	불량
업무의 구조화 정도	명확		불명확		명확		불명확	
리더의 직위권한	강	약	강	약	강	약	강	약

〈그림 4-3〉 Fiedler의 지도성 효과성의 상황적합모형

출처 : ① Fred E. Fiedler. "Validation and Extension of the Contingeney Model of Leadership Effectiveness : A Review of Empirical Findings," Psychological Bullerin, Vol. 76l., 1971. p. 131.
② 곽영우 외. 교육행정 및 교육경영. 서울: 교육과 예술, 1993. p. 435.

① 기본유형

㉠ 통합형(integrated style) : 과업차원과 관계성 차원 모두 높은 유형

㉡ 관계형(related style) : 관계성 차원은 높지만 과업차원이 낮은 유형

㉢ 헌신형(dedicated style) : 과업차원은 높지만 관계성 차원이 낮은 유형

㉣ 분리형(separated style) : 과업차원과 관계성 차원 모두 낮은 유형

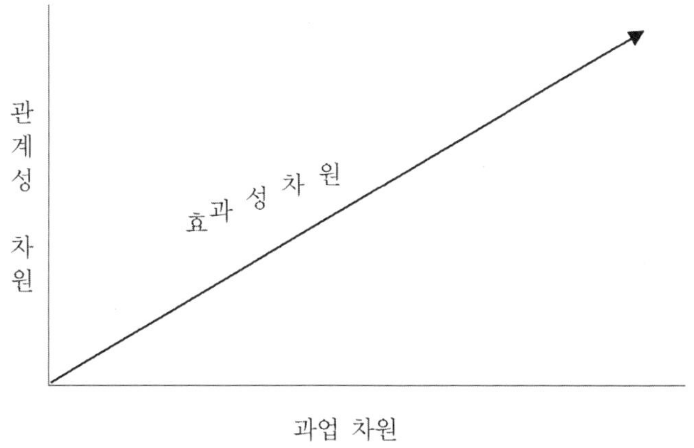

〈그림 4-4〉 Reddin의 3차원(과업, 관계성, 효과성) 모형

출처 : ① Robert G. Owens. Organizational Behavior in Education. 3rd ed.(Englewood Cliffs, New Jersey: Prentice-Hall Inc., 1987). p. 147.
② 이상기 외. 교육행정 및 교육경영. 서울: 형설출판사, 2000. p. 145.

표 4-2 Reddin의 3차원 지도성 유형

보다 효과적 유형	기본유형	보다 비효과적 유형
경영가	통합형 (높은 관계, 높은 과업)	타협자
개발자	관계형 (높은 관계, 낮은 과업)	선교자
호의적 전제자	헌신형 (낮은 관계, 높은 과업)	전제자
관료형	분리형 (낮은 관계, 낮은 과업)	포기자

출처 : ① K. K. Hoy and C. G. Miskel. Educational Administration : Theory, Research and Practice(New York: Random House, 1978). p. 205.
② 곽영우 외. 교육행정 및 교육경영. 서울: 삼광출판사, 1999. p. 444.

② 효과적 유형

㉠ 경영가(executive) : 높은 과업차원과 높은 관계성 차원을 수용하는 훌륭한 동기유발자이며, 높은 과업수준을 설정하고, 개인차를 인정하고, 팀 경영(team management)을 잘 유용한다.

㉡ 개발자(developer) : 상황적 요구에 적절하게 높은 관계성과 낮은 과업차원을 발휘하는 효과적인 유형으로, 구성원에 대한 신뢰를 바탕으로 개개인의 개발에 관심을 기울인다.

㉢ 호의적 전제자(benevolent autocrat) : 상황적 요구에 적절하게 높은 과업차원과 낮은 관계성을 지향하는 효과적인 유형으로서 구성원의 원망을 사지 않으면서도 수행해야 할 내용과 방법을 알고 있는 것으로 인정되는 지도자이다.

㉣ 관료형(bureaucrat) : 낮은 관계성과 낮은 과업차원을 행사하지만 이러한 것이 상황의 요구에 적절하게 수용되어 효과적인 유형으로 인정되며, 특히 규칙 · 절차에 관심이 대단하고 이를 통한 환경유지 · 통제를 추구하나 구성원들에게 양심적으로 비친다.

③ 비효과적 유형

㉠ 타협자(compromiser) : 높은 과업차원과 낮은 관계성 차원을 보이나 상황적 요구에 적절하지 못한 경우로서, 비효과적인 지도성 유형이다. 장기적 관점에서 생산의 극대화를 도모하지 않고 압력에 영향을 받아 너무 흔들리는 졸속한 의사결정자이다.

㉡ 선교자(missionary) : 상황적 요구에 부적절한 높은 관계성 차원과 낮은 과업차원을 행사하는 비효과적인 유형으로서, 오직 구성원들과의 조화에만 관심을 기울이는 직선가적인 행동을 한다.

㉢ 전제자(autocrat) : 상황적 요구에 부적절하게 높은 과업차원과 낮은 관계성 차원을 지향하는 비효과적인 유형으로, 구성원에 대한 신뢰성이 없으며 즐거운 작업분위기를 만들지 못하고 오직 당면한 과업에만 관심을 기울인다.

㉣ 포기자(deserter) : 상황적 요구에 어울리지 않게 낮은 관계성 차원과 낮은 과업차원을 띠는 비효과적인 유형으로, 조직에 몰입하지 않고 수동적이며 부정적이다.

제2절 평생교육지도자

1. 평생교육지도자의 유형

평생교육지도자란 평생교육기관이나 단체 또는 시설에서 평생교육의 목표를 달성하기 위하여 지도 · 조건정비 · 감독 등의 촉진기능을 수행하는 사람이라 할 수 있다. 이렇듯 의도적 · 합리적으로 계획하여 설정한 목표를 달성하기 위하여 인적 · 물적 · 용역적 · 체제적 조건정비를 마련하고, 때론 감독작용을 통하여 평생교육의 이념-이론-체제-사실을 일관성있게 실천하는 것이 바로 평생교육지도이다.

이와 같이 평생교육에서 중요한 비중을 차지하고 있는 평생교육지도자를 몇 가지 준거를 통하여 유형화하면 다음과 같다(남정걸, 2000).

1) 조직에서의 기능과 역할에 따라

평생교육기관이라는 조직에서의 기능과 역할에 따라 지도자를 분류하면 행정 · 관리지도자, 전문지도자, 활동지도자로 나눌 수 있다.

(1) 행정 · 관리지도자

평생교육기관의 최고경영자(CEO : Chief Executive Officer) 또는 책임자로서 그 기관의 제도적 운영 · 관리와 더불어 평생교육의 효율적 운영을 위한 주요한 의사결정자인 동시에 대외적으로 그 기관을 대표하는 사람이다. 국가와 지방자치단체가 설치 · 운영하는 평생교육기관이나 조직에서는 행정지도자라고 하고, 사립의 민간기관이나 단체에서는 관리지도자라고 하는 것이 일반적이다. 전자의 예로는 교육부의 평생직업교육국장이나 국립중앙도서관장 및 시립도서관장, 교원연수원장 등을 들 수 있고, 후자의 예로는 각종 사설학원의 원장, 일반 기업체의 사내 연수원의 원장 등을 들 수 있다.

(2) 전문지도자

평생교육기관의 간부나 중간관리자들로서 평생교육 활동의 각 분야나 부서를 책임지면서 영역별 교육과정이나 활동프로그램의 계획, 편성과 실천 및 평가에 이르는 전과정의 운영을 관리하는 인사를 말한다. 청소년 단체의 경우 본부나 중앙조직의 요원들과 평생교육법상의 평생교육사들이 이에 속한다.

(3) 활동지도자

일선 학교교육현장에서의 교사와 같이 평생교육 일선에서 구체적인 활동이나 교육을 직접 담당하는 사람을 말한다. 예를 들어, 청소년 단체나 시설에서의 지도자와 각종 교육원이나 군대조직에서의 교관이라 부르는 것이 대표적이다.

2) 평생교육이 본직이냐 아니냐에 따라

평생교육에 종사하는 것이 직업이냐 아니냐에 따라 유급지도자와 자원지도자로 나눌 수 있다.

(1) 유급지도자

평생교육에 종사하는 것이 직업인 경우에는 유급지도자 또는 상임지도자, 전임지도자라 한다. 여기에는 평생교육행정을 담당하는 공무원과 명예직이 아닌 각종 평생교육기관 및 시설에 종사하는 유급지도자(본부 또는 지부장)가 해당된다.

(2) 자원지도자

직업으로서가 아니라 희생과 봉사정신에 입각하여 스스로 자원에 의해 필요한 시간과 시기에만 지도자로서의 역할과 기능을 수행하는 사람으로 자원지도자 또는 무급지도자, 비상임지도자, 정시제(part time)지도자라고 한다. 이들은 대체로 자원봉사자라고 불리며 유급의 상임지도자가 부족할 경우에 그들을 대신하거나, 그들을 지원ㆍ보조해주고 경우에 따라서는 전문적 자문을 해주는 역할을 한다.

3) 평생교육 참여도에 따라

평생교육 활동에 직접 참여하느냐 간접 참여하느냐에 따라 직접지도자와 간접지도자로 나눌 수 있다.

(1) 직접지도자

직접지도자란 평생교육 활동에 직접적인 참여를 하는 사람으로서 평생교육사, 평생교육단체나 시설의 지도자, 각종 연수를 담당하는 교관이나 강사 등을 일컫는다.

(2) 간접지도자

간접지도자란 평생교육에 직접적인 참여를 하지 않으면서 평생교육의 목적을 달성하기 위해서 조건을 마련해 주는 사람을 일컫는다. 예를 들어 평생교육단체나 시설의 행정부서에 근무하면서 각종 인사관리, 재무관리, 시설ㆍ설비ㆍ비품관리 등을 담당하는 직원을 말한다. 이들은 정확한 의미에서는 평생교육지도자라고 말할 수 없다.

4) 기관의 설립 주체에 따라

평생교육기관이나 시설의 설립 주체가 누구냐에 따라 공공지도자와 민간지도자로 나눌 수 있다.

(1) 공공지도자

평생교육기관의 설립 주체가 국가나 지방자치단체 또는 이들이 설치 · 경영하는 평생교육기관에 종사하는 경우에는 공공지도자 또는 행정지도자라고 한다.

(2) 민간지도자

개인이나 민간단체가 평생교육기관을 설립하여 경영하는 기관이나 시설에 종사하는 경우에는 민간지도자라고 한다.

2. 평생교육지도자의 자질과 역할

지금까지의 많은 학자들의 관점과 접근 방법에 따른 지도성 연구를 종합한 결과 평생교육지도자의 자질과 역할을 제시하면 다음과 같다(남정걸, 2000).

1) 지도자의 자질

첫째, 개인적 특성은 건강, 정력, 성실성, 자신감, 낙관적 기질, 협동심이 다른 사람보다 우수해야 한다.

둘째, 평생교육의 대상, 장소, 시간 등의 다양한 상황에 대한 정확한 인지와 통찰력 및 적응력이 우수해야 한다.

셋째, 학습자나 참여자들의 다양한 욕구를 잘 파악하여 이를 충족시킬 수 있는 전문적 식견을 겸비해야 한다.

넷째, 평생교육은 학교교육과는 달리 상호학습, 자기주도적 학습이 강한 것이 특색이므로 지도자의 일방적인 전달이나 문제해결이 아닌 집단사고에 의한 집단과정을 잘 이끌어 갈 수 있는 능력의 소유자이어야 한다.

다섯째, 주어진 현실적 상황을 유지하기보다는 새로운 환경에 능동적 · 긍정적으로 변화와 혁신을 촉진해야 한다. 이를 위해서는 환경의 변화에 민감하고 냉철한 평가를 통하여 미래지향적인 비전을 정교화하며 이것을 조직 구성원 모두가 지각될 수 있도록 해야 한다.

여섯째, 평생교육지도자는 인간관계를 잘 형성해야 한다. 조직의 성패는 사람과 사람간의 인간관계에 달려 있다.

2) 지도자의 역할

일선 초 · 중등 학교교육의 현장에서 누가 교장 또는 담임선생님이냐에 따라 학교와 학급분위기가 다르고 또한 달라지는 경우를 쉽게 찾아볼 수 있다. 이렇듯 평생교육보다 정형화되고 동일적이라는 학교교육에서 동일한 교육목적(목표)을 수행하면서도 그 지도자의 유형에 따라 성취도가 크게 달라지는 것이다. 하물며 다양한 학습자와 이질적인 학습특성을 지닌 평생교육기관에서는 지도자에 의해 학습자나 참여자의 성취도는 크게 달라진다는 것은 명확한 사실이다. 이와 같은 관점에서 평생교육기관의 지도자의 역할을 살펴보면 다음과 같다.

(1) 조직자(organizer)

평생교육은 그 특성상 학교의 교육과정(curriculum)과 같이 이미 체계적으로 구성되어 있지 않기 때문에 평생교육 프로그램을 스스로 계획하고 구성하여 실천하는 역할을 수행하여야 한다. 아울러 평생교육지도자는 평생교육 프로그램의 조직뿐만 아니라 다양한 학습자의 특성을 고려하여 학습집단을 구성하고 거기에 필요한 인적 · 물적 · 용역적 · 체제적 조건을 마련하고 제공함으로써 평생교육효과를 극대화하여야 한다.

(2) 향도자(orientator)

평생교육지도자는 단체나 시설에 참여하는 학습자들이 지엽적인 문제에 빠지지 않고 소기의 목적을 달성할 수 있도록 嚮導者, 안내자의 역할을 수행해야 한다.

(3) 정보제공자(information giver)

평생교육지도자는 학습자가 필요로 하는 지식과 기능 등을 적절히 제시할 수 있는 情報源으로서의 기능을 수행하여야 한다. 여기서 정보란 단순한 개념체계(이론)로서의 지식만이 아니라 실제 지도자가 체험한 결과로서 얻어진 생생한 행동으로 시범을 할 수 있어야 한다.

(4) 전문가(specialist)

평생교육지도자는 어느 특정 분야에 관한 한 전문적 지식과 기능을 가지고 직접 지도하고 교육할 수 있는 능력과 자격을 소유하고 있어야 한다.

(5) 격려자(encourager)

평생교육지도자는 학습자를 미성숙한 존재로 인식하기보다는 하나의 인격체로서 그들의 의견을 존중해야 한다. 그리하여 불안과 좌절에 굴하지 않고 언제나 적극적 · 능동적으로 참여하고 협동할 수 있도록 학습자의 동기를 유발하는 지도자가 되어야 한다.

따라서 격려자는 때로는 상담자(counselor)나 조언자(advisor)로서의 역할 또는 학습내용을 보충하거나 심화시키기 위해 개별지도를 해야 하는 가정교사(tutor)로서의 역할도 겸해야 한다.

(6) 조정자(harmonizer)

여러 사람이 모이면 언제나 개인과 개인간, 개인과 집단간 또는 집단과 집단간에 의견의 상충으로 인한 갈등과 긴장이 있기 마련이다. 이런 경우 평생교육지도자는 여러 입장과 관점을 고려하여 의도하는 목표에 타당한 방향으로 의견의 차이를 조정하고 합의점을 찾아야 한다. 그리하여 모든 성원간의 융화와 단결에 힘쓰고 사기를 앙양시키는 역할을 해야 한다.

제3절 평생교육사

1. 평생교육사의 개념과 역할

평생교육사란 일반적으로 평생교육에 종사하는 모든 자를 지칭하는 평생교육 담당자와 영리를 추구하는 일반 기업조직 내에서의 교육활동을 전담하는 산업교육 담당자를 포함하고 있으나(권두승, 1999), 평생교육법 제4장에 의하면 평생교육의 기획 · 진행 · 분석 · 평가 및 교수업무를 수행하는 자로 개념 규정을 하고 있다.

평생교육사의 역할로는 교수자(강사), 프로그램 개발자, 관리자, 변화촉진자. 그리고 협력자(조정자)의 다섯 가지로 구분된다. 평생교육사의 유형별 역할과 그 특징을 살펴보면 다음 〈표 4-3〉과 같다.

표 4-3 평생교육사의 유형별 역할과 그 특징

유 형		역 할	특 징
교수자	가르치는 전문가	그 분야의 정보, 개념, 관점을 전달	청취, 수업준비, 자료 구성 및 발표, 질문에 대한 답변
	공식적인 권위자	목표설정 및 목표달성을 위한 절차의 설정	구조 및 우수성의 기준 정의, 행위평가
	사회화의 매개자	교수-학습차원을 넘어서 삶의 목표와 과정을 명확히 제시	특정 가치, 신념, 태도와 관련된 장점과 사회적 요구조건을 명확히 함.
	학 습 촉진자	학습자 스스로 창의성과 성장을 도모하게 함. 학습의 장애물을 극복하도록 도와 줌.	학습자들의 흥미나 기술에 대한 의식을 첨예화시킴. 학습자들이 목표를 달성하고 장애물을 피할 수 있게 통찰력이나 문제해결책을 사용하게 함.
	이상적 자 아 제공자	주어진 분야의 기쁨과 지적 탐구의 가치를 전달	교육적 자료나 목표가 궁극적으로 가치가 있다는 것을 알려주고 개인적인 신념을 보여줌.
	인 간	지적 활동과 관련이 있거나 지적 활동에 의하여 유지되는 인간욕구의 전체 영역을 보여주고 인간으로서 학습자를 인정함.	눈앞의 과제를 넘어서서 자신의 모습을 명확히 하는 방법으로 자신을 드러냄. 학습자들도 또한 마음을 열 정도로 신뢰성을 보여주고 따뜻하게 해줌.
	프로그램 기획	프로그램의 개발 여부 및 내용에 관한 의사결정, 목표의 확인과 정교화 작업	목표형성과 관련된 의사결정능력, 학습집단의 계획수립 과정에의 참여 유인
프로그램 개발자	요구분석	사회, 실시기관 그리고 학습자의 요구 확인 및 상황분석	각종 요구분석 기법 및 판단 방법
	설 계	프로그램 내용 및 방법의 선정과 조직	프로그램의 내용 및 방법 편성의 기법
	운영 및 평가	프로그램의 전반적인 운영 및 평가	프로그램의 효율적 운영과 관련된 전문기법, 표준화된 평가기법 등의 숙지

관리자	조직의 발전 · 유지	조직의 효율성, 효과성 제고를 위한 각종 역할 및 조직 · 인사관리	의사결정, 조직의 효율성 제고를 위한 조직관리기법, 조직활성화 능력
	프로그램관리 · 집행	관련 예산의 편성 및 운영, 홍보 및 PR 전략의 설계 및 활용, 자원의 효율적 집행 등과 관련된 역할 담당	자원의 효율적 운영과 관련된 제반 기법 내지는 홍보 관련 전략의 수립 및 집행
변화 촉진자	조직구조 · 풍토개선	변화를 위한 문제의 인식 및 요구 개발, 조직 변화를 위한 체계적인 노력	사회 및 조직 환경에 대한 정보, 분석, 고객반응 수렴, 대안적 방향의 수립 및 집행
협력자	과업조정 및 통합	학습자, 동료, 지역사회의 인사 등 대내 · 외적인 접촉 및 의견조정과 협력 유도를 위한 각종 활동	원만한 대인관계 및 협상 능력

출처 : ① 권두승. 지식기반사회에서의 평생교육법 개정 방향과 과제. 교육법학회, 1999년 연차대회 주제발표 원고.
② 남정걸 외. 평생교육행정 및 정책. 경기: 교육과학사, 2000. pp. 217-218.

2. 평생교육사의 제도 관련

1) 평생교육사의 자격 발급 현황

전체 양성기관의 평생교육사 자격증 발급대장을 토대로 발급 현황을 조사한 결과, 2012년까지 배출된 평생교육사는 총 87,098명으로 집계되었다. 2012년에 배출된 평생교육사는 8,153명으로 2011년에 배출된 평생교육사(7,074명) 대비 15.2% 증가하였다.

2012년 기준, 평생교육사 1급 배출자는 다음의 표에 제시한 바와 같이 70명, 2급 7,900명, 3급 183명이 각각 배출되었다. 사회교육전문요원을 포함하여 배출된 누적 현황은 2012년을 기준으로 평생교육사 1급 465명, 2급 79,547명(사회교육전문요원 1급 포함), 3급 7,086명(사회교육전문요원 2급 포함)이 각각 배출된 것으로 나타났다.

평생교육사 양성과정은 주로 대학에서 운영되었으나, 2007년 「평생교육법」이 전부 개정됨에 따라 대학 외 기관에서도 평생교육사 양성과정을 운영할 수 있게 되었다. 대학 외 양성형태인 국가평생교육진흥원의 승급과정, 지정양성기관의 양성과정, 학점은행기관의 양성과정을 통해 이수한 자는 교육부 장관 명의로 자격증이 발급된다. 그 중 지정기관의 양성과정은 현직 종사자 대상과정이었으나 시간제등록대학 및 학점은행기관 등 성인학습자 대상 양성과정이 개설되면서 2010년 8월을 기점으로 운영이 종료되었다.

교육부 장관 명의의 자격증 발급은 2013년 기준 총 5,567명으로, 학점은행기관을 통한 자격증 발급자(2,160명)는 2012년에 배출된 평생교육사 대비 41.17%로 증가 추세를 보이고 있다.

평생교육사 자격증의 발급 현황을 살펴보면 다음 〈표 4-4〉와 같다.

표 4-4 평생교육사 자격증의 발급 현황

단위: 명

연도	1급	2급	3급	총계	1급 누적	2급 누적	3급 누적
1986년	—	20	—	20	—	20	—
1987년	—	499	40	539	—	519	40
1988년	—	1,105	38	1,143	—	1,624	78
1989년	—	1,444	45	1,489	—	3,068	123
1990년	—	1,520	72	1,592	—	4,588	195
1991년	—	1,548	68	1,616	—	6,136	263
1992년	—	1,433	94	1,527	—	7,569	357
1993년	—	1,987	129	2,116	—	9,566	486
1994년	—	1,897	101	1,998	—	11,453	587
1995년	—	2,012	134	2,146	—	13,465	721
1996년	—	1,877	194	2,071	—	15,342	915
1997년	—	1,952	176	2,128	—	17,294	1,091
1998년	—	1,766	331	2,097	—	19,060	1,422
1999년	—	1,947	586	2,533	—	21,007	2,008
2000년	22	2,586	516	3,124	22	23,593	2,524
2001년	25	2,878	513	3,416	47	26,471	3,037

2002년	38	2,957	636	3,631	85	29,428	3,673
2003년	31	2,982	601	3,614	116	32,410	4,274
2004년	32	3,776	551	3,359	148	35,186	4,825
2005년	26	3,734	490	4,250	174	38,920	5,315
2006년	33	3,735	143	3,911	207	42,655	5,458
2007년	16	4,566	316	4,898	223	47,221	5,774
2008년	33	5,448	273	5,754	256	52,669	6,047
2009년	57	5,447	260	5,764	313	58,116	6,307
2010년	55	6,697	383	7,135	368	64,813	6,690
2011년	27	6,834	213	7,074	395	71,647	6,903
2012년	70	7,900	183	8,153	465	79,547	7,086
총계	465	79,547	7,086	87,098			

출처 : 교육부 · 한국교육개발원. 2013년 평생교육통계자료집. 2013.

2) 평생교육기관별 평생교육사의 배치 현황

「평생교육법」 제2조 제2항에 정의하고 있는 평생교육기관은 다음과 같이 「학원의 설립 · 운영 및 과외교습에 관한 법률」에 의한 평생직업교육학원 및 그 밖의 다른 법령에서 평생교육을 주된 목적으로 하는 기관도 평생교육기관으로 명시하고 있다.

> **「평생교육법」 제2조제2항에 따른 평생교육기관**
> 제2조(정의) 이 법에서 사용하는 용어의 정의는 다음과 같다.
> 2. '평생교육기관'이란 다음 각 목의 어느 하나에 해당하는 시설 · 법인 또는 단체를 말한다.
> 가. 이 법에 따라 인가 · 등록 · 신고된 시설 · 법인 또는 단체
> 나. 「학원의 설립 · 운영 및 과외교습에 관한 법률」에 따른 학원 중 학교교과교습학원을 제외한 평생직업교육을 실시하는 학원
> 다. 그 밖에 다른 법령에 따라 평생교육을 주된 목적으로 하는 시설 · 법인 또는 단체

「평생교육법시행령」 제22조 평생교육사의 배치대상기관 및 배치기준을 살펴보면 다음 〈표 4-5〉와 같다.

표 4-5　평생교육사 배치대상기관 및 배치기준

배치대상기관	배치기준
1. 국가평생교육진흥원, 시 · 도 평생교육진흥원	-1급 평생교육사 1명 이상을 포함한 5명 이상
2. 시 · 군 · 구 평생학습관	-정규직원 20명 이상 : 2명 이상(1급 또는 2급 1명 포함) -정규직원 20명 이하 : 1명 이상(1급 또는 2급)
3. 「평생교육법」 제30조~제38조까지의 규정에 따른 평생교육시설(학력인정 평생교육시설 제외)/학점은행기관/동법 제2조 제2호 다목의 시설 · 법인 또는 단체	-평생교육사 1명 이상

출처 : 법제처. 「평생교육법시행령」 제22조, 2014.

「평생교육법」에 의한 평생교육기관의 평생교육사 배치 현황을 살펴보면, 총 기관 대비 평생교육사 배치기관 비율은 69.7%였고, 기관당 평생교육사 소지자 수는 0.99명으로 나타났다. 2007년에는 「평생교육법」이 일부 개정됨에 따라 평생교육사 의무배치 규정이 마련되었다. 그러나 규정 미준수에 따른 처벌조항이 없고, 의무배치 규정 이전에 설치된 평생교육기관에는 평생교육사 배치가 권고사항이었던 이유로 배치율은 60%대에 머물러 있다.

평생교육사 자격취득자는 87,098명, 취업(재직)자가 3,769명으로 자격 취득자 대비 취업(재직)률은 4.5%로 매우 낮게 나타났다. 이것은 「평생교육법」에 따른 평생교육기관의 현저한 취업률은 자격증 수요와 공급의 불일치를 나타내는 것으로 평생교육사 자격증에 대한 사회적 공신력 확보 및 전문성 인식에 대한 제고가 필요하다.

평생교육사 자격취득자들의 주요 재직기관은 사업장부설 평생교육기관 배치비율(92.3%)이 가장 높게 나타났고, 원격형태(70.0%), 평생학습관(69.8%), 학교부설 평생교육기관(69.7%) 순으로 나타났다.

표 4-6 평생교육기관별 평생교육사 배치 현황

단위: 명, 개, %

시설구분		사무직원 수			평생교육사 배치 현황		
		총 사무직원 수	평생교육사 자격증 소지자 수	기관당 평생교육사 소지자 수	총 기관 수	배치기관 수	배치비율
총 계		18,376	3,935	0.99	3,965	2,764	69.7
학교 부설	유·초·중등학교부설	20	2	0.25	8	2	25.0
	대학(원)부설	1,981	490	1.21	405	286	70.6
	소계	2,001	492	1.19	413	288	69.7
원격형태		6,004	906	1.03	876	613	70.0
사업장 부실	유통업체부설	1,245	419	1.23	340	323	95.0
	산업체부설	420	35	1.00	35	23	65.7
	소계	1,665	454	1.21	375	346	92.3
시민사회단체부설		1,436	455	0.87	524	347	66.2
언론기관부설		1,658	493	0.70	703	449	63.9
지식·인력개발 형태		3,623	600	0.87	687	451	65.6
평생학습관		1,989	535	1.38	387	270	69.8

출처 : 교육부·한국교육개발원. 2013년 평생교육통계자료집. 2013.

3. 평생교육사의 자격기준 및 양성과정

1) 평생교육사의 자격요건

평생교육법시행령 제15조 및 제16조 제2항과 관련한 평생교육사의 등급별 자격요건은 다음 〈표 4-7〉과 같다.

표 4-7 평생교육사의 등급별 자격요건

등급	자격기준
평생교육사 1급	평생교육사 2급 자격증을 취득한 후, 교육부장관이 정하는 평생교육과 관련된 업무(이하 "관련업무"라 한다)에 5년 이상 종사한 경력이 있는 자로서 진흥원이 운영하는 평생교육사 1급 승급과정을 이수한 자

평생교육사 2급	1. 「고등교육법」 제29조 및 제30조에 따른 대학원에서 교육부령으로 정하는 평생교육과 관련된 과목(이하 "관련과목"이라 한다) 중 필수과목을 15학점 이상 이수하고 석사 또는 박사학위를 취득한 자. 다만, 「고등교육법」 제2조에 따른 학교(이하 "대학"이라 한다)에서 필수과목을 이수한 경우에는 선택과목으로 필수과목 학점을 대체할 수 있다. 2. 대학 또는 이와 같은 수준 이상의 학력을 인정할 수 있는 기관, 「학점인정 등에 관한 법률」 에 따라 평가인정을 받은 학습과정을 운영하는 교육훈련기관(이하 "학점은행기관"이라 한다)에서 관련과목을 30학점 이상 이수하고 학위를 취득한 자 3. 대학을 졸업한 자 또는 이와 같은 수준 이상의 학력이 있다고 인정되는 자로서 다음 각 목의 어느 하나에 해당하는 기관에서 관련과목을 30학점 이상 이수한 자 가. 대학 또는 이와 같은 수준 이상의 학력을 인정할 수 있는 기관 나. 법 제25조제1항에 따른 평생교육사 양성기관(이하 "지정양성기관"이라 한다) 다. 학점은행기관 4. 평생교육사 3급 자격증을 보유하고 관련업무에 3년 이상 종사한 경력이 있는 자로서 진흥원이나 지정양성기관이 운영하는 평생교육사 2급 승급과정을 이수한 자
평생교육사 3급	1. 대학 또는 이와 같은 수준 이상의 학력을 인정할 수 있는 기관, 학점은행기관에서 관련과목을 21학점 이상 이수하고 학위를 취득한 자 2. 대학을 졸업한 자 또는 이와 같은 수준 이상의 학력이 있다고 인정되는 자로서 다음 각 목의 어느 하나에 해당하는 기관에서 관련과목을 21학점 이상 이수한 자 가. 대학 또는 이와 같은 수준 이상의 학력을 인정할 수 있는 기관 나. 지정양성기관 다. 학점은행기관 3. 관련업무에 2년 이상 종사한 경력이 있는 자로서 진흥원이나 지정양성기관이 운영하는 평생교육사 3급 양성과정을 이수한 자 4. 관련업무에 1년 이상 종사한 경력이 있는 공무원 및 「초 · 중등교육법」 제2조제1호부터 제5호까지의 학교 또는 학력인정 평생교육시설의 교원으로서 진흥원이나 지정양성기관이 운영하는 평생교육사 3급 양성과정을 이수한 자

2) 평생교육사 양성과정의 관련 과목(제5조 제1항)

평생교육법시행규칙 제5조 제1항과 관련한 평생교육사 양성과정의 관련 과목은 다음 〈표 4-8〉과 같다.

표 4-8 평생교육사 양성과정의 관련 과목

구 분	과 목 명
필수	평생교육론, 평생교육방법론, 평생교육경영론, 평생교육프로그램개발론
	평생교육실습(4주간)
선택	아동교육론, 청소년교육론, 여성교육론, 노인교육론, 시민교육론, 문자해독교육론, 특수교육론, 성인학습 및 상담(1과목 이상 선택하여야 함)
	교육사회학, 교육공학, 교육복지론, 지역사회교육론, 문화예술교육론, 인적자원개발론, 직업 · 진로설계, 원격(이러닝, 사이버)교육론, 기업교육론, 환경교육론, 교수설계, 교육조사방법론, 상담심리학(1과목 이상 선택하여야 함)
비고	1. 양성과정의 과목명칭이 동일하지 아니하더라도 교과의 내용이 동일하다는 국가평생교육진흥원장의 승인을 받은 경우 동일과목으로 본다. 2. 필수과목은 평생교육실습을 포함하여 15학점 이상을 이수하여야 한다. 3. 과목당 학점은 3학점으로 하고, 성적은 각 과목을 100점 만점으로 하여 평균 80점 이상이어야 하며, 평생교육실습 과목은 「평생교육법 시행령」 제69조 제2항에 따라 문자해득교육 프로그램으로 지정받은 기관, 「평생교육법」 제19조부터 제21조까지의 규정에 해당하는 평생교육기관에서의 4주 간 현장실습을 포함한 수업과정으로 구성한다.

4. 평생교육사 자격제도 개선을 위한 과제

평생교육사 자격제도 개선방안에서는 '평생교육사 자격제도 질관리체제 구축을 통한 국가자격 신뢰성 및 전문성 확보'라는 비전 달성을 위해 두 가지 주요 목표와 핵심과제를 설정하였다(평생교육백서, 2013).

첫째, 자격제도의 정비를 위한 핵심과제는 자격증 발급 일원화 도입, 양성기관 운영 · 관리, 평생교육사 배치이다. 자격증 발급 일원화 도입을 위한 실천과제는 일원화 자격증 발급 DB 및 통계 관리 등을 통한 자격증 통합관리체제 구축과 일원화 추진 관련 위원회(검정위원회, 유사과목인정위원회 등)의 구성 · 운영이 제시되었다.

양성기관 운영 · 관리를 위한 세부과제로는 양성기관 지정제 및 전공과목제 도입이 제시되었다. 현재 평생교육사 양성과정은 별도의 기준 및 관리 없이 개별 대학에서 전공과 상관없이 운영됨에 따라 양성기관별 질 차이가 발생하고 있다.

양성과정의 질적 향상을 위해서는 양성기관 요건 및 양성과정 내용, 운영 등 관리 전반에 기준을 설정하고 관리하는 지정제의 도입이 필요하다. 또한 평생교육 관련 과목을 전공과목으로 편성 시에만 자격증을 발급하는 전공과목제 도입을 통해 전공교수 편성 등에 대한 질 관리가 필요하다.

평생교육사 배치 관련 실천과제는 활성화 방안을 마련하는 것이다. 이를 위해 평생교육사 의무배치 위반 시 처벌규정 마련 및 전담공무원 배치 등에 관한 법령 정비가 필요하다.

둘째, 평생교육사 역량 강화를 위한 핵심과제는 현장실습 운영의 전문성 제고 및 계속교육 의무화 도입으로 제안되었다. 현장실습 운영의 전문성 제고를 위해서는 실습과목 및 현장실습 운영에 대한 규정을 마련하고, 관련 기관 대상 연수 등을 실시하는 운영방안을 마련해야 한다.

또한 계속교육 의무화 관련 세부 추진방안 마련 및 평생교육사 경력관리제도 도입이 제시되었다. '계속교육'은 평생교육사의 입직 이후 전문직으로서의 계속적인 경력개발 관점에서의 지속적인 교육을 의미하는 것으로 평생교육사의 전문성을 지속적으로 강화하기 위해서는 정기적인 교육이수를 의무화하는 것이 필요하다. 더불어 계속교육 추진의 실효성 확보를 위해서는 관련 법제화를 추진함과 동시에 계속교육 이력관리, 경력관리, 계속교육 운영 등을 연계하여 종합적으로 관리할 수 있는 경력관리제도가 도입되어 야 할 것이다.

향후에는 이상에서 제시한 자격제도 개선방향을 기초로 '양성, 배치, 연수'를 유기적으로 연계하여 시행 가능한 분야부터 단계적으로 추진해야 한다.

제5장

평생교육 기획하기

제1절 교육기획의 의의

제2절 교육기획의 접근방법

제3절 평생교육기획의 과정

제1절 교육기획의 의의

1. 교육기획의 개념

일반적으로 교육기획이란 "미래의 교육활동을 준비하는 일련의 과정"이라고 정의할 수 있다. 즉, 교육기획은 현상에 대한 분석과 미래에 대한 예측을 기초로 하여 타당한 목표를 설정하고, 그 목표를 달성할 수 있는 전략과 함께 활동계획을 수립하는 의식적인 과정인 것이다. 흔히 기획이라는 용어는 계획이나 정책과 혼용해서 사용되는 경우가 많다. 그러나 기획은 계획적인 과정이며, 계획은 기획을 통해 이루어진 결과이며, 정책은 기획에 선행되는 것으로서 기획을 위한 기본적인 틀을 말한다(김윤태, 1984).

먼저, 굴릭(L. Gulick)은 기획이란 "설정된 목적을 달성하기 위하여 수행되어야 할 일과 그것을 수행하기 위한 수단과 방법들을 개괄적으로 작성해 놓은 것"(Gulick, 1937)이라고 정의하였고, 워터스톤(A. Waterston)은 "일정한 목표를 달성하기 위하여 이용 가능한 최선의 대안(alternative)을 선정하는 조직적인 지적 시도"라고 하였다.

그리고 앤더슨(C. A. Anderson)과 보우먼(J. M. Bowman)은 교육기획이란 "미래의 교육활동에 대하여 일련의 결정을 준비하는 과정"(Anderson & Bowman, 1964)이라고 하였다. 김종철은 교육기획이란 "미래의 교육활동에 관하여 교육목표의 달성을 위한 효율적 수단과 방법을 제시함으로써 교육정책결정의 효율성과 안정성을 보장해 주는 지적 준비과정 내지 그 소산"(김종철, 1984)이라고 정의하고, 그 특성을 다음과 같이 제시하고 있다(김윤태, 1984).

첫째, 기획은 미래지향적 활동이다. 미래의 활동에 관하여 준비하는 과정에서 기획이 성립한다. 주간계획, 월간계획, 연간계획 또는 보다 장기적인 계획이건 어떠한 일이 실제로 시행되기 이전에 이를 준비하고 구상하는 가운데 그 과정에서

기획이 이루어진다.

둘째, 기획은 지적인 활동이다. 어떠한 일을 구체적으로 시행하기 앞서 지적으로그 목표와 내용, 절차와 방법, 기대되는 성과 등에 관해서 생각해보는 가운데 기획은 전개된다. 따라서 기획은 고도의 전문적 지식이 요구된다.

셋째, 기획은 합리적 활동이다. 모든 기획의 과정이 반드시 합리적으로 이루어진다고 보장할 수 는 없지만 적어도 그것이 표방하는 바는 합리성이요, 효율성이다. 목표와 수단, 방법을 합리적으로 연결하고 목표를 효율적으로 달성하고자 하는 데에 기획이 필요하게 된다. 따라서 구체적인 정보와 창의적인 문제해결능력을 필요로 한다.

넷째, 기획은 사전의 준비과정이다. 기획은 사전의 준비이지 실천과는 다르기 때문에 상황의 변화에 따라 시행의 과정에서 수정 · 보완될 수 있는 특성을 지니고 있다.

2. 교육기획의 기능

교육기획의 기능은 교육계획을 하나의 투입요인으로 보았을 때 그것이 어떤 작용을 하며 어떤 역할을 하느냐의 문제이다. 그러므로 이러한 작용과 역할은 어떤 효용을 가져오게 되며 또한 이러한 효용으로 인하여 그 중요성이 입증되는 결과를 낳는다.

교육기획의 기능을 구체적으로 살펴보면 다음과 같다(김종철, 1985)

1) 교육발전 촉진의 계기

발전은 기획된 변화이다. 교육계획은 변화를 미리 예견하여 적극적 능동적으로 변화를 기획함으로써 교육발전을 촉진한다.

2) 교육의 효율성 확보

교육기획의 수립과정에서 설정된 목표를 가장 효율적으로 달성할 수 있는 대안을 선택함으로써 경제적 효율성을 높일 수 있다. 또한 교육기획은 목적과 수단을 합리적으로 연결시킴으로써 교육활동의 타당성을 높여준다.

3) 교육의 안정화에 기여

교육의 일관성과 지속성을 확보하기 위해서는 장기적인 전망 하에서 수립된 기획이 필요하다. 교육기획은 교육목표와 정책 등을 일관성 있게 견지하면서 교육을 운영해 나가도록 방향을 제시해 준다.

4) 교육재정의 합리적 분배

교육수요에 비하여 교육재원은 한정되어 있어 재정의 합리적 배분과 교육투자의 우선순위 결정들이 교육의 효과를 극대화 할 수 있는데, 교육기획은 이와 같은 문제를 해결하려 한다.

5) 교육의 합리적 통제기능

기획의 실전과정에서나 실천 후에는 평가 내지는 심사분석이 수반된다. 그 결과를 토대로 목표를 수정할 수도 있고 진도를 조절할 수도 있다. 필요한 시정조치가 적시에 이루어져야 교육효과를 활보할 수 있다. 즉. 환류(feedback)의 기능을 최대한 활용하는 것이다.

제2절 교육기획의 접근방법

교육기획의 접근방법에는 크게 사회수요, 인력수요, 수익률 및 국제적 비교에 의한 접근법이 있다(이상기 외, 2010).

1. 사회수요에 의한 접근법

사회수요접근법(social demand approach)이란 교육에 대한 개인적 또는 사회적 수요를 기초로 하여 교육기획을 수립하는 방법이다. 즉, 교육받기를 원하는 모든 사람에게 교육기회가 주어져야 한다는 원칙에서 이루어지는 기획방법이다. 이 접근방법은 인구의 자연증가추세와 교육에 대한 사회적수요의 증가에 따라 교육의 양적 증대가 이루어지며 도한 사회수요에 따라 교육의 질적 변화도 가져오게 되는 것이다. 이 접근방법은 사회성원들의 욕구충족에 기준을 두고 교육기획을 통해 변화와 발전을 도모하려는 데에 그 근본 취지가 있다. 그러므로 이 접근방법은 자유롭고 허용적인 사회분위기에 적합하며, 사회적 여론이 교육의 진로와 정책을 결정하는데 결정적인 역할을 하는 자유주의국가에서 채택되는 방법이다. 대부분의 국가에서 초등 중등교육 단계의 학생 수 추정에 도입 적용되고 있고, 일부 선진국가에서 고등교육단계에서도 적용되고 있는 실정이다.

사회수요접근법이 가지고 있는 문제점은 사회적 수요(social demands)가 사회적 필요(social needs)와 반드시 일치하진 않는다는 점이다. 그리고 교육에 대한 사회적 수요를 충족시킬 수 있는 재정부담능력이 뒤따르지 못하고 있는 실정이다. 또 하나의 문제점은 개인의 소망과 욕구 및 경제적 수요 공급의 원칙에 의해 민감하게 변하는 노동시장의 추세가 교육수요를 결정하게 됨으로써 사회적으로 필요치 않는 부분에 인력이 과잉되거나 반대로 사회적으로 필요한 부분에 인력이 부족한 경우가 발생한다. 사회수요접근법이 광범하게 사용되는 이유는 ① 사회적 정치적

압력에 대해 효과적으로 대처할 수 있다는 점 ② 수급의 자연적 조절에 의하여 사회적 필요를 충족시켜 나갈 수 있다는 점 ③ 인구의 자연적 증가, 진학률 및 재정적 제약 등 몇 가지요인만 제외하고 교육기획이 비교적 용이하다는 점 등을 들 수 있다.

2. 인력수요에 의한 접근법

인력수요접근법(manpower demand approach)이란 일정한 시점에서 소요되는 인력을 추정하여 교육계획을 수립하는 접근방법이다. 그러므로 장래 일정한 시점에서 기대되는 경제규모와 성격이 정해지면 경제를 원만히 운영하기 위하여 각 부문에 필요한 기술수준의 인력이 결정된다. 여기에 따라 필요한 양의 기술인력을 양성하여 배출하기 위한 교육제도가 결정된다.

인력수요접근법의 교육계획단계는 다음과 같다.

1) 기초년도의 인력현황조사

교육정도별로 기초년도의 산업별 직업별 및 연령별 인력현황을 조사한다.

2) 추정년도의 총노동력 추정

추정년도에 필요로 하는 총노동력을 추정하는데 이는 인력공급의 상한선을 제시한다.

3) 추정년도의 산업부문별 총고용자수 추정

목표연도의 산업부문별 생산수준과 계획기간중의 생산성 증가율을 고려하여, 기술발전의 효과를 고려하면서 총고용자수를 산업부문별 직업별로 배정하여 총

합한 것이 총수요이다.

4) 직종별 인력수요자료의 교육자격별 인력수요자료에로의 전환

교육의 정도와 과정의 구분에 따라서 교육자격별 인력수요를 밝힌다.

5) 추정된 노동력의 교육자격별 구조와 현재 노동력의 교육자격별 구조의 비교

이와 같이 함으로써 계획기간 중 교육자격별로 노동력의 보충분을 계산할 수 있다

6) 교육자격별로 노동력의 보충분 계산

사망. 은퇴. 이민. 기타에 의한 퇴직률을 계산한다. 앞의 노동력 순증분(純增分)을 이에 합하면 계획기간 중 교육정도와 부문별 수요졸업자수의 총계를 얻을 수 있다.

7) 감모율의 계산

감모율을 고려하여 각 수준별 부문별 소요졸업생수를 배출하기 위한 재적자수를 계산한다.

8) 소요재적자수의 고려

소요재적자수를 고려하여 교육 · 시설 · 재정면의 증가소요를 산출한다. 이와 같은 절차는 보다 복잡하고 전문적인 것이다. 인력수요접근법은 1960년대 초기에

각국에서 널리 실시되었으나 여러 가지 문제점이 제기된다.

3. 수익률에 의한 접근법

수익률에 의한 접근법(rates of returns approach)이란 교육에 투입된 경비와 산출된 효과를 금액으로 환산하고 교육의 경제적 효과를 산출하여 이것을 기준으로 교육 투자의 중점과 우선순위를 결정하여 교육계획을 수립하려는 방법으로 비용·편익접근법(cost-benefit approach)이라고도 한다.

예를 들면, 고등교육비의 수익률은 고등교육 이수자의 평생소득에서 중등교육 이수자의 평생소득을 공제한 차액에 고등교육 이수에 소요된 경비를 제하면 얻어진다. 이와 같이 비교적 간단한 것 같지만 고등교육비 중에도 고등교육에 소요되는 실제경비뿐만 아니라 고등교육을 받는 기간 중에 취업을 하지 못하여 손실을 보게 된 경비인 기회비용(opportunity cost)도 가산해 넣어야 하는 것 등 여러 가지 요인을 고려해야 하기 때문에 그 계산이 복잡하다.

4. 국제적 비교에 의한 접근법

국제적 비교에 의한 접근법(international comparisons approach)이란 국가의 발전단계를 몇 단계로 구분하고 그 단계마다 필요한 교육계획 또는 효과적으로 사용한 교육계획을 설정하고 여기에 따라 그 나라의 발전단계를 고려하여 적합한 교육계획을 택하는 방법이다. 이 방법은 그 나라의 발전단계를 국제적으로 비교하여 보다 발전된 나라의 교육계획을 모방하려는 것이다.

국제적 비교에 의한 접근법의 대표적인 것은 하비선(F. Harrison)과 마이어지(C. A. Myers)의 저서 『교육과 경제성장』에서 제시된 교육발전의 전략들이다. 그들은 세계 75개국의 교육발전을 인력자원 발전단계의 종합지수(composite index of levels of human resource development)에 의해 구분하였다. 즉, 저개발국가(17), 부분개발국가(21개국), 중진국가(21개국), 선진국가(16개국)의 네 단계로 분류하고 각 발달단계에서의 인력발달의 전략을 제시하였다. 국제적 비교의 접근법은 후진국이 선진국의 경험을 토대로 발전계획을 세우려는 것이다. 그러나 여기에도 몇 가지 문제점이 내포되어 있다. 즉, 각국의 교육제도와 그 운영이 다르기 때문에 어떤 나라에서의 효과적인 방법이 다른 나라에서도 효과적이 될 것이라고 할 수는 없다. 이와 같은 것은 각국이 전통과 사회, 문화적 배경이 각기 다를 뿐만 아니라, 인간의 가치체계 등도 다르기 때문이다. 또한 과거에 선진국이 걸어온 발전모형을 미래에 후진국이 이 모형을 택하는 것이 타당하다 할지라도 시차에 의한 변화의 조건의 차이를 간과할 수 없다.

제3절 평생교육기획의 과정

평생교육기획의 과정을 ① 목표설정단계, ② 현황분석단계, ③ 기본전제의 설정단계, ④ 대안의 탐색과 비교단계, ⑤ 초종 행동대안의 채택단계로 나누어 제시하면 다음과 같다(김창걸, 1997).

1. 목표설정단계

기획의 첫 단계는 국가 또는 조직이 기획을 통하여 이루고자 하는 바를 정하는 목표설정단계이다.

이 단계에서 중요한 것은 관련 이해집단들의 다양한 요구를 조정하여 최선의 목표를 정하느냐 하는 것이다. 이는 미래에 완성될 결과를 명시하는 것과 동일한 일이다.

교육기획의 경우는 이 단계에서 국가목표의 테두리 안에서 지향하는 미래의 교육목표나 비전을 설정하는 일이 이루어지게 된다.

2. 현황분석단계

이 단계는 지향하는 목표와 현실 간의 괴리 현상을 정확히 측정하는 단계라 할 수 있다. 이를 위해서는 기획의 대상이 되는 현황을 파악하기 위한 자료수집과 조사를 실시해야 한다.

평생교육기획의 경우는 이 단계에서 정치 · 경제 · 사회 · 문화 등 사회전반에 관한 현황 즉, 평생교육과 관련이 있는 모든 현상에 대한 기초통계와 연구물을 수집 · 분석해야 한다. 또한 평생교육에 대해서도 다양한 통계자료와 설문지에 근거한 양적 조사와 평생교육 대상자에 심층적 면접을 통한 질적 현황조사가 이루어진다.

3. 기본전제의 설정단계

기획은 미래지향적인 활동이므로 기획의 대상이 되는 부분의 내 · 외적 상황변화에 대한 모종의 가정(assumption)을 전제로 하여 예측되어야 한다.

평생교육기획의 경우는 교육체제 외적인 조건과 상황 즉, 인구의 변화, 경제 · 정치 · 사회의 발전, 과학 · 기술의 발전, 산업구조의 변화 등에 대한 가정을 상정해야 한다.

그러나 대체로 급변하는 시대적 상황 속에서 이러한 가정의 설정은 대체로 불확실하고 통제하기 어려운 요인들이 많기 때문에 미래에 대한 혜안과 통찰력이 필요하다.

4. 대안의 탐색과 비교단계

평생교육기획을 위한 목표와 기본전제가 설정되면 이를 위한 구체적 행동노선

(course of action) 및 대안이 탐색되어야 한다. 그런데 실제에 있어서는 하나의 최선의 대안만이 존재하는 경우는 드물다. 즉, 장 · 단점을 각각 갖는 몇 가지 대안들이 모색되기 마련이다. 그러므로 여러 가지 대안 중에서 가장 효과적인 대안을 선택하기 위해서는 기획목표와 대안이 어느 정도 일치하는가?, 가용한 자원을 고려할 때 어느 정도나 실현가능성이 있다는 대안인가?, 대안이 주는 파급효과가 어느 정도일 것인가? 등을 면밀하게 검토하여 장 · 단점을 심층적으로 분석해야 한다.

5. 최종 행동대안의 채택단계

이 단계는 앞에서와 같이 모색된 대안들의 장 · 단점 비교하여 의사결정자의 직관 및 전문적 판단 등이 총체적으로 작용하여 가장 이상적이라고 생각되는 최선의 방안을 선택하는 단계이다.

이 단계에서 중요한 것은 또한 최대한의 전문가 및 일반 평생교육의 수혜자에 대한 지지와 평생교육기관 및 프로그램의 운영을 위한 재정 확보 방안이 마련되어야 한다. 또한 최종안에 따라 부수적으로 파생되리라 예상되는 문제들에 대한 사전 계획과 대책도 필요하다.

제6장

의사소통하기

제1절 의사소통의 의의

1. 의사소통의 개념

의사소통(communication)의 어원은 라틴어의 'communis'에서 유래된 것으로 '공통' 또는 '공유'라는 뜻을 가지고 있다. 따라서 의사소통이란 말을 문자 그대로 해석하면 하나 또는 그 이상의 유기체가 다른 유기체들과 지식, 정보, 신념, 감정들을 '공유' 또는 '공동화'하는 행동이라 할 수 있다(Baeey, 1965).

그리고 사이먼(H. A. Simon)은 의사소통이란 "조직구성원의 한 사람으로부터 다른 사람에게 결정전제(decisional premises)가 전달되는 과정"으로, 슈람(Wilber Schram)은 "자극의 전달과정(process of transmitting stimuli)"(Schram, 1965)이라고 정의하였고, 위이버(Warren Weaver)는 "한 마음이 다른 마음에 영향을 미치는 모든 과정(all procedures by which on mind affected another)"(Weaver, 1949)으로, 베럴슨(Bernard Berelson)과 스타이너(Gary A. Steiner)는 "언어 · 그림 · 원형 · 도표 등의 기호를 사용하여 정보 · 사상(idea) · 감정 · 기술 등을 전달하는 행위 또는 과정"(Berelson & Steiner, 1964)으로 댄스(Frank E. X. Dance)는 "의사소통으로 반응을 일으키는 과정(eliciting of a response) 또는 언어적 기호(verbal symbol)로 반응을 일으키는 과정"(Dance, 1967)이라고 정의하였다.

그 외에 밀러(Gevald Miller)는 "의사소통이란 전달자가 수용자의 행동에 영향을 미치려는 의식적인 의도(conscious intent)를 가지고 수용자에게 전언을 보내는 행위''(Miller, 1964)라고 정의하였으며, 루쉬(Jurgen Reuush)와 베이트슨(Gregory Bateson)은 "사람이 영향을 미치는 모든 과정을 포함하는 것"(Reuush & Bateson, 1951)이라고 정의하였다.

라스웰(Harold D. Lasswell)은 의사소통의 과정요소로서 누가(who), 무엇에 관한여(says what), 어떠한 통로에 의하여(in which channel), 누구에게 대하여(to whom), 어떤

효과를 노리고(with what effect)의 다섯 가지 요소를 포함시키고 있다(Lasswell, 1956).

대체로 의사소통(communication)이란 일반적으로 언어, 기호, 동작 등을 통해서 개인간 또는 집단간에 의견이나 정보를 교환하는 것을 의미한다.

2. 의사소통의 기능

사람은 의사소통을 통하여 서로 공통된 의미를 조성하고 또한 서로의 행동에 영향을 미침으로써 서로 협동하면서 사회활동을 영위해 나가고 있다. 따라서 의사소통의 가장 중요한 기능은 사회구성원들의 협동을 통한 사회유지기능이라 할 수 있다. 특히 오늘날과 같이 이질화되어 가는 사회에서의 의사소통의 역할을 매우 중요한 것이다. 왜냐하면 의사소통이란 수단이 없이는 사회구성원들간의 협동이 불가능하게 되며 협동이 없는 사회란 존재할 수 없기 때문이다(Barry, 1965).

라스웰(Harold D. Lasswell)에 의하면 의사소통의 세 가지 중요한 기능은 ① 환경감시(surveillance)의 기능 ② 합의(consensus)의 기능 ③ 사회화(socialization)의 기능을 가지고 있다(Lasswell, 1948)고 보았다. 여기서 환경감시와 합의의 기능이란 우리들 주변에서 일어나고 있는 일들에 대한 정보를 수집, 전파해서 사람들로 하여금 그러한 사회환경에 대처하고 대응하도록 만드는 의사소통의 구실을 말한다. 다시 말해서 인간은 의사소통을 통하여 주위환경에서 일어나는 사건에 대한 정보를 제공받고 그것에 대처하며, 나아가서는 새로운 세대를 교육해나가고 있다는 것이다.

댄스(Frank E. X. Dance)와 라슨(Carl E. Larson)은 의사소통의 중요한 기능으로서 ① 사람들을 환경이나 다른 사람들과 관련을 지우는 연결기능(linking function) ② 사람들의 정신 개발시켜주는 정신개발기능(mentation function) ③ 인간들의 행동을 규제해주는 규제기능(regulatory function) 등을 규정하였고, 테이어(Lee O. Thayer)도 행정적 의사소통의 기본적인 네 가지 기능으로 ① 어떤 사람에게 정보를 제공하는 것 ② 어떤 사람에게 명령하거나 지시하는 것 ③ 어떤 사람이나 어떤 것을 평가하는 것 ④ 다른 사람의 사상이나 행동에 영향을 주는 것 등을 제시하였다.

한편, 스콧(W. G. Scott) 등은 의사소통의 기능으로 ① 협동의 전제 조건과 조정의 수단 ② 정보의 제공과 합리적 의사결정의 수단 ③ 갈등해소의 수단 ④ 통솔과 사기앙양의 수단 등을 제시하고 있다(김창걸, 2003).

1) 협동의 전제 조건과 조정의 수단

조직에서 의사소통이 없으면 신경계통이 없는 인간과 같아서 그 조직은 모든 기능이 마비된 상태가 된다. 의사소통은 인체의 신경계통이나 혈액 순환계통과 같아서 이것이 여러 요소에 영향을 주므로 인체가 협동적 균형을 이루어 나가는 것과 같다. 마찬가지로 조직에 있어서도 의사소통이 조직의 여러 요소에 영향을 주므로 협동적 행동이 가능하며 이와 같은 협동적 행동은 조정의 수단으로서 기능을 하게 된다.

2) 정보의 제공과 합리적 의사결정의 수단

조직의 활동은 의사결정의 연속적 과정이다. 이러한 결정을 합리화하고 효율적으로 집행하기 위해서는 의사소통을 통하여 필요한 정보를 제공하고 교환함으로써 양질의 의사결정에 도움을 주고, 또한 의사소통의 내용이 정확하고, 신속하고, 적절하며 그 전달의 질이 우수해야 의사결정의 질도 확보될 수 있다. 이와 같이 효율적인 의사소통은 합리적 의사결정을 위한 수단이 된다는 점에서 그 중요성이 강조되었다. 사이먼(H. A. Simon)이 의사소통을 합리적 의사결정의 전제조건으로 본 것도 이러한 이유에서이다.

3) 사회적 욕구충족 및 갈등해소의 수단

조직구성원들은 의사소통을 통해 자신의 감정을 표출하고 다른 사람들과의 교류를 넓혀 나가며 사회적 욕구를 충족시킨다. 즉, 조직 구성원들은 의사소통을 통하여 참여감 · 귀속감 · 책임감 · 인정감 · 유대감 등 사회 · 심리적 욕구를 충족하며, 이런 과정에서 자발적 통솔이 이루어지고 사기가 앙양되며 근무에 대한 동기가 유발된다.

또한 조직에서의 개인간, 부서간의 갈등은 있게 마련이다. 그런데 이러한 갈등은 여러 가지 원인에서 생긴다. 이와 같은 갈등의 원인을 해소하는 수단으로써 의사소통이 사용된다. 그러므로 의사소통은 갈등해소의 수단이 될 수 있다.

4) 동기부여와 적극적 활력을 주는 수단

의사소통을 통해서 자신의 과업과 그 과업의 진행과정, 직무성과 등을 알게 되어, 이것이 동기부여의 역할을 한다. 뿐만 아니라 과업을 수행하는 과정에서 의사소통을 통해 구성원 상호간에 건설적인 자극을 줌으로써 사회적 촉진을 일으키고, 창의적이고, 신속하게 과업을 추진할 수 있도록 활력을 불어넣어 준다.

5) 상황유지 · 적응과 조직혁신을 촉진하는 수단

의사소통은 조직체를 유지하는 데 필수적인 요소일 뿐 아니라 조직 및 환경변화에 관한 정보를 제공해줌으로써 조직변화에 적응할 수 있도록 하며, 나아가 조직혁신을 촉진하는 수단이 된다. 이러한 과정에서 조직구성원들을 조직사회화시킨다.

6) 효과적인 지도성을 발휘하는 수단

효과적인 지도성에는 적절한 권위의 유지와 비전의 제시, 구성원들에 대한 배려와 성과기대 및 솔선수범 등이 전제된다. 그런데 이와 같은 요인은 지도자와 구성원들간에 의사소통을 통해서 전달되고, 이해되고, 수용되며, 관계가 형성되어 지도성이 발휘된다.

3. 의사소통의 원칙

의사소통시 지켜야할 주요한 원칙은 다음과 같다(Redifield, 1957; 신철순, 1995).

1) 명료성(clarity)의 원칙

의사소통에 있어서 전달하는 내용이 보다 분명하고 정확하게 이해될 수 있도록 표시되어야 한다. 그러기 위해서는 그 내용이 체계적이며 과거와 현재 그리고 미래가 명료하게 비교될 수 있어야 한다.

2) 일관성(consistency)의 원칙

의사소통에 있어서 전달내용은 전후가 일치되어야 한다. 즉, 명령이나 지시에 있어서 1차와 2차의 모순이 있을 수 없으며, 고위관리층의 명령이나 지시에 위배되는 중간관리층으로부터의 명령이나 지시는 있을 수 없다.

3) 적시성(timeliness)의 원칙

의사소통은 적시에 이루어져야 한다. 즉, 필요한 시기에 적절히 입수되어야 한다는 것이다.

4) 적정성(adequacy)의 원칙

전달하고자 하는 정보의 양과 규모는 적장해야 한다는 것이다. 즉, 정보의 양이 너무 많거나 빈약해서도 안된다는 것이다. 정보의 양이 너무 많을 경우에는 복잡하여 이해하기가 곤란하며, 반면에 너무 빈약할 경우에는 자료로서의 가치를 상실하게 된다.

5) 배포성(distribution)의 원칙

의사전달의 내용은 비밀을 요하는 특별한 경우를 제외하고는 모든 사람들이 알 수 있도록 공개해야 한다는 것이다. 특히, 공식적인 의사소통에서는 배포성의 원칙이 중요시된다.

6) 적응성(adaptability)의 원칙

의사소통의 내용이 환경에 적절히 적응해야 한다는 것이다. 그 내용이 지나치게 세밀하게 규정되어 있을 경우에는 환경에 적응하기가 곤란하다. 그러므로 의사소통의 내용은 구체적인 상황에 따라 융통성과 신축성이 있어야 한다.

7) 수용성(acceptability)의 원칙

의사소통은 피전달자가 수용할 수 있어야 한다. 즉, 수용성은 의사소통의 최종 목표가 된다. 그러므로 피전달자의 적극적인 반응을 보일 수 있도록 수용성이 있어야 한다.

제2절 의사소통의 종류와 유형

1. 의사소통의 종류

의사소통망(communication network)에 대한 연구는 바벨라스(A. Bavelas)와 같은 소집단 연구를 주로 하는 학자들에 의하여 발전되었다(Bavelas, 1950). 의사소통망이란 전달자로부터 수신자에게로 전언이 전달되는 경로의 구조를 의미한다. 연구자들은 5명의 구성원들로 형성되는 의사소통망의 형태를 〈그림 6-1〉과 같이 제시하고 있다(김창걸, 2003).

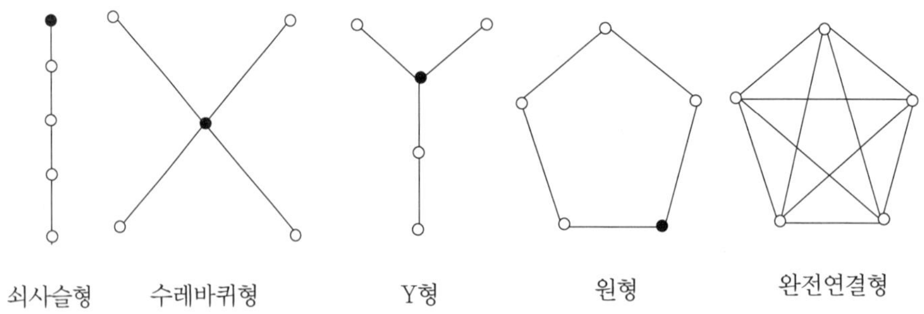

〈그림 6-1〉 의사소통망의 형태

출처 : 김창걸. 교육조직행위론. 서울: 형설출판사. 2003. p. 356.

1) 쇠사슬형

쇠사슬형(chain)은 공식적인 계층이 많은 조직에서 명령계통에 따라 의사소통이 상위계층에서 하위계층으로, 상 · 하로만 흐르는 형태이다. 엄격한 계층제의 원리에 의하여 운영되므로 상위층의 중심인물에 정보가 집중되고, 종합되기 때문에 문제해결에 신속성과 정확성이 있으나 조직의 직무만족은 낮은 편이다. 그리고 많은 계층을 따라 의사소통이 상 · 하로 흐르기 때문에 그 과정에서 의사소통의 내용이 왜곡될 소지가 있다.

2) 수레바퀴형

수레바퀴형(wheel)은 구성원들이 한 사람의 중심인물과 의사소통을 하는 형태이다. 그러므로 중심인물은 신속하게 정보를 얻을 수 있고, 정보를 분석하여 문제해결책을 바로 구성원에게 전달할 수 있어 과업성과는 높일 수 있다. 그러나 이것

은 단순 과업에서 이루어질 수 있는 것이지 복잡한 과업일 때는 반대로 과업성과가 낮아지고 직무만족도 낮다.

3) Y형

Y형은 구성원이 상관에게 보고하면, 상관은 조직의 장에게 보고를 하는 의사소통망이다. Y형은 매우 관료적이고 위계적인 조직에서 전형적으로 발견되는데, 조직의 최하층에서 최고층까지 정보가 도달하는 유일한 방법은 채널 즉, 모든 위계의 수준을 통해서만 가능하다는 점에서 쇠사슬형과 거의 유사하다.

4) 원형

원형(circle)은 계층관계가 형성되어 있지 않는 특별조사단(task force)이나 위원회를 구성하는 사람들 간의 의사소통망의 형태이다. 특별조사단이나 위원회에 공식적 지도자나 의장이 있지만 구성원간의 상호작용은 집중되지 않고 널리 분산되어 있다. 그러므로 권한의 집중도는 낮으나 직무만족은 높은 편이다.

5) 완전연결형

완전연결형(all channel)은 풍문(grapevine)과 같은 비공식적 의사소통망의 형태이다. 여기에는 공식적 · 비공식적 지도자가 없고 구성원은 누구나 다른 구성원들과의 의사소통을 주도할 수 있다. 구성원 상호간에 활발한 의사소통이 이루어지므로 의사소통의 속도가 빠르고 직무만족이 높으나 이를 종합해서 문제해결을 위한 대안을 내놓을 때까지는 다소의 시간을 요한다.

이런 의사소통망을 요약 · 정리하면 다음 〈표 6-1〉과 같다.

표 6-1 의사소통망과 조직행위

구 분	쇠사슬형	수레바퀴형	Y형	원형	완전연결형
의사소통의 속도	중간	단순과업 : 빠름 복잡과업 : 늦음	빠름	모여 있는 경우 : 빠름 떨어져 있는 경우 : 늦음	빠름
의사소통의 정확성	문서 : 높음 구두 : 낮음	단순과업 : 높음 복잡과업 : 낮음	높음	모여 있는 경우 : 높음 떨어져 있는 경우 : 낮음	중간
구성원의 만족도	낮음	낮음	낮음	높음	높음
구성원의 헌신성 정도	낮음	중간	낮음	높음	높음

출처 : ① Bavelas, 1950, pp. 727–730 ; Northcraft & Neale, 1994, p.256의 수정 ; 신유근, 1997, p. 274의 수정을 참고.
② 김창걸, 교육조직행위론, 서울: 형설출판사, 2003, p. 358.

첫째, 메시지를 전달하는 데 걸리는 시간을 말하는 의사소통의 속도 면에서는 수레바퀴형(과업이 단순할 경우)과 원형(태스크 포스가 모여 있는 경우)이 가장 빠르다. 그러나 과업이 복잡한 경우나 태스크 포스가 떨어져 있는 경우에는 속도가 상당히 느리다. 쇠사슬형은 의사소통의 속도가 중간정도이고 완전연결형은 매우 빠르다.

둘째, 의사소통의 정확성 면에서 쇠사슬형의 경우 그 매개체가 중요한데, 문서 의사소통의 경우에는 정확성이 높으나 구두 의사소통의 경우는 계층수가 많으면 내용이 과장되거나 왜곡될 가능성이 커지므로 정확성이 떨어진다. 수레바퀴형의 경우, 과업이 단순한 경우에는 정확성이 높으나 복잡한 경우에는 지도자가 처리해야 하는 정보나 피드백의 양이 많아 정확성이 떨어진다. 원형의 경우 구성원들이 모여 있으면 정확성이 높으나 떨어져 있으면 낮다.

셋째, 구성원의 헌신성 정도 면에서 볼 때 의사소통에 대한 집단 전체의 헌선성 정도는 쇠사슬형이 제일 낮다. 왜냐하면 의사소통과정에서 구성원은 단순히 수용자 또는 매개자의 역할만 하게 됨으로 자신이 주도는 의사소통이라는 의식이 적기 때문이다. 이에 반해 원형이나 완전연결형은 헌신성의 정도가 매우 높다.

2. 의사소통의 유형

의사소통의 유형은 그 분류방식에 따라 여러 가지로 나눌 수 있는데 일반적으로는 의사소통의 수단을 중심으로 할 때 언어적 의사소통(verbal communication)과 비언어적 의사소통(nonverbal communication)으로 구분하고, 조직의 성격에 따라 공식적 의사소통(formal communication)과 비공식적 의사소통(informal communication)으로 구분되고, 의사소통의 방향에 따라 일방적 의사소통(one-way communication)과 쌍방적 의사소통(two-way communication), 그리고 수직적 의사소통(vertical communication), 수평적 의사소통(horizontal communication)과 대각적 의사소통(diagonal communication) 등으로 구분할 수 있다(김창걸, 2003).

1) 언어적 의사소통과 비언어적 의사소통

(1) 언어적 의사소통(verbal communication)

언어적 의사소통은 언어를 매개체로 하여 의사소통이 이루어지는 것으로, 이는 다시 구두 의사소통(oral communication)과 문서 의사소통(written communication)으로 나누어진다. 구두 의사소통은 직접적인 말을 수단으로 하여 정보의 교환이나 메시지의 전달을 하는 것을 의미한다. 대면적 의사소통이 대부분 여기에 속한다.

구두 의사소통은 대면적인 의사소통이므로 대면성이 갖는 즉시성과 신축성, 융통성, 비밀보장성 등의 장점이 있으나 전달 대상이 제한이 되며 전달내용이 중요하고 복잡할 때는 사용하기가 어렵다. 문서 의사소통은 문서를 통한 의사소통으로 공문서, 보고서, 지침, 메모, 편지, 회람, 안내서 등이 여기에 포함이 된다. 문서 의사소통은 장기적으로 보존할 필요가 있을 때(보존성), 중요하고 복잡한 내용을 정확하게 획일적으로 전달할 필요가 있을 때(정확성, 획일성), 구성원이 지리적으로 분산되어 있을 때 효과적이나, 수신자의 반응을 확인하기 어렵고, 수신자의 다양한 욕구를 고려하지 못하며, 비밀이 누설되기 쉽다는 등의 단점이 있다.

(2) 비언어적 의사소통(nonverbal communication)

비언어적 의사소통은 구두나 문서 언어를 사용하지 않고 메시지를 전달하는 의사소통이다. 예를 들면 물리적 언어(physical language)인 교통신호, 사이렌, 도로 표지판 등과 같은 것은 비언어적 의사소통 수단이 된다. 그리고 상징적 언어(symbolic language)인 사무실의 크기, 의자의 크기, 자동차의 크기와 색깔 등도 효과적인 비언어적 의사소통의 수단이 된다. 또한 신체적 언어(body language)라 할 수 있는 자세, 얼굴표정, 몸짓, 목소리, 눈동자, 하품 등도 상대에게 메시지를 전달할 수 있는 비언어적 의사소통의 수단이 된다. 이러한 비언적 의사소통은 때로는 언어적 의사소통보다 더 효과적일 수도 있다.

2) 일방적 의사소통과 쌍방적 의사소통

(1) 일방적 의사소통(one-way communication)

일방적 의사소통은 명령이나 지시와 같이 전달자가 수신자에게 일방적으로 메시지를 전달하는 데 끝나는 것이다.

(2) 쌍방적 의사소통(two-way communication)

반면에 쌍방적 의사소통은 전달자가 수신자에게 메시지를 전달하면 수신자의 반응이 feedback 되어 다시 전달자에게 되돌아오는 형태를 의미한다.

즉 피드백이 있느냐 없느냐에 따라 구별되며, 쌍방적 의사소통은 일방적 의사소통에 비해 피드백이 되어 있느냐 없느냐에 따라 구별된다. 쌍방적 의사소통이 일방적 의사소통에 비해 피드백이 되어 수신자의 반응이 전달되는 등의 일로 시간과 노력 등이 더 걸리며 때로는 감정적인 문제가 생길 수 있지만 보다 정확하고 효과적이며, 전달자와 수신자간에 신뢰성도 높일 수 있다는 장점이 있다.

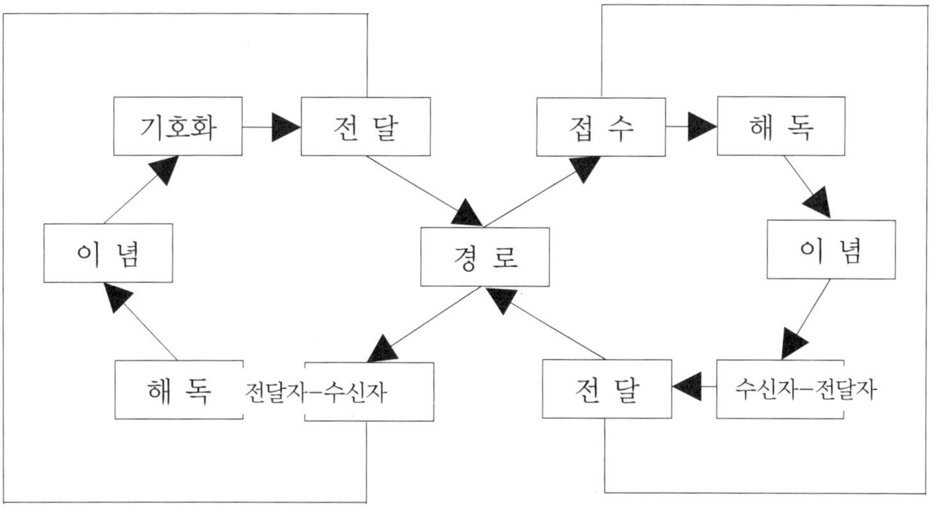

〈그림 6-2〉 쌍방적 의사소통

출처 : ① Richard A. Schmuck et. al., Handbook of Organization in School(Palo Alto, Calif.: Mayfield Publishing Co., 1972), p. 34.
② 김창걸. 교육행정 및 교육경영신강. 서울: 형설출판사. 1996. p. 276.

3) 공식적 의사소통과 비공식적 의사소통

(1) 공식적 의사소통(formal communication)

공식적 의사소통은 공식적 조직에서 공적인 권한의 계층을 따라 정보와 지식이 소통되는 절차와 경로의 합리적이고 계획적인 의사소통체계를 말한다.

공식적 의사소통에는 공식적 조직구조에 따라 ① 수직적 의사소통 ② 수평적 의사소통 ③ 대각적 의사소통이 포함될 수 있다.

수직적 의사소통은 다시 하향적 의사소통과 상향적 의사소통으로 나누어진다. 그런데 수직적 의사소통은 조직의 구조, 권위, 지도성 등과 깊은 관계가 있기 때문에 조직활동에서 중요시 다루어진다.

일반적으로 대규모 조직체는 정보와 명령을 전달하는 공식적 구조를 필요로 한다. 공식적 의사소통은 대개 계층제의 명령계통을 따라 공문서나 구두명령 · 보고 등을 통해 이루어진다. 공식적 의사소통의 목적은 정책결정과 지시사항의 전달, 관리층에 대한 부하직원의 보고, 제안의 전달, 조직목적 등을 구성원에게 전달하는 데 있다. 공식적 의사소통은 공식적인 통로와 수단에 의하여 의사전달이 행해지므로 ① 의사소통이 확실하고 편리하며 ② 권위체계를 유지 · 향상시킬 수 있으며 ③ 전달자와 수신자의 책임관계가 분명한 것 등의 장점이 있지만 다음과 같은 문제점도 있다. 즉, ① 조직 내의 의사소통을 완전히 충족시키지 못하며 ② 인간의 다양한 내면을 충실히 표현하지도 못하며 ③ 조직 내의 인간관계적 욕구를 충족시키지도 못하며 ④ 조직을 경직화 · 엄격화 · 정태화 시키고 ⑤ 비융통적이고 획일적 조직을 형성하며 ⑥ 의사소통 등 사무가 지연된다. 이와 같은 단점 등이 비공식적 의사소통의 필요성을 촉진시키고 있다.

(2) 비공식적 의사소통(informal communication)

조직에서의 비공식적인 인간관계에 의한 의사소통을 의미한다. 즉, 비공식적 조직에 있어서의 의사소통으로 공식적 의사소통의 경직성 · 엄격성 · 정태성 · 획일성 · 지연성 등을 극복하기 위하여 필연적으로 자생하는 것이다.

비공식적 의사소통은 공식적 의사소통의 구조나 방향에 따라 존재할 수 있다. 그러나 일반적인 형태로는 풍문(grapevine), 전화, 메모, 소문(rumor), 접촉 등이 있다. 비공식적 의사소통은 ① 인간의 내면적 욕구를 충족시켜 줄 수 있을 만큼 다양하고 ② 신속하고 ③ 융통성이 유지되며 ④ 배후의 사정을 전달할 수 있을 정도로 신축성이 있으며 ⑤ 임기웅변이 가능하다는 등의 장점이 있다. 그러나 단점으로는 ① 왜곡되기 쉽고 ② 상관의 권위가 손상되기 쉬우며 ③ gossip 등에 의해 사기가 저하되기 쉬우며 ④ 공식적 의사결정에 이용하기 곤란하며 ⑤ 책임소재가 불분명하며 ⑥ 부정확할 가능성 등을 갖고 있다는 점 등이다.

4) 수직적 의사소통과 수평적 의사소통

수직적 의사소통(vertical communication)과 수평적 의사소통(horizontal communication)은 공식적 의사소통의 유형에 포함되는 것으로, 공식적 조직에서 가장 중요한 의사소통의 유형이다. 수직적 의사소통은 하향적 의사소통(상의하달)과 상향적 의사소통(하의상달)으로 나누며, 수평적 의사소통은 횡적 의사소통이라고도 한다.

(1) 하향적 의사소통

하향적 의사소통은 조직의 위계 또는 명령계통에 따라 상급자로부터 하급자에게로 전달되는 것으로 명령과 일반적 정보(general information) 등이 있다.

① 명령

명령은 지시, 훈령, 발령, 규정, 요강, 고시, 회람, 영달 등을 포함하는 것으로 구두(口頭)명령과 문서(文書)명령이 있다.

구두명령은 ① 피명령자의 반응과 이해도를 검증할 수 있고 ② 필요에 따라 신축성 있게 적절히 변경할 수도 있으며 ③ 피명령자에게 확인할 기회와 의견진술의 기회를 줄 수 있으며 ④ 비밀을 보장할 수 있다는 등의 장점이 있다. 그러나 반면에 ① 전달대상이 제한되어 있어 인원의 제약을 받으며 ② 내용이 복잡하거나 중요한 명령에는 부적당하며 ③ 명령자에 대한 신뢰감이 적을 때는 효과가 적다는 등의 단점도 있다.

문서명령은 ① 내용을 장기적으로 보존할 필요가 있을 때 효과적이고 ② 복잡한 내용을 정확하고 획일적으로 전달하는 데 효과적이며 ③ 피명령자가 지리적으로 분산되어 있을 때 효과적이며 ④ 피명령자의 교육 정도가 높을 때 효과적이며 ⑤ 상관의 권위를 유지하는 데 유용하다는 등의 장점이 있는 반면에 ① 의사소통이 일방적이므로 피명령자의 반응을 확인할 수 없고 ② 의사소통이 획일적이므로 피명령자의 다양한 욕구를 고려하지 못하며 ③ 비밀이 누설되기 쉽다는 등의 단점이 있다.

② 일반적 정보

일반적 정보에는 기관지, 편람, 예규집, 벽신문, 포스터 게시, 구내방송, 인터폰, 강연, 영화 등이 포함되며 이것도 명령과 같이 구두에 의한 것과 문서에 의한 것이 있다. 일반적 정보는 조직구성원들에게 조직과 업무에 대한 지식과 정보를 제공해 주며, 조직에 대한 귀속감·공동체의식을 심어주며, 사기를 앙양시켜 주는 등의 역할을 한다.

(2) 상향적 의사소통

상향적 의사소통은 하급자의 성과, 의견, 태도 등이 상위의 계층으로 전달되는 의사소통이다. 즉, 계층의 하부에서 상부에 정보와 지식이 전달되는 의사소통체계이다. 즉, 계층의 하부에서 상부에 정보와 지식이 전달되는 의사소통체계이다. 여기에는 보고, 면접, 제안제도, 직원의견조사, 상담제도, 고충처리제도 등이 포함되며 구두와 문서에 의한 방법이 있다.

① 보고

보고는 상향적 의사소통의 가장 주된 방법이다. 명령은 명령 자체의 잘못이나, 전달과정의 잘못이나, 주위사정이 변경되었거나, 예측할 수 없었던 인간의 약점이 노출되었거나 등의 원인으로 그 결과가 전달자의 의사와 일치하지 않는 경우가 있다. 그러므로 상급자가 하급자의 보고를 받아야 그 결과를 평가하고 새로운 결정이나 지시를 내릴 수 있다. 이와 같은 이유에서 보고의 필요성이 강조되는 것이다.

② 제안제도

조직의 관리 및 사무에 대한 개선을 제안하게 하는 제도로, 유인 상여제도의 일종이다. 제안제도를 잘 운영하면 관리와 업무의 개선을 위해 구성원들에게 적극성 · 창의성 · 자발성을 유도해 낼 수 있어 이와 같은 것들은 그들의 창의와 사고를 상부에 전달하게 하여 하의상달의 의사소통을 촉진시킨다.

③ 의견조사

의견조사는 질문지 등을 통해 구성원들의 사기의 일반적 수준을 평가하고, 구성원간의 알력과 친화의 정도를 측정하며, 각 업무부서간의 문제점을 발견하고, 구성원들의 의견과 만족 등을 토로하게 한다.

(3) 횡적 의사소통

횡적 의사소통은 동일 계층의 수준에 있는 구성원이나 부서간의 의사소통으로 상호작용적 의사소통(interactive communication) 또는 수평적 의사소통이라 한다. 횡적 의사소통에는 사전심사, 사후통지, 회의, 위원회, 통보, 회람 등의 방법이 포함된다. 대규모 조직에서 분업이 심해지면 하위조직간에 추구하는 목표가 달라 갈등이 생길 수 있다. 이와 같이 하위조직의 목표, 업무, 의견 등의 차이로 일어나는 문제를 조정하기 위하여 횡적 의사소통이 특별이 요청되는 것이다.

(4) 대각적 의사소통

대각적 의사소통(diagonal communication)은 상향적, 하향적, 수평적 의사소통의 경로가 비효과적일 때 발생되며, 조직 내의 여러 기능과 수준들을 가로질러 이루어지는 의사소통이다(Hoy & Miskel, 1991).

제3절 의사소통의 기법

1. 조하리의 창(窓)

조하리의 창은 Joseph Luft와 Harry Ingham에 의하여 개발된 데서 연유하여 이들의 이름의 첫 글자를 합하여 Johari Window라 명명한 의사소통모형이다(노종희, 1992).

조하리의 창에 의하면 인간은 자신에 대한 정보가 자신에게 잘 알려져 있는 부분(known to self area)도 있고, 자신에게 알려지 있지 않은 부분(unknown to self area)도 있다. 마찬가지로 다른 사람에게 잘 알려져 있는 부분이 있고 다른 사람에게 잘 알려져 있지 않은 부분도 있다.

이들의 결합 관계에서 다음 〈그림 6-3〉에서 보는 바와 같이 개방적 부분, 무지적 부분, 비밀적 부분 그리고 미지적 부분의 4개 영역이 생기게 된다.

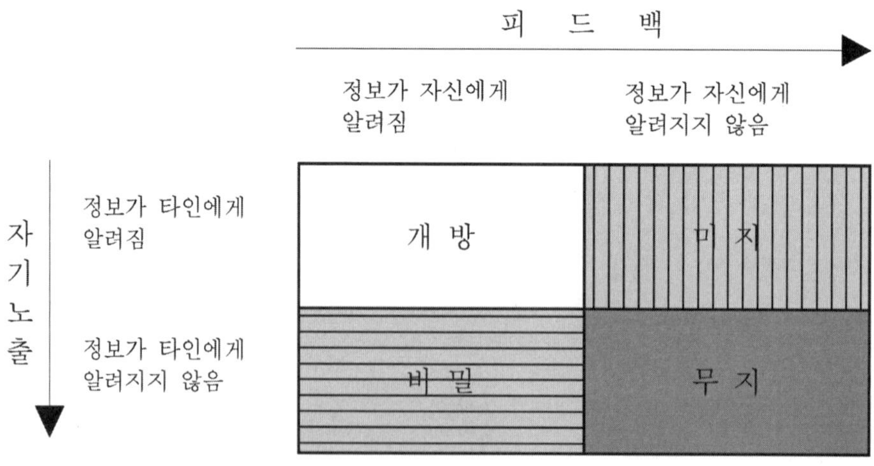

〈그림 6-3〉 조하리 창

1) 개방적 부분(open area)

이 영역은 자신에 관한 정보가 자신이나 타인에게 잘 알려져 있는 부분이다. 그러므로 서로 잘 알고 상호작용하기 때문에 일반적으로 개방적이고, 방어적이 아니기 때문에 효과적인 의사소통이 가능해진다. 물론 성숙한 인간관계 등을 통하여 이 부분의 넓이를 넓혀 나가면 보다 효과적인 의사소통이 이루어진다. 이와 같은 사람의 조하리의 창은 민주형이 될 것이다.

2) 무지적 부분(blind area)

이 영역은 자신에 대해 타인에게는 알려져 있지만 자신은 모르는 부분이다. 그러므로 타인들로부터 피드백을 받지 못할 때는 이 부분이 더 넓어져 의사소통에서 자신의 주장을 내세우고 타인의 의견을 불신하고 비판하며 수용하려 들지 않는다. 따라서 효과적인 의사소통이 이루어지지 않는다. 만일 어떤 사람이 자기 노출을 과다하게 하면서 상대방으로부터 피드백을 충분히 받지 못한다면 그 사람의 의사소통은 독단형과 같이 될 것이다.

3) 비밀적 부분(hidden area)

이 영역은 자신에 대한 정보가 자신에게는 알려져 있으나 타인에게는 알려져 있지 않는 부분이다. 이와 같은 경우에는 타인이 어떻게 반응할지 몰라 자기의 감정과 태도를 비밀에 붙이고 타인에게 방어적인 태도를 취하게 된다. 그러므로 의사소통에서 자신의 의견이나 감정을 표출시키지 않고 타인으로부터 정보를 얻으려는 경향이 커진다. 그렇게 함으로서 잠재된 부분이 더 넓어진다. 만일 어떤 사람이 자기 자신을 거의 노출시키지 않으면서 상대방으로부터 피드백만을 많이 받으려 한다면 그 사람의 의사소통은 과묵형이 될 것이다.

4) 미지적 부분(unknown area)

이 영역은 자신과 타인에게 모두 알려지지 않은 부분이다. 이러한 경우에는 자신에 대한 견해를 표출하지도 않을 것이며 또한 타인으로부터 피드백을 받지도 못할 것이다. 이런 상태가 계속되면 미지적 부분의 넓이가 더 커질 것이다. 이러한 상황에서는 정상적인 의사소통이 이루어지기가 어렵고 자기 폐쇄적 형태로 이어질 가능성이 크다.

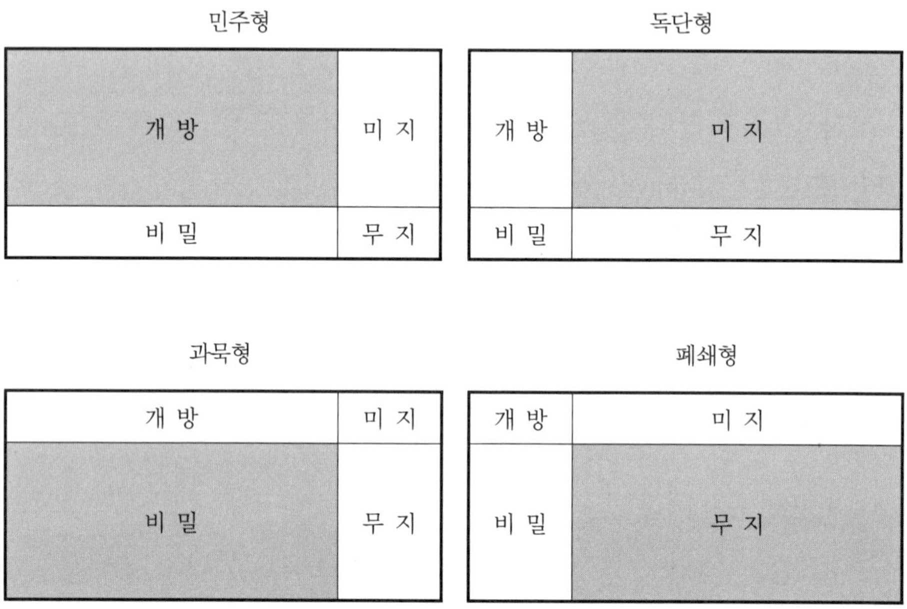

〈그림 6-4〉 의사소통의 유형

2. 개인의 의사소통 유형

대부분의 사람들은 자신의 독특한 의사소통 유형을 가진다. 의사소통 유형은 독단성의 높고 낮음과 사교성의 높고 낮음의 결합에 의해서 감정형, 지휘형, 사려형, 지원형으로 구분된다(Reece & Brandt, 1984).

독단성(dominance)은 책임을 맡으려는 태도를 과시하는 경향으로 정의된다. 독단성이 높은 사람은 거리낌없이 충고하고, 자주 강력한 의견개진이나 요구를 나타내며 자기 주장이 강하고 타인을 통제하려는 경향이 있다. 한편 독단성이 낮은 사람은 협조적이고 남을 열렬히 돕는 경향이 있으며, 또 자기주장이 약하고 타인에 의해서 쉽게 통제 당하는 경향이 있다.

사교성(sociability)은 자기 감정을 통제하거나 표현하려는 경향으로 볼 수 있다. 사교성이 높은 사람은 자신의 느낌을 자유롭게 표현하며 개방적이고 말을 많이 한다. 한편 사교성이 낮은 사람은 자신의 느낌을 통제하는 경향이 있으며, 보수적이고 공식적인 인간관계를 유지한다.

1) 감정형

감정형(emotion style)은 높은 독단성과 높은 사교성을 가지며, 열정적이고 솔직담백하게 의사소통을 하는 유형이다. 감정형의 사람은 말이 빠르고 정열적인 손제스처와 함께 자기의견을 표현한다. 또한 감정형은 상대방의 이름을 부르고, 사적인 이야기를 하는 등 격식을 갖추지 않으며, 자신의 의견을 극적이면서도 설득력 있게 표현한다.

2) 지휘형

지휘형(director)은 높은 독단성과 낮은 사교성을 가지며, 솔직하고 엄격하며 독단적이고 단호하다. 지휘형의 사람은 진지한 태도를 나타내는데, 이로 인하여 사무적이고 재미없는 인상을 주기도 한다. 또한 단호한 표정과 결단력 있는 음색으로 강력한 의견을 제시하며, 따뜻하게 보살펴 주는 태도를 보이지 않고, 냉담과 격식을 차린다.

3) 사려형

사려형(reflective style)은 낮은 독단성과 낮은 사교성을 가지며, 조용하고, 혼자 있기를 좋아하며, 의사결정을 쉽게 하지 않는다. 그리고 격식을 차리고 신중한 태도로 의견을 제시하며, 서두르지 않고 계산된 의견을 개진하며 감정통제를 잘 한다. 또한 침착하고 어떤 일에 몰두하며, 초연해서 친해지기가 어렵다. 한편, 질서정연한 작업환경을 좋아하고 회의시 안건을 숙고하며, 세부적인 것까지 검토하여 천천히 결정을 내린다.

4) 지원형

지원형(supportive style)은 낮은 독단성과 높은 사교성을 가지며, 민감하고 참을성이 있으며 좋은 경청자가 된다. 주의를 기울여 경청하고 권력의 사용을 절제하며, 오히려 친절하게 설득하며 온정을 표시한다. 사려깊고 신중하게 의사결정을 하며, 의사표현을 한다.

위의 의사소통 유형에서 가장 좋은 유형이 별도로 존재하는 것은 아니나 각기 유형별로 독특한 강점을 가진다. 그러나 이러한 강점이 과장되면 문제가 발생한다. 예를 들면, 감정형이 너무 지나치면 쉽게 흥분하고 진지하지 않게 보일 수 있는 반면, 너무 엄격한 지휘형은 남들에게 밀어붙이는 형으로 비쳐질 수도 있다. 또 과도한 사려형은 소심하게 보일 수 있는 반면, 지나친 지원형은 우유부단하게 비쳐질 수 있다.

〈그림 6-5〉 개인의 의사소통의 유형

3. 교류분석

교류분석(transactional analysis : TA)이란 정신분석이론과 행동주의 이론에 기초를 두고 1950년대 중엽 정신과 의사인 베른(Eric Berne)이 개발한 인간행동의 이해와 분석을 위한 집단치료의 한 방법으로 개발되었으며, 자기자신과 타인을 보다 잘 이해하도록 도와주는 기법이다(Berne, 1969).

교류분석을 이해하기 위해서는 자아상태와 생활자세 그리고 대인교류 유형을 알아보아야 한다.

1) 자아상태

누구나 정도의 차이가 있을지라도 우리 마음 속에는 세 가지 자아상태(ego state)를 가지고 있다. 말하자면 어버이 자아상태, 어른 자아상태, 어린이 자아상태가 우리 마음 속에 있다가 이 중 어느 것에 의해 자극 또는 통제를 받아 행동으로 나타나게 된다. 이러한 자아상태를 직접 관찰할 수는 없으나 행동을 관찰할 수는 있고, 관찰된 행동을 통해서 이들 세 가지 자아상태의 어느 것이 그 행동의 순간에 작용하고 있는가를 추론할 수 있다. 그러므로 어떤 한 개인은 이 세 가지의 유형의 행동 특성 중 어느 하나, 또는 둘을 더욱 강하게 나타내 보이거나 세 가지를 균형지게 나타내 보이기도 한다.

(1) 어버이 자아상태

어버이 자아상태(parent ego state : P)는 어린 시절에 부모, 형제, 자매, 선생 등 외부로부터 얻은 경험이 뇌에 기록되었다가 재생되어 행동할 때 나타난다. 사람이 '그것이 옳다', '그것은 옳지 않다', ' 그것은 좋다', '그것은 나쁘다', '해야 한다', '해서는 안된다'와 같이 외부의 타인에 대해서는 권위적, 보호적, 비판적 행동을 나타내지만 자기 자신에 대해서는 마음 속의 어린이 자아상태에 영향을 계속

주는 어버이의 메시지로 느껴진다. 어떤 개인이 어버이 자아상태에 있다고 하면 부모가 했던 데로 느끼고 생각하고 행동하는 상태에 놓이게 된다. 어버이 자아상태에는 두 가지 중요한 것이 있는데 그 하나는 양육하는 어버이 자아상태(nurturing parent)로 보호, 보살핌, 동정, 자상, 관대, 격려, 칭찬 등의 언동으로 나타나고, 다른 하나는 비판적인 어버이 자아상태(critical parent)로 통제, 비판, 권위, 보수 등의 언동으로 나타난다. 어버이 자아상태가 강한 사람은 성실하고 과업에 열중하나 융통성이 부족하다. 합리적 문제 해결에 가담하지 않는다. 그들은 이미 무엇이 옳고 그른지를 알고 있기 때문이다.

(2) 어른 자아상태

어른 자아상태(adult ego state : A)는 합리적 행동, 의사결정, 혹은 문제해결 및 분석과 같은 행동을 유발시킨다. 어른 자아상태에서 행동하는 사람은 어린이 자아상태의 감정적인 것과 어버이 자아상태의 가치관이 실린 것을 함께 취하여 그 두 가지를 외부의 현실세계에 맞추어 검토한다. 그리고 이러한 사람들은 행동을 하기 전에 여러 가지 대안과 가능성 및 가치 유무를 검토한다.

(3) 어린이 자아상태

어린이 자아상태(child ego state : C)는 선천적인 충동과 어린시기에 경험했던 감정이나 태도를 가지고 있는 심리적 상태이다. 그러므로 어린이 자아 상태는 본능적, 직관적, 순응적이어서 자신을 있는 그대로 표현하거나 감정을 억제한다. 어린이 자아상태는 두 가지로 나뉘는데 그 하나는 자유로운 어린이 자아상태(free child ego state)로 본능적, 충동적, 자기중심적 언동을 표출하는 것이고 다른 하나는 순응하는 어린이 자아상태(adapted child ego state)로 소극적, 감정 억제적, 의존적, 순종적 언동을 표출한다.

어린이 자아상태는 충동적이며, 감정적이기 때문에 합리성이나 논리성이 부족하여 자기 멋대로 행동하거나 반대로 상대방에 순응하려 한다.

이상에서 설명한 세 가지 자아상태에서 우리는 행동하게 된다. 정상적이고 건전한 사람은 이 세 가지 자아상태의 균형을 유지하는 사람이다. 그런 많은 사람들이 때때로 하나 혹은 두 가지 자아상태에 의해 지배되고 있는 것 같다. 어느 자아상태가 크냐에 따라서 거기에 의해 행동하게 된다.

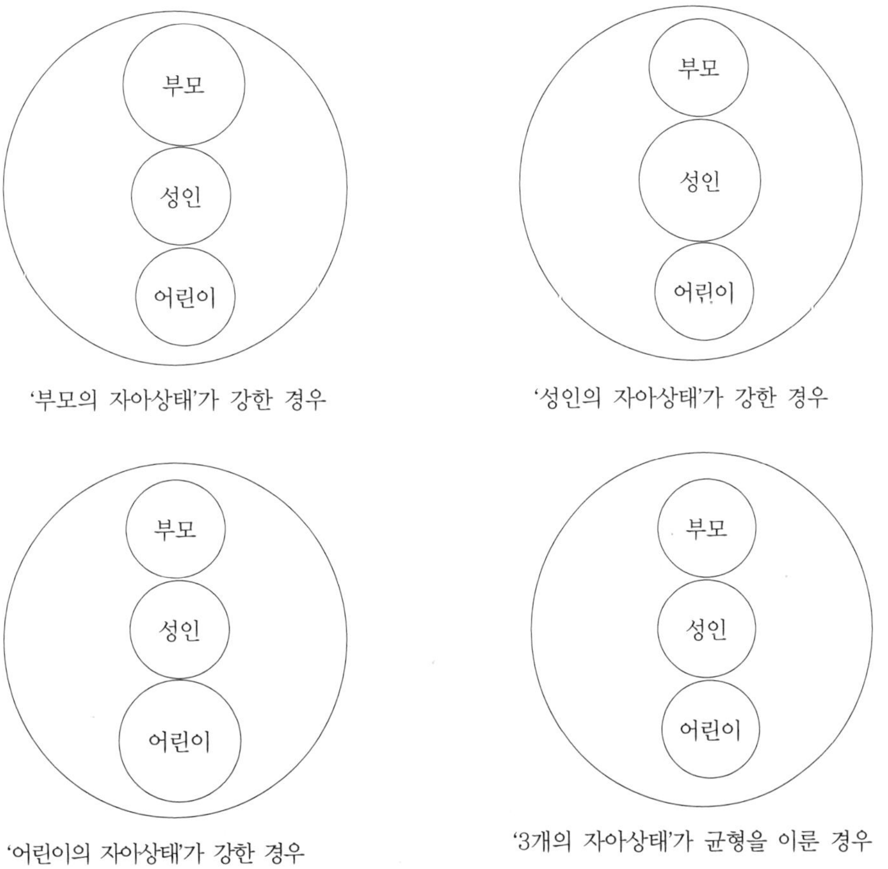

〈그림 6-6〉 자아상태간의 강약관계

2) 생활자세

해리스(P. Harris)는 자신이나 타인에 대한 여러 가정의 결합을 생활자세(life position)라 부르고 있는데 이와 같은 생활자세는 자아상태 보다 더 오래 지속되는 경향이 있다. 그리고 이 생활자세는 생활을 통하여 욕구의 표현이나 표현된 욕구의 반응에 의해 얻게 되는 여러 가지 강화(reinforcement)의 결과로 얻어진 것이다. 그리고 이 생활자세의 기본이 되는 자기나 타인에 대한 가정은 긍정성(okayness)이란 말로 표현한다. 자기에 대한 긍정적 가정, 즉 자기는 옳고, 가치가 있고, 쓸모 있는 사람이라 생각하든지, 혹은 자기에 대한 부정적 가정, 즉 자기는 옳지 않고, 가치 없고, 쓸모없는 사람이라 생각하는 등의 가정을 한다. 이와 같은 가정은 타인에 대해서도 마찬가지이다. 따라서 자신 또는 타인에 대한 네 가지 가정을 도출 할 수 있다.

(1) 자기부정-타인긍정

자기부정-타인긍정(I'm not OK-You're OK)의 생활자세를 가진 사람들은 일반적으로 다른 사람들이 자기보다 유능하다고 느낀다. 이와 같은 생활 자세를 가지고 있는 사람은 문제성이 적고 항상 자신이 부족하다고 느낀다. 이들은 순응하는 어린이 자아상태에 있는 사람이다.

(2) 자기부정-타인부정

자기부정-타인부정(I'm not OK-You're not OK)의 생활 자세를 가진 사람들은 자신뿐만 아니라 타인도 나쁘게 생각하는 경향이 있고 온 세상을 비참하게 본다. 그리고 이와 같은 생활자세를 가진 사람들은 매사를 쉽게 포기해 버리는 경향이 있다. 또한 그들은 다른 사람을 신뢰하지도 않고 자신에 대한 자신감도 없다.

(3) 자기긍정-타인부정

자기긍정-타인부정(I'm OK-You're not OK)의 생활자세를 가진 사람들은 다른 사람들을 엄격하는 감독하는 경향이 있다. 이와 같이 행동하는 것은 아무도 자신만큼 모든 일을 처리할 수 없다고 믿기 때문이다. 이런 사람들은 가끔 비판적 어버이 자아상태에 의해 지배되고 있는 경우가 있다.

(4) 자기긍정-타인긍정

자기긍정-타인긍정(I'm OK-You're OK)의 생활자세는 이상적인 생활자세라 할 수 있다. 이러한 생활자세를 가진 사람들은 인생을 긍정적인 눈으로 보는 경향이 있다. 그리고 그들은 행복하고, 활동적이며, 성공하는 사람들이다. 또 그들은 행복한 어린이 자아와 양육하는 어버이 자아를 활용하고 순응하는 어린이 자아나 비판적인 어버이 자아를 결코 활용하지 않는다.

3) 대인교류의 유형

교류분석(TA)에서 의사교류(transaction)란 기본적인 관찰단위를 의미한다. 의사교류란 적어도 하나의 자극과 하나의 반응으로 구성된 사람들간의 상호의사교환이다. 의사교류단위를 분석하는 목적은 각 개인의 어버이, 어른, 어린이 자아상태 중에서 어느 자아 상태가 자극이나 반응을 일으키는지를 발견하기 위한 것이다. 의사교류에는 상보적 의사교류와 교차적인 의사교류로 구분된다(이상기 외, 2000).

(1) 상보적 의사교류

상보적 의사교류(complementary transaction)는 송신자의 어떤 특정한 자아상태에서 보내진 메시지가 수신자로부터 기대하였던 반응을 얻을 때 이루어진다. 다시 말하면 상보적 교류는 수신자가 적절한 자아상태에서 송신자를 수용하면서 동시에 기대하는 반응을 되돌려 보낼 때 이루어지게 된다.

다음 〈그림 6-7〉에서와 같이 김 선생님은 이 선생님의 '보호적 부모의 자아상태'로부터 어떤 반응을 얻기를 기대하였으며, 이 선생님은 김 선생님을 기대하였던 '어린이의 자아상태'로 반응함으로써 의사소통이 계속될 수 있게 된다.

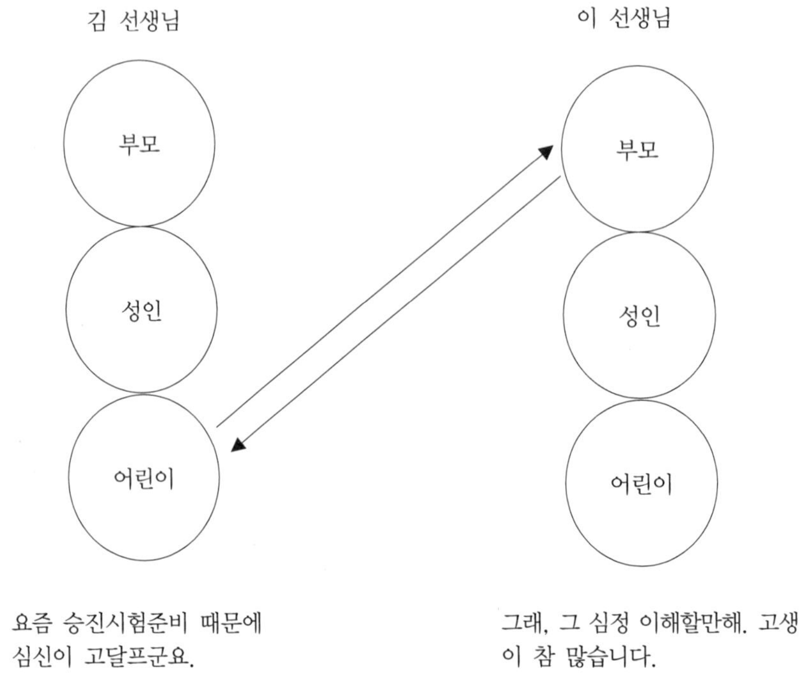

〈그림 6-7〉 상이한 자아상태간의 상보적 교류

또 〈그림 6-8〉에서와 같이 상보적 교류는 송신자와 수신자가 같은 자아상태에서 의사소통을 할 때 이루어진다. 처음의 경우 쌍방이 '어린이의 자아상태'에서, 다음에는 쌍방이 '성인의 자아상태'에서 상보적 교류를 하고 있다.

쌍방간에 상보적 교류가 이루어지는 한 의사소통이 원활하게 지속될 수 있다는 것은 하나의 공리이다. 상보적 교류는 상대방에게 분명한 메시지를 주고 즉각적으로 대답을 해 준다. 조직 내에서도 상보적 교류는 가장 생산적이며, 상호간에 논쟁이 없고, 감정을 상하게 하지 않는다.

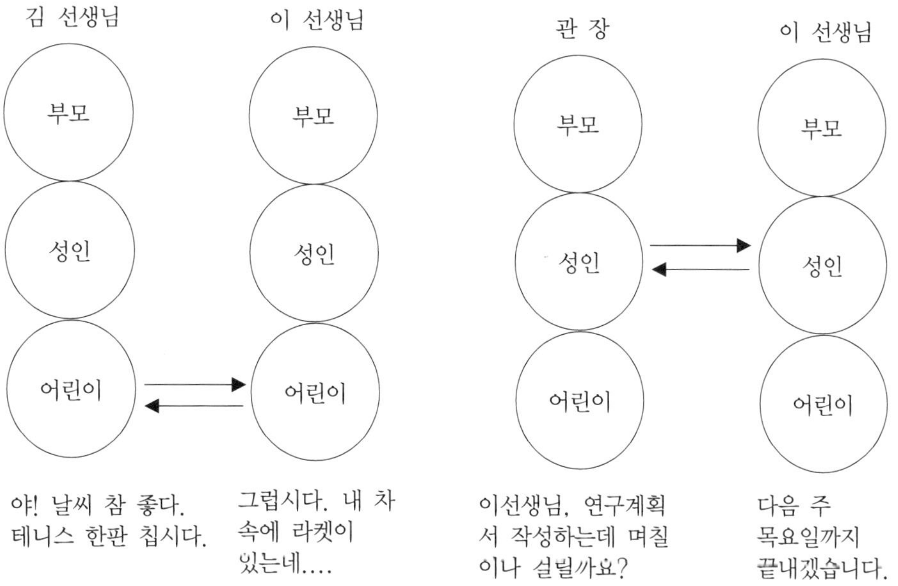

〈그림 6-8〉 동일한 자아상태간의 상보적 교류

(2) 교차적 의사교류

교차적 의사교류(crossed transaction)는 메시지를 보내는 송신자가 수신자로부터 기대했던 반응을 얻지 못할 때 일어난다. 이 경우, 의사소통이 깨지며, 쌍방간에 긴장을 유발시킨다. 조직 내에서는 불필요한 긴장이나 적의를 파생시키는 교차적 교류를 피하는 것이 매우 중요하다.

다음 〈그림 6-9〉에서 보는 바와 같이, 좌측은 김 선생님은 이 선생님으로부터 '보호적 부모의 자아상태' 적 반응을 얻기를 원했지만 이 선생님은 '성인의 자아상태'적 반응을 보임으로써 김 선생님의 기대를 충족시키지 못한 경우이며, 우측은 송신자의 메시지에 의해서 수신자가 괴로움을 당하거나 화가 치밀어 올라 다시 상대방에게 고통을 주거나 화풀이를 하는 방식으로 반응을 한다. 이와 같이 교류 과정에서는 효과적인 의사소통이 이루어질 수 없고, 상호간에 불만이 싸여 종국에 가서는 의사소통이 중단되고 만다.

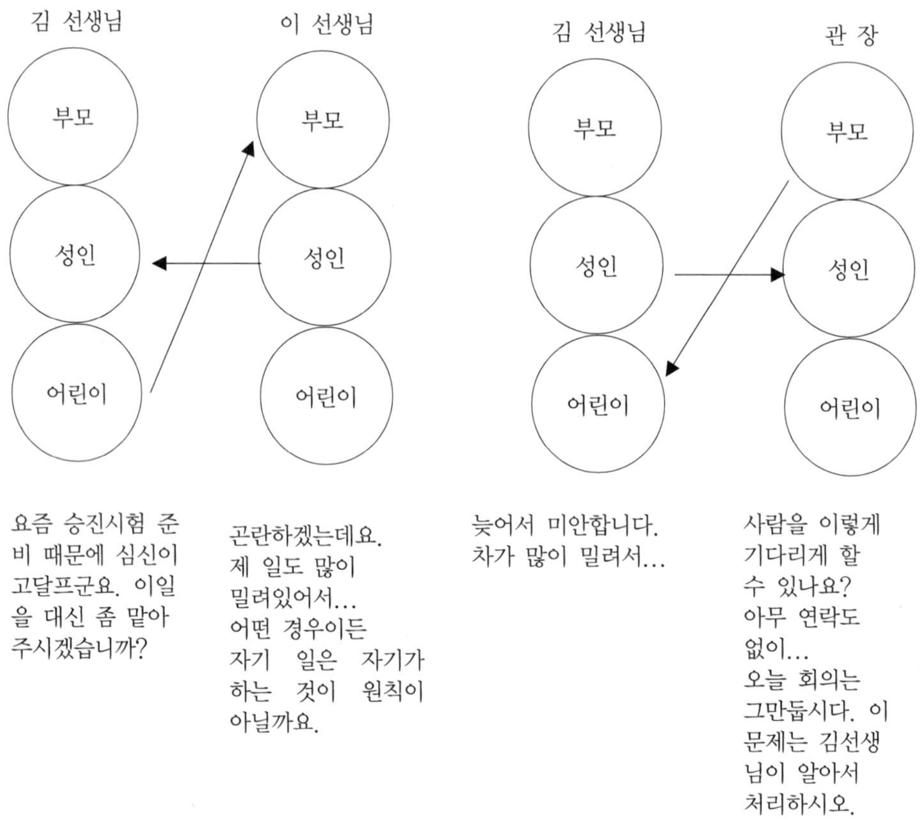

〈그림 6-9〉 교차적 교류의 예

4) 이면적 교류

이면적 교류(ulterior transaction)는 송신자가 보낸 메시지에 다른 의미가 내포되어 있을 때 일어난다. 다시 말하면 나타내고자 하는 실제 의미는 이면에 숨겨져 있게 된다. 이 경우 수신자는 메시지의 표면적인 의미(surface meaning)에 대해서 반응하는 것이 아니라 그것의 숨겨진 의미(hidden meaning)에 대해서 반응하기 때문에 결과적으로 비생산적인 의사소통이 된다. 이면적 교류 역시 교차적 교류와 마찬가지로 바람직하지 못하다. 왜냐하면 이면적 교류는 시간을 낭비하고 인간관계를 단절시키는 원인이 되며, 효과적인 의사소통을 방해하기 때문이다.

이면적 교류의 한 예를 제시하면 다음 〈그림 6-10〉과 같다.

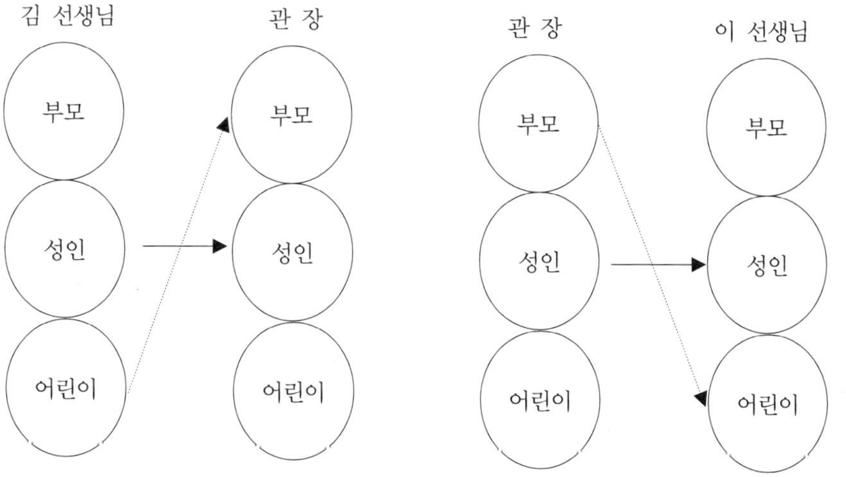

관장님!
새로운 교육과정에 대한 자체 연수가 시행되어야 할 것습니다.

*관장님!
이번 '연수대상자 추천시에 배려 좀 해주세요'라고 직접 표현을 안했지만 이러한 의도가 숨어있음.

(이선생님이 30분이나 늦게 출근하였음)
이선생님!
무슨 일 없었요?
아무 일 없었다니 천만다행이네요.

*관장님이 화가 나서 얼굴에 노기를 띄고 있으나 실제로 화를 낸 것은 아니지만 화가 났다는 비언어적 메시지를 보내고 있음.

〈그림 6-10〉 이면적 교류의 예

제7장

동기부여하기

제1절 동기부여의 개념

동기(motive)란 "개인으로 하여금 어떠한 목표를 추구하는 행동을 하게 하는 상태나 태세"를 말한다. 그리고 이와 같은 상태로 되는 것 또는 가져오게 하는 것을 동기부여(motivation)라고 한다.

조직에서의 동기부여는 조직의 목표달성을 위하여 구성원들의 지속적인 노력을 효과적으로 유발시키는 것을 의미한다. 그러므로 동기는 개인의 행동에 활동력(energy)을 두고 조정할 뿐만 아니라 개인으로 하여금 행동하게 하고 행동의 방향을 지어준다. 따라서 동기는 유목적적이다.

이러한 동기가 일어나거나 일으키는 데는 내재적 요인에 의하든지 또는 외재적 요인에 의해서 이루어진다.

내재적 동기부여(intrinsic motivation)는 구성원과 과업과의 직접적인 관계에서 발생하는 것이다. 구성원이 과업을 수행하면서 얻는 성취감, 과업 자체에 대한 도전감 등이 내재적 보상이 될 수 있다.

외재적 동기부여(extrinsic motivation)는 외부요인의 자극에 의해서 구성원이 동기부여되는 것으로 보수 수준의 향상, 작업환경의 개선, 승진, 상벌, 들과 같은 외재적 보상이 동기부여의 수단이 된다(김창걸, 1996).

동기는 흔히 인간의 욕구와 밀접한 관련이 있다. 그러나 동기와 욕구와의 관계는 그렇게 분명히 밝히기 힘들다. 개인의 욕구에 대한 반응이 행동인데, 욕구가 개인을 행동하도록 동기를 부여하는 것이다. 다시 말하면 인간의 욕구와 행동간의 매개변인이 동기라 할 수 있다. 행동이란 개인의 욕구를 충족시키기 위한 수단이며 그 욕구가 개인에게 동기를 유발시키는 것이므로 조직의 동기를 이해하려면 조직구성원의 행동을 일으키게 하는 욕구를 이해하지 않으면 안된다(남정걸, 1997).

이것을 도식화 하면 다음 〈그림 7-1〉과 같다.

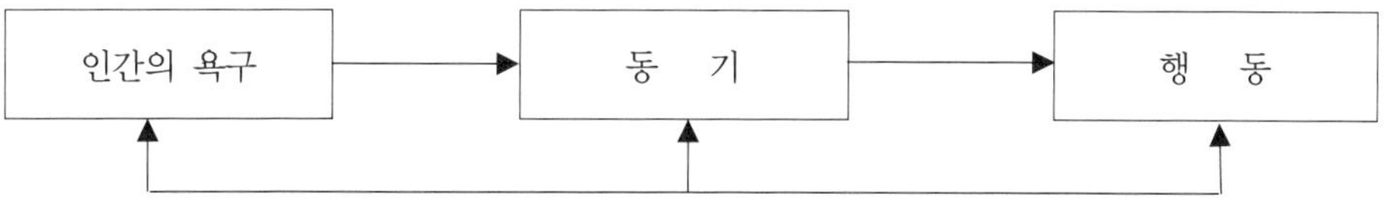

〈그림 7-1〉 욕구 · 동기 · 행동 간의 관계
출처 : 남정걸. 교육행정 및 교육경영. 경기: 교육과학사, 1997. p. 148.

동기이론은 어떤 요인이 동기부여를 시키는 데 크게 작용하게 되는가를 다루는 내용이론(content theory)과 동기부여가 어떤 과정을 통해서 발생하는가를 다루는 과정이론(process theory)으로 구분된다.

제2절 동기부여이론

1. 내용이론

1) 매슬로우(Abraham H. Maslow)의 욕구계층이론

매슬로우는 인간의 욕구충족은 일련의 계층을 형성함으로써 인간의 건전한 성장을 돕는다고 하였다. 그러므로 그의 욕구계층이론은 인간의 욕구와 욕구계층적 구조를 이론화함으로써 인간의 욕구와 동기형성 간의 관계를 개념화환 이론으로 다음과 같은 기본적인 가정을 전제로 하고 있다(Maslow, 1943).

그는 인간은 부족한 존재로 항상 무엇을 원하고 있으며, 그가 원하는 욕구를 충족하게 되면 새로운 욕구의 실현을 위하여 계속해서 노력한다고 했다. 그리고 이미 충족된 욕구는 동기유발의 동인(drives)이 되지 못하며 충족되지 못한 욕구만 이 행동의 동기가 된다는 것이다. 그의 욕구계층이론은 욕구가 일련의 단계적 계층을 이루고 있는데, 이러한 전 단계의 욕구가 충족되면 이것은 더 이상 동기유발의 역할을 못하고 다음 단계의 욕구가 행동을 동기화시키는 역할을 한다는 가정이다.

그는 이러한 가정 하에 인간의 기본적인 욕구를 생리적 욕구, 안전욕구, 소속과 애정욕구, 존경욕구, 자아실현욕구 등 다섯 가지로 분류하였다(Maslow, 1970).

(1) 1수준의 욕구 : 생리적 욕구(physiological needs)

1수준의 욕구는 인간의 가장 기본적인 욕구로 음식, 물, 공기, 의복, 거처, 수면, 성 등과 같은 생리적 욕구이다. 이 욕구는 동기의 최초 시발점이 되며 모든 욕구 중에서 가장 강력하다. 이 욕구가 충족되기 전에는 어떠한 더 높은 수준의 욕구도 인간을 동기부여시킬 수 없다. 생리적인 욕구는 가장 강하게 인간의 활동을 지배하지만 일단 이 욕구가 충족되게 되면 인간은 이보다 더 높은 수준의 욕구의 지배를 받게 된다.

(2) 2수준의 욕구 : 안전의 욕구(safety and security needs)

1수준의 생리적 욕구가 충족되면 2수준의 욕구인 안전의 욕구가 나타난다. 안전의 욕구는 위험과 위협으로부터의 보호, 불안과 공포로부터의 자유와 같은 욕구로서의 정서적 · 육체적인 안전을 요구하는 것들이다. 2수준의 욕구인 안전의 욕구가 충족되면 다음 수준의 욕구를 추구하게 된다.

(3) 3수준의 욕구 : 소속감과 애정의 욕구(belonging, love, and social activity needs)

3수준의 욕구를 사회적 욕구(social needs) 또는 귀속욕구(affiliation needs)라고도 한다. 일단 생리적 욕구와 안전의 욕구가 어느 정도 충족되면 3수준의 욕구인 소속감과 애정의 욕구가 지배적인 것으로 나타나게 된다. 인간은 집단에 소속되고 싶고 동료들과 만족스러운 관계를 갖기를 좋아하고 우정과 애정을 서로 나누고 함께 지내기를 좋아한다. 이와 같은 대인관계는 우정을 확인하는 것뿐만 아니라 같은 신념을 가진 사람들끼리 서로를 인정하는 면이 더욱 강렬하게 작용된다. 사회적 욕구가 어느 정도 충족되면 다음 수준의 욕구를 찾게 된다.

(4) 4수준의 욕구 : 존경의 욕구(esteem needs)

소속감과 애정의 욕구가 어느 정도 충족이 되면 4수준의 욕구인 존경의 욕구가 지배적이 된다. 존경의 욕구는 타인으로부터 자신을 높게 평가 받고, 자신을 존중하며 자존심을 지니고 다른 사람으로부터 존경받기를 바라는 욕구이다. 존경의 욕구에는 위신(prestige)이나 명성, 그리고 권력이나 지배력이 포함되어 있다. 자신의 위신과 명성이나 권력 또는 지배력이 타인에 대한 자신의 신분, 지위, 능력, 자신감, 인정감, 존엄성 등을 표시하는 지표가 될 수도 있다. 존경의 욕구가 어느 정도 충족되면 자기실현적 욕구가 지배적이 된다.

(5) 5수준의 욕구 : 자기실현적 욕구(self-actualization needs)

존경의 욕구가 어느 정도 충족되면 다음에는 5수준의 욕구, 즉 최고 수준 욕구인 자기실현적 욕구가 강력하게 나타난다. 이 욕구는 계속적인 자기발전을 위해서 자신의 잠재력을 극대화시키는 욕구이다. 즉, 자기완성에 대한 욕구이며 실제로 잠재력을 발휘하여 최선의 존재가 되려는 욕구이다. 이 욕구에는 능력(competence)과 성취(achievement)가 포함된다. 매슬로우는 계속적인 연구를 통하여 그의 이론을 수정해 나갔다.

그는 생리적 욕구, 안정의 욕구, 소속감과 애정의 욕구, 그리고 존경의 욕구는 무엇인가가 결핍되어 있기 때문에 느끼는 욕구로 여겨 결핍욕구(deficiency needs)로, 자기실현의 욕구는 보다 더 성장하려는 욕구로 보아 성장욕구(growth needs)로 구분하였다.

그리고 5단계의 욕구가 반드시 순차적으로 하위수준의 욕구가 충족되어야 다음 수준의 욕구가 나타나는 것이 아니라, 앞 단계에서 일부는 만족하지 못한 채 다음 단계로 넘어가는 수도 있다. 또한 욕구계층 이론은 보통 사람들에게는 단계적으로 적용되지만 개인차가 있으므로 모든 사람에게 적용되는 것은 아니라는 것이다.

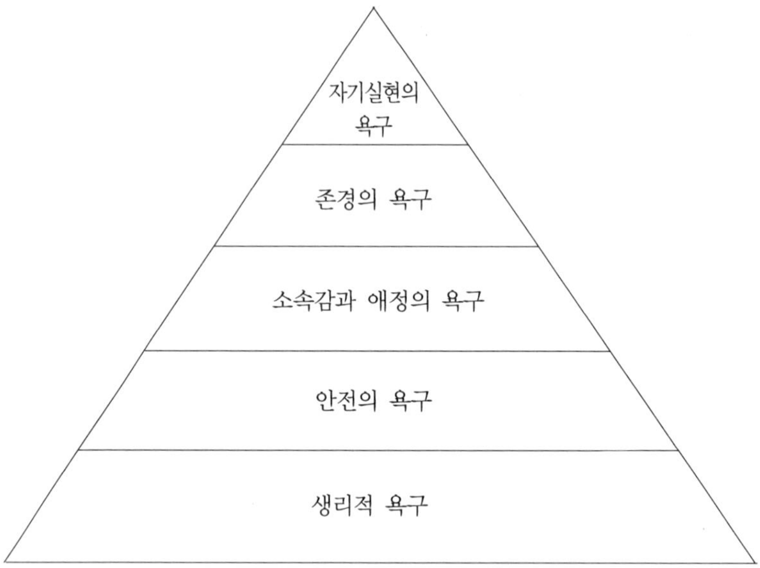

〈그림 7-2〉 매슬로우의 욕구계층

2) 포터(Porter)의 욕구계층이론

포터는 매슬로우(Maslow)의 욕구체계에서 생리적 욕구를 빼버리고, 대신에 자율 욕구를 존경욕구와 자아실현의 욕구 사이에 삽입시켰다. 그 뿐만 아니라 욕구의 명칭을 약간 변형시켜 안전의 욕구, 귀속감의 욕구, 자존의 욕구, 자율의 요구, 자기실현의 욕구의 다섯 가지로 제시하였다(김창걸, 2003).

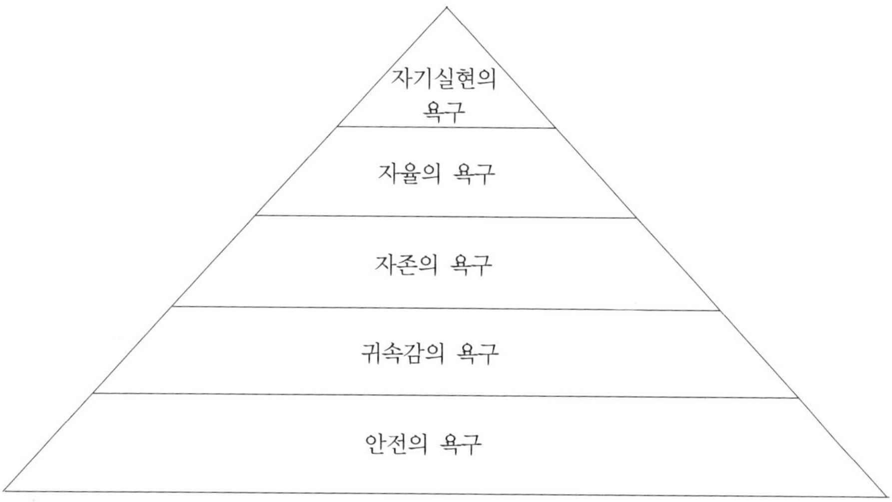

〈그림 7-3〉 포터의 욕구계층

출처 : ① Robert G. Owens. Organizational Behavior in Education. 3rd. Englewood Cliffs. New Jersey: Prentice-Hall Inc. 1987. p. 102.
② 김창걸. 전게서. p. 61.

3) 알더퍼(C. P. Alderfer)의 ERG이론

알더퍼는 매슬로우(Maslow)의 5단계 욕구를 세 범주로 구분하였다. 그에 의하면 인간의 욕구는 존재욕구(E : existence needs), 관계욕구(R : relatedness needs), 그리고 성장욕구(G : growth needs)로 나눌 수 있다고 하고 다음과 같이 이들을 설명하고 있다.

(1) 존재욕구(existence needs)

존재욕구는 배고픔, 갈증, 거처, 쾌적한 작업환경, 보수 등과 같은 여러 가지 형태의 생리적·물질적 욕구들이다. 이 욕구도 인간의 생존을 위해 필요한 욕구이므로 이 욕구가 충족되지 못하면 인간의 생존이 위협받게 된다. 이 욕구의 수준은 매슬로우의 생리적 욕구, 물리적 측면에서의 안전의 욕구에 비유할 수 있다.

(2) 관계욕구(relatedness needs)

관계욕구는 조직에서 타인과의 대인관계와 관련된 모든 욕구이다. 그러므로 이 욕구는 집단에의 소속감, 타인과의 관계, 애정, 인정감 등이 포함된다. 매슬로우의 욕구계층설에서의 안정의 욕구, 소속 및 애정의 욕구 그리고 일부 자존의 욕구가 포함된다.

(3) 성장욕구(growth needs)

성장욕구는 창조적 · 개인적 성장을 위한 개인의 노력과 관련된 모든 욕구이다. 이 욕구의 충족은 한 개인이 자신의 능력을 극대화시킬 뿐만 아니라 새로운 능력 개발에 필요로 하는 일에 열중함으로써 얻을 수 있다. 즉, 성취동기의 실현으로 매슬로우의 자기실현욕구와 자존의 욕구 일부가 포함된다.

알더퍼의 이론은 매슬로우의 것과 다음과 같은 점에서 일치한다. 즉, 하위수준의 욕구가 충족되면 상위수준의 욕구가 동기유발의 힘을 얻게 된다는 것이다. 말하자면 존재욕구가 충족될수록 관계욕구가 동기유발의 힘을 얻게 되고, 관계욕구가 충족되면 성장욕구의 충족이 기다리고 있다는 것이다.

표 7-1 욕구계층이론과 ERG이론의 비교

욕구계층이론	ERG이론
자기실현의 욕구 존경(자기 자신)의 욕구	성장의 욕구
존경(대인 관계)의 욕구 사회적 욕구 안전(대인관계)의 욕구	관계의 욕구
안전(물질적)의 욕구 생리적 요구	생존의 욕구

출처 : ① Wayne K. Hoy and Cecil G. Miskel, Educational Administration, 5th ed. (New York: McGrqw Hill, 1996), p. 102.
② 이군현. 교육행정 및 경영. 서울: 형설출판사, 1997. p. 197.

그러나 다음과 같은 점은 매슬로우의 이론과 다소 차이가 있다.

첫째로 매슬로우의 욕구계층설은 하위수준의 욕구가 충족되면서 점차적으로 상위수준의 욕구가 충족되는 만족-진행 접근법(satisfaction- progression)을 주장한 데 반해, 알더퍼는 이러한 접근법에 더하여 좌절-퇴행(frustration-regression)요소가 있어서 상위수준의 욕구가 충족되지 않을 때 혹은 좌절될 때 그보다 낮은 하위수준의 욕구의 중요성이 커지는 상황에 이른다는 것이다. 즉, 관계욕구가 충족되지 않을수록 존재욕구에 대한 기대감이 더 커진다는 것이다.

둘째로 매슬로우는 하위수준에서 상위수준으로 순차적으로 욕구충족이 이루어진다고 한데 비해서, 알더퍼는 한 가지 이상의 욕구가 동시에 작용될 수 있다고 하였다.

셋째로 알더퍼는 상위수준의 욕구가 인간행위에 영향을 주기 전에 반드시 하위수준의 욕구가 충족되어야 한다는 가정을 배제하고 있다. 개인은 개인차가 있기 때문에 어떤 사람은 존재욕구가 충족되지 않아도 관계욕구와 성장욕구를 충족하는 방향으로 행동한다고 하였다.

이러한 점에서 매슬로우의 이론보다 탄력적이며 욕구구조에서 개인차를 인정하고 있다.

4) 맥그리거(Douglas M. McGregor)의 XY이론

맥그리거는 경영을 해가는 데 있어서의 결정과 행위에 영향을 주는 인간행동에 관한 두 가지 가정을 X이론과 Y이론이라고 하였다(McGregor, 1960).

X는 경영시제에서 관습적으로 받아들여 온 전동적인 인간관으로 지시와 통제를 사용하는 데 반해서 Y는 행동과학의 지식을 바탕으로 하는 인간관으로 구성원이 개인목표의 통합을 추구하는 인간관이다.

X이론이 표방하고 있는 인간관을 제시하면 다음과 같다.

① 보통의 인간은 본질적으로 일하기를 싫어하며 될 수 있으면 일하기를 피하려 한다.

② 조직의 목적을 달성하기 위해서는 본래 일을 싫어하는 인간을 강제하고 통제하며 지시하고 벌로써 다스려야 한다.

③ 보통의 인간은 지시받기를 좋아하고 책임지기를 싫어한다. 그들은 비교적 야망이 적고 안전을 원한다.

이와 같이 X이론적 인간관은 조직관리에 있어서 전통적으로 수용되고 있는 인간관으로 지시, 명령, 통제가 주된 관리수단이 된다. X이론을 받아들이는 관리자 구성원을 구조화하고 통제하며 엄격히 감독하려고 한다. 이러한 관리자는 신뢰할 수 없고, 무책임하고, 미숙한 조직구성원들을 다루는 데는 외부적인 통제가 가장 적절한 것이 못 되며, 거기에서 도출된 관리방법도 성공하기 어렵다고 맥그리거는 결론을 내리고 있다.

이와 같은 것은 상황변화에 따라 이미 저수준의 욕구인 생리적 욕구와 안전의 욕구가 상당한 정도로 충족되어 있어 이제는 사회적 욕구, 자존의 욕구, 자기실현의 욕구 등의 고수준의 욕구를 갖고 있는 사람을 동기부여시키는 데는 X이론의 관리방법으로는 곤란하다는 것이다.

그리하여 그는 Y이론의 인간에 대한 가정과 그에 따른 관리방법을 다음과 같이 제시하였다.

① 일이란 작업조건이 정신적 · 신체적으로 만족하기만 하면 놀이(play)와 같이 자연스러운 것이며, 보통의 인간은 본질적으로 일을 싫어하지 않는다.

② 보통 인간도 자신에게 부과된 목표를 위하여 자기지향적(self-direction)이며, 자기통제적(self-control)으로 봉사한다.

③ 목표에 대한 헌신은 보상의 기능이므로, 최상의 보상은 자기만족과 자기실현에서 얻어진다.

④ 보통의 인간은 적절한 조건하에서는 책임지기를 좋아할 뿐만 아니라 책임지는 일을 추구한다.

⑤ 보통의 인간은 적절하게 동기가 부여되면 일에 자율적이고 창의적이다.

⑥ 보통의 인간은 무한한 잠재능력을 가지고 있으나 부분적으로 이용될 뿐이다.

표 7-2 맥그리거의 X이론과 Y이론의 인간성에 대한 가설

X이론	Y이론
1. 일이란 원래 대부분의 사람들에게 있어서 하기 싫은 것이다.	1. 일이란 작업 조건만 잘 정비되면 놀이를 하는 것이나 쉬는 것과 같이 극히 자연스러운 것이다.
2. 대부분의 사람들은 야망이 없고, 책임지기를 싫어하며, 지휘받기를 좋아한다.	2. 사람들은 적절하게 동기가 부여되면 일을 한다.
3. 대다수의 사람들이 조직문제를 해결하는 데 창의력을 발휘하지 못한다.	3. 조직문제를 해결하기 위한 창의력은 누구나 가지고 있다.
4. 동기부여는 생리적 욕구나 안전욕구의 단계에서만 가능하다.	4. 동기부여는 생리적 · 안전욕구의 계층에서는 물론, 사회적 · 자존 · 자기실현의 욕구 계층에서도 가능하다.
5. 대다수의 사람은 엄격히 통제되어야 하고, 조직목표를 달성하기 위해서는 강제되어야만 자율적이고 창의적이다.	5. 조직목표를 해결하는 데는 자기통제가 불가결하다.

출처 : ① P. Hersey and K. Blanchard, Management of Organizational Behavior(Englewood Cligffs, N.J.: Inc., 1982), p. 49.
② 김창걸. 교육행정 및 교육경영신강. 서울: 형설출판사, 1996. p. 58.

이와 같이 Y이론적 인간관은 인간은 게으른 것도 아니며 또 신뢰할 수 없는 것도 아니라고 가정한다. 그러므로 인간은 적절하게 동기부여가 되면 인간은 과업에 자율적일 수 있고 창의적일 수 있다고 가정하고 있다. 따라서 관리의 본질은 개인의 잠재능력을 유발시킬 수 있는 것이어야 한다. 그러기 위해서 관리자는 지시, 명령, 통제를 줄이고 개개인이 자율적 근무의욕과 동기가 발생하도록 유인해야 한다. 적절히 동기부여된 사람은 자신의 노력을 조직목표달성에 기울임으로써 개인목표와 조직목표의 통합을 이루려 한다(김창걸, 2003).

5) 허즈버그(Herzberg)의 위생-동기이론

인간은 불결에서 탈피하고자 하는 욕구(일명 아담적 본능(Adam nature)와 정신적인 성장을 통하여 자아를 실현하고자 하는 욕구(일명 아브라함적 본능(Abraham nature)를 가지고 있다. 즉, 인간은 사망이나 고충 그리고 성적결핍과 기타 일차적인 동인

및 이에 따르는 무수한 학습적 공포 등의 불안에서 회피하고자 하여 계속적인 성장에 의해 스스로의 잠재적 능력을 현실화하고자 하는 강박한 충동을 갖고 있는 것이다(김창걸, 2003).

그는 이러한 불결의 회피욕구가 충족되면, 불만족감을 감소할 수는 있으나 적극적인 만족감을 증가시키지는 못한다고 하였다. 그리고 자아실현의 욕구가 충족되면 적극적인 만족감은 증가되나 충만되지 못하였을 경우에는 적극적인 만족감이 감소될 뿐 반드시 불만족감이 증가하는 것은 아니라고 하였다. 그러므로 불안의 회피욕구를 충족시키는 요인은 불만족감의 증감에만 관계되는 것이며, 자아실현의 욕구를 충족시키는 요인은 적극적인 만족감에만 관계되는 것이다. 따라서 불안의 회피욕구를 충족시키는 요인이 자아실현의 효과에 영향을 미치거나 혹은 반대로 자아실현의 욕구를 충족시키는 요인이 불안의 회피욕구 효과를 가져올 수는 없는 것이다.

허즈버그는 이러한 가설을 검증하기 위하여 피츠버그(Pittsburgh) 지방의 11개 산업체에서 선정한 203명의 기술자(engineers)와 회계사들에 대한 포괄적인 면접이 있었다. 이 면접에서 다음과 같은 중요한 질문에 대답하게 하였다. 즉, 종업원들이 직무수행을 할 때 어떤 것이 그들을 불유쾌하고 불만족스럽게 하는가, 어떤 것이 그들을 즐겁게 하고 만족하게 하는가 등의 질문을 하였다. 그는 이 연구를 분석한 결과 다음과 같은 결론을 얻었다. 인간에게는 상호독립적인 두 종류의 서로 다른 욕구범주가 있어 이것이 인간의 행동에 각각 다른 방법으로 영향을 미친다는 것이다.

그리고 인간은 자신이 하고 있는 일에 불만을 느끼게 되면 자신이 일하고 있는 환경에 대해서 관심을 갖게 되고, 반면에 인간이 자신이 하고 있는 일에 만족하고 있는 경우는 그 만족이 일 그 자체와 관계가 있다는 것을 발견하였다.

그는 이 첫 번째 범주의 욕구가 인간이 환경에 대한 것이고, 이것은 직무불만족을 예방하는 기본적 기능을 담당하고 있기 때문에 위생요인(hygiene factor or dissatisfiers)이라 불렀으며, 두 번째 범주의 욕구는 인간을 보다 우수한 업무수행을 하도록 동기부여하는 데 효과적인 것이라 여겨 동기요인(motivators or satisfiers)이라 불렀다(Herzberg, 1968).

위생요인과 동기요인을 구체적으로 살펴보면 다음과 같다(이상기 외, 2000).

(1) 위생요인(衛生要因 : hygiene factor or dissatisfiers)

사람들이 자기가 하고 있는 일에 불만을 느끼게 되면, 자기가 하고 있는 환경에 관심을 갖게 되는 것이다. 또한 자기가 하는 일에 만족을 하고 있는 경우는 그 만족은 일 그 자체와 관계되는 것이다. 따라서 사람의 환경에 관한 것과 직무만족을 예방하는 기본적인 기능을 담당하는 것이 위생요인(hygiene) 또는 불만족요인(dissatisfiers)이다. 이러한 위생요인에는 조직의 정책과 관리, 감독, 작업조건, 대인관계, 금전, 지위, 신분, 안정 등과 관계된 것들이다. 그는 위생이란 용어를 예방적 또는 환경적이라는 의미가 내포되어 있다고 하여 의학상의 의미와 관련지어 사용하고 있다. 그래서 위생요인은 작업자의 생산력의 증대를 가져오는 것이 아니라 단지 작업제약 요인에 의한 작업수행상의 손실을 예방할 따름이다.

이와 같이 위생요인은 내재적인 직접동기에는 관계하지 않으나 직장 내에서 일어나는 여러 가지 불안한 상황을 제거하고 개인의 생리적 욕구와 안전욕구 및 애정의 욕구를 어느 정도 충족시켜 주며 환경을 유지할 가능성이 있는 것이다. 그러므로 위생요인은 주로 직무환경과 관련된 직무 외재적 성격(extrinsic job condition)을 지니고 있음을 알 수 있다.

(2) 동기요인(動機要因 : motivators or satisfiers)

동기요인은 사람들이 보다 우수한 업무수행을 할 수 있도록 동기를 부여하는데 유효한 요인으로 만족요인이라고도 한다. 주로 인간의 내재적 요인으로 달성, 승인, 일 그 자체, 책임, 승진 등을 포함하고 있다. 그 중에서 특히 일 그 자체와 책임 및 승진은 직무행태의 변화에 지속적인 영향을 주는 주요내용이다.

이러한 동기요인은 위생요인이 동기행동을 작동시키지 못하는 것처럼 불만족을 초래하지는 않는다. 즉, 동기요인이 충족되지 않더라도 개인은 극도의 불만족을 초래하지 않는다는 것이다.

표 7-3 허즈버그의 위생요인과 동기요인

위생요인 : 불만족요인	동기요인 : 만족요인
환경	직무 그 자체
정책 및 관리	성취
감독	성취에 대한 인정
작업조건	도전적이고 보람있는 일
대인관계	책임의 증대
돈, 지위, 안정	성장 및 발전

출처 : ① P. Hersey and K. Blanchard, Management of Organizational Behavior(Englewood Cligffs, N.J.: Prentice-Hall Inc., 1982), p. 66.
② 김창걸, 전게서, p. 69.

보람이 있고 지식과 능력을 활용할 여지가 있는 일을 할 때에 경험하게 되는 성취감, 전문직업인으로서의 성장 · 인정 · 책임의 증대, 작업 자체, 그리고 개인적 발전과 관계된 것들 등이다. 이들 요인들이 직무만족(job satisfaction)에 정적인 영향을 미칠 수 있고, 그 결과 개인의 생산능력의 증대를 가져오기 때문에 동기부여요인이라 하였다. 이와 같이 허즈버그는 만족행동과 동기행동에 미치는 영향을 분석함으로써 종래의 만족과 불만족의 단일선적 연속(independent continuum)개념을 제시하여 동기요인의 작용영역과 한계를 분명히 해 주었다.

6) 아지리스(Chris Argyris)의 미성숙-성숙이론

아지리스는 조직의 관리방법이 구성원의 행동과 성장에 어떠한 영향을 미치는가를 연구하여 미성숙-성숙이론(immaturity-maturity theory)을 제시하였다(김창걸, 1996).

표 7-4 아지리스의 미성숙-성숙의 연속체

미성숙 →	성숙
1. 수동적 행동 →	능동적 행동
2. 의존성 →	독립성
3. 제한된 행동 →	다양한 행동
4. 변덕스럽고 천박한 흥미 →	보다 깊고 강한 흥미
5. 단기적 전망 →	장기적 전망
6. 종속적 지위 →	동등하거나 우월한 지위
7. 자아의식의 결여 →	자아의식과 자기통제

출처 : ① P. Hersey and K. Blanchard, Management of Organizational Behavior(Englewood Cligffs, N.J.: Prentice-Hall Inc., 1982), p. 66.
② 김창걸. 전게서. p. 85.

그는 개인이 여러 해에 걸쳐 성숙해 가는 과정에서 퍼스낼리티가 일곱 가지 즉, ① 어린이의 수동적 상태에서 성인의 능동적 상태로의 발달, ② 어린이의 다른 사람에 대한 의존적 상태에서 어른의 독립적인 상태로의 발달, ③ 어린이의 단순한 행동방식에서 어른의 다양한 행동방식으로의 발달, ④ 어린이의 변덕스럽고 천박한 흥미에서 성인의 보다 넓고 깊은 흥미로의 발달, ⑤ 어린이의 단기적인 시간적 전망에서 어른의 장기적인 시간적 전망으로의 변화, ⑥ 어린이의 종속된 상태에서 어른의 동등하고 우월한 지위로의 변화, 그리고 ⑦ 어린이의 자아에 대한 몰지각에서 어른의 자아에 대한 지각 및 자기통제로의 발달 등의 변화를 일으킨다고 하였다.

이와 같은 변화는 일반적인 경향이다. 개인은 그가 속한 문화의 규범이나 퍼스낼리티 때문에 이러한 성인의 지성이 최고도로 발현되고 성장하는데 제약을 받게 되지만, 사람이 나이를 먹어감에 따라 연속선상(continuum)을 따라 성숙해 가는 것이 일반적인 경향이다.

그는 완전한 성숙이 가능한 사람은 거의 없다는 것을 인정한 최초의 학자이다. 많은 조직에서 구성원은 그 조직의 관리방식에 의해 개인의 성숙이 방해받아 자기의 환경에 대해 최소한의 영향력 밖에 행사할 수 없게 되어 오히려 수동적이고 의존적이며 종속적인 행동이 조장된다. 그 결과 그들은 미성숙한 행동을 하게 된다. 이러한 현상은 산업계뿐만 아니라 학교조직에서도 일어난다. 즉, 대부분의 고등학교 학생들은 보다 많은 규칙과 제약 밑에 있게 됨으로써 초등학교 학생보다 성숙하게 취급되지 않고 있다.

아지리스에 의하면 공식조직 자체 속에 구성원을 미성숙하게 하는 특성이 있다고 한다. 즉, 조직이란 다수의 집단적 노력에 의하여 조직목표의 달성을 위하여 구성되기 때문에, 공식조직에는 어떻게 하면 이러한 조직목표를 잘 달성할 수 있는 것인가에 대한 건축가적 사고가 반영된다.

따라서 먼저 여러 가지 직무로 이루어진 조직설계가 나오고, 그 다음으로 거기에 사람이 직무에 맞추어진다. 그리고 이와 같은 설계는 과학적 관리법의 네 가지 개념인 과업의 전문화(task specialization), 명령의 연쇄(chain of command), 지시의 통일성(unity of direction), 그리고 통솔의 범위(span of control)에 근거하여 설계된다. 관리자는 구성원을 상호교환성이 있는 부분(interchangeable parts)으로 만들어 감으로써 조직의 능률과 생산성을 높이려고 노력한다.

과업의 전문화는 직무의 지나친 단순화를 초래하여 결과적으로 직무가판에 박은 듯이 반복적이 되어 도전적인 직무가 되지 못하기 때문에 자기 실현을 기할 수 없다. 지시의 통일성은 구성원 자신이 세운 목표를 향해서 일하는 것이 아니라 다른 사람에 의해서 설정되고 통제되는 목표를 위해 작업하기 때문에 자기실현을 기할 수 없으며 명령의 연쇄는 구성원들을 그들의 상사나 시스템 자체에 엄격히 통제되게 한다. 통솔의 범위는 관리자의 철저한 접근감독(close supervision)을 강조하게 하여 구성원들이 의존적이고 종속적인 행위를 하게 한다.

이와 같은 조직에서의 관리방법은 지시적이고 과업중심적 지도성이 되어 구성원들은 필연적으로 미성숙한 행동을 하게 된다(김창걸, 2003).

7) 리커드(R. Likert)의 관리체제이론

리커트는 행동과학적 연구를 통하여 조직변화계획(organizational change program)을 실행하였다.

이 계획에서 조직이 X이론에서 Y이론으로 이행해 가는 것을 돕고, 또한 미성숙한 행동의 조장에서 성숙한 행동의 격려 및 개발의 방향으로, 그리고 위생요인 강조에서 동기부여요인을 만족시키는 방향으로 나가도록 의도하였다.

그는 이 연구에서 조직관리유형(management style)들을 체제 1(system1)에서 체제 4(system4)에 이르기까지 하나의 연속석상(continuum)에 그려 볼 수 있음을 발견하였다.

이들 체제들은 다음과 같은 성격특성을 갖는다(김창걸, 2003).

(1) 체제 1

관리자는 그 부하들을 신뢰하지 않으므로 부하들을 의사결정과정에 참여시키지 않는다. 대부분의 의사결정과 조직목표설정은 최고관리층에서 이루어져 명령계통을 통해 아래로 내려온다, 부하들은 공포, 위협 및 처벌에 의해 마지못해 일하게 되고, 때때로 보수가 주어지고, 욕구충족은 주로 생리적 욕구나 안전의 욕구계층에서 이루어지고 있다. 극히 드물게 관리자와 부하들 간에 상호작용이 있기는 하지만 그것도 공포감과 불신감 위에서 이루어진다. 통제권한은 최고관리층에 집중되어 있고, 공식조직의 목표와 대립되는 비공식적조직이 생겨나는 것이 일반적인 경향이다.

(2) 체제 2

관리자는 그의 부하들에 대해 마치 주인이 하인에 대해 가지고 있는 일종의 은혜적인 신뢰감을 가지고 있다. 대부분의 의사결정과 조직목표의 설정은 최고관리층에서 이루어지고 있으나, 미리 정해진 범위 내에서 하위계층에서도 의사결정이 이루어지고 있으나, 미리 정해진 범위 내에서 하위계층에서도 의사결정이 이루어지고 있다. 부하들에 대한 동기유발방법은 보수, 실제적인 처벌 혹은 잠재적인 처벌 등이 사용된다. 동기유발방법은 보수, 실제적인 처벌 혹은 잠재적인 처벌 등이 사용된다. 관리자는 은혜를 베푸는 식의 사고방식을 가지고, 부하들은 공포나 경계심을 가지고 관리자와 상호작용한다. 통제권한은 최고관리층에 집중되어 있기도 하지만, 중간계층이나 하위계층에 어느 정도 권한 위양이 이루어지고 있고 비공식조직이 발생하지만 공식조직의 목표에 대해 반드시 저항적인 것은 아니다.

(3) 체제 3

관리자는 부하들에 대하여 불완전하지만 실질적인 신뢰감을 가지고 있다. 일반적인 의사결정은 최고관리층에서 이루어지고 있으나 하위계층의 보다 구체적인 결정은 부하들이 하도록 허용되어 있다 그리고 의사소통은 계층을 따라 상 · 하로 전달된다. 부하들에 대한 동기유발의 방법은 보수와 때로는 처벌과 의사결정에 참여시키는 방법 등을 사용한다. 관리자와 부하들 간에 상당한 정도의 상호작용이 이루어지고 신뢰감을 가지고 상호작용한다. 통제권한의 상당부분이 이루어지고 신뢰감을 가지고 상호작용한다. 통제권한의 상당부분이 하부에 위양되고 있는데, 그렇다고 상부나 하부 모두 무책임하지도 않다. 비공식조직이 생겨 공식조직의 목표를 지지하는 경우도 있으나, 부분적으로 공식조직의 목표에 저항을 나타내는 경우도 있다.

표 7-5 리커드의 관리체제이론과 맥그리거의 XY이론과의 관계

X이론	체제 1	**관리자는 부하들을 신뢰하지 않는다.** a. 의사결정은 최고관리층에서 이루어져 내려온다. b. 부하들은 공포, 위협, 벌 등에 의해 동기부여된다. c. 통제는 최고관리층에 집중되어 있다. d. 상관과 부하들 간의 상호관계가 거의 없다. e. 구성원들은 조직의 목적에 비공식적으로 반대한다.
	체제 2	**관리자는 구성원들에게 베푸는 식의 신뢰감을 가지고 있다.** a. 부하들은 좀처럼 의사결정에 참여하지 않는다. b. 상과 벌이 동기부여에 사용된다. c. 상관과 부하들 간의 상호관계는 베푸는 식으로 이용된다. d. 부하들은 공포와 조심스러움을 나타내 보인다. e. 통제는 최고관리층에 집중되나 다소 위임도 된다.

	체제 3	관리자는 부하들을 상당히 중요한 존재로 인식하나 완전히 신뢰하지는 않는다. a. 부하들은 보다 하위계층에서의 세부적인 의사결정을 한다. b. 의사소통이 계층을 따라 상 · 하로 오르내린다. c. 보상이나 경우에 따라서는 벌이, 그리고 어느 정도의 관여가 동기부여로 사용된다. d. 상관과 부하 간에 보통의 상호작용이 이루어지고 공정한 신뢰가 존재한다. e. 통제는 하위계층으로 위양된다.
Y이론	체제 4	관리자는 부하들을 완전히 확신하고 신뢰한다. a. 의사결정은 널리 분산된다. b. 의사소통은 상 · 하 및 횡적을 잘 소통된다. c. 참여와 보상에 의해 동기유발된다. d. 상관과 부하와의 관계는 강하고 친밀하게 상호작용한다. e. 상관과 부하와의 관계에서 확신과 신뢰의 정도가 높다. f. 통제과정에 대한 광범위한 책임감이 존재한다.

출처 : ① Robert G. Owens, Organizational Behavior in Education, 3rd ed.,(1987), p. 49.
② 김창걸, 전게서, p. 87.

(4) 체제 4

관리자는 부하들을 전적으로 신뢰한다. 의사결정은 널리 조직의 각 부서에서 이루어지고 있으나 잘 통합되고 있다. 의사소통은 계층을 따라 상 · 하로 그리고 구성원들 간에 횡적 의사소통도 잘 이루어지고 있다. 부하들에 대한 동기유발방법은 경제적 보수제도의 제정, 목표의 설정, 작업방법의 개선 및 목표달성도의 평가 등에 참가시켜 관여하는 것이다. 이렇게 함으로써 부하들을 동기화시킨다. 관리자와 부하들 간에는 광범하고 친밀한 상호작용이 상호신뢰의 바탕 위에서 잘 이루어지고 있다. 통제권한은 하위단위까지 널리 그 책임이 위양되어 있다. 비공식 조직과 공식조직은 종종 하나로 통합되어 있다. 조직 내의 모든 상호작용의 힘이 모든 노력을 설정된 조직목표의 달성방향으로 모아진다.

허시(P. Hersey)와 블랜차드(K. H. Blanchard)는 리커드(Likert)의 관리체제를 요약해서 다음과 같이 기술하고 있다.

체제 1은 과업지향적이며 고도로 구조화된 권위적 관리유형(authoritarian management style)인 데 비해, 체제 4는 팀워크 · 상호신뢰 · 상호작용 등에 기반을 둔 관계성 지향적 관리유형(relationships-oriented management style)이다. 체제 2, 3은 두 개의 양극단의 중간단계인데 이것은 X이론 및 Y이론에 매우 가깝다.

리커트는 조직의 관리유형을 측정하기 위한 측정방법을 개발하였다. 이 척도의 하위변인으로 지도성, 동기유발, 의사소통, 의사결정, 상호작용과 영향관계, 목표설정, 통제과정 등 조직의 특성들로 구성되어 이으며 20개 이상의 항목들이 사용되고 있다. 이 측정방법의 타당성 검증을 통하여 체제 4에 가까운 관리유형일수록 생산성이 높고, 체제 1에 가까워질수록 생산성이 낮은 것을 발견했다. 뿐만 아니라 조직특성이 어떤 것이 바람직한가를 측정한 결과도 대부분의 관계자들이 체제 4가 바람직하다고 보고 있으며 이와 같은 방향으로 변화를 시도할 필요가 있다고 인식하고 있었다.

2. 과정이론

1) 브룸(Victor H. Vroom)의 기대이론

기대이론(expectancy theory)의 기본관점은 "개인은 행동의 결과로 나타날 수 있는 결과에 대한 기대를 가지고 있다."는 것이다. 게다가 사람마다 성과에 대한 선호가 다른데, 이것은 사람은 생각하고, 추리하는 존재이며, 미래 사태를 예견할 수 있는 존재이기 때문이다.

이 이론은 인지적 과정(cognitive process)에서 그 개념이 유래되었으므로 다음과 같은 두 가지 가정을 가지고 있다.

첫째로 개인은 미지의 사상에 관해 사고하고 추리하고 예견할 수 있는 능력을 소유하고 있으므로 이들 능력을 사용하여 조직 내에서 자신의 행위를 결정한다. 동기부여는 법칙이 지배하는 일종의 의식적인 과정이다. 인간은 그의 행위의 결과로 생긴 개인적인 이익이나 또는 예상된 결과의 가치에 대해서 주관적으로 평가하고 나서 행동할 방법을 선택한다. 둘째로 이 가정은 기대이론에만 유일하게 적용되는 것은 아니다. 사회체제이론에서 일반화된 바도 있다. 즉, 개인과 환경의 힘이 결합하여 인간의 행동을 결정한다. 예를 들면 개인의 가치, 태도 등은 역할기대, 조직풍토 등과 같은 환경요인과 상호작용하여 개인의 행동에 영향을 준다.

브룸(Vroom)은 종래의 내용이론이 동기의 복합적인 과정을 설명하기에는 부적절하다고 생각하고 그 대안으로서 1964년 기대이론을 제안하며 많은 후속 연구를 유발하고 있다(남정걸, 1997).

이 이론을 구성하는 주요개념은 다음과 같다(이군현, 1997).

(1) 기대치(expectation)

기대란 "개인이 어떤 노력이 구체적으로 어느 수준의 목표성취를 가져올 것이라고 믿는 정도이다" 즉, 자신이 노력을 하면 성과를 얼마나 얻어 낼 수 있을 것이라고 믿는 주관적 확률을 말한다. 아무리 노력해도 성과를 얻을 수 없을 것이라고 생각한다면 이 기대치는 0이고, 성공할 확률이 확실하다고 믿으면 기대치는 1에 가까울 것이다. 이와 같은 기대치는 노력과 성과와의 관계에 대하여 어떻게 지각하는가에 달려있다.

(2) 수단성(instrumentality)

수단성이란 "어떤 일의 성취가 가져올 보상에 대한 확률"을 말한다(유의성과 수단성은 내용은 같으나 유의성은 중요성을 말하고, 수단성은 확률을 말한다). 즉, 1차 수준 결과가 2차 수준 결과를 가져오게 되리라는 주관적인 확률을 말한다. 예를 들어 어떤 사람이 높은 성과(이것을 1차 수준의 결과라고 함)를 올렸을 때 이것으로 말미암아 승진이라는 보상(이것을 2차 수준의 결과라고 함)이 주어질 확률이 크다고 생각하면 수단성의 값이 높아질 것이다. 반대로 아무리 노력해도 성과를 올려도 승진이라는 보상이 주어질 것 같지 않다면 수단성의 값이 낮아질 것이다.

(3) 유의성(valence)

유의성이란 "어떤 특정 보상에 대해 개인이 평가하는 중요성"을 말한다. 예를 들어 어떤 사람이 승진을 매우 갈망한다면 승진에 대해 매우 긍정적인 유의성을 부여할 것이다.

(4) 결과(outcome)

결과란 "사람이 어떤 일을 해서 얻어진 결과"를 말하며, 결과에는 1차 수준의 결과와 2차 수준 결과가 있다.

1차 수준의 결과(first-level outcome)는 사람이 어떤 일을 해서 직접적으로 또는 즉시 얻어진 결과로서 직무성과, 생산성 등을 의미하며, 2차 수준의 결과(second-level outcome)는 1차수준의 결과가 가져올 보상으로서 금전, 승진, 휴가, 인정 등과 같은 것이다. 즉, 1차수준의 결과에서 직무성과가 컸다면 이것의 영향으로 2차 수준 결과인 승진을 하게 되는 것 등이다.

(5) 동기유발의 힘(force)

동기유발의 힘이란 "사람이 인지하고 판단한 여러 가지 행동대안 중에서 선택한 방향으로의 의지"를 뜻한다(Vroom, 1964).

위의 개념을 토대로 브룸은 동기부여를 다음과 같이 표현하였는데, 동기부여 $=f(V \cdot I \cdot E)$, 즉 유의성(V)과 수단성(I) 그리고 기대치(E)가 높을 때 동기부여가 높을 것이라는 것을 의미하며, 그래서 동기이론을 VIE이론이라고도 한다.

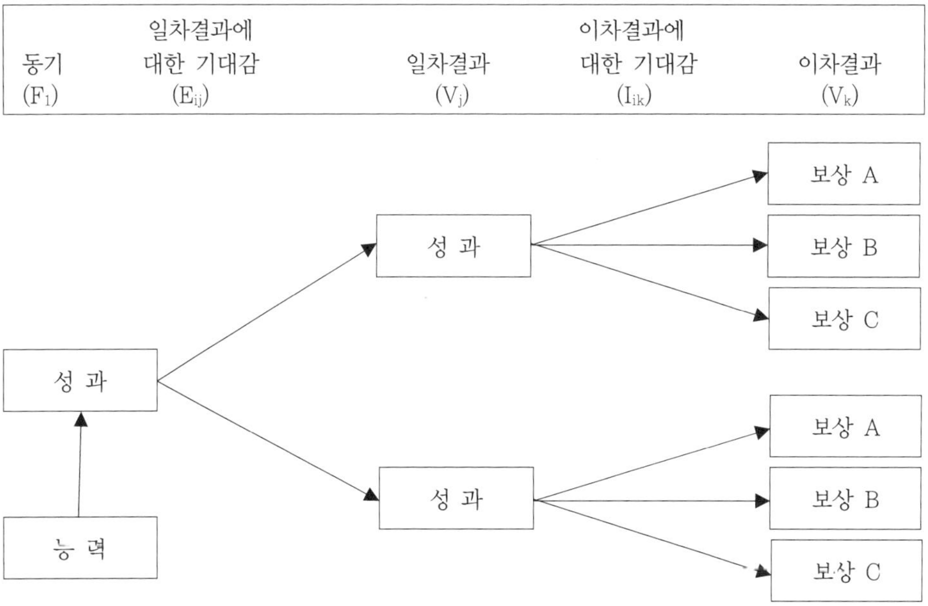

〈그림 7-4〉 브룸의 기대이론모형

출처 : ① 송미섭 · 나동환. 전게서. p. 149.
② 이상기 · 옥장흠. 전게서. p. 333.

2) 포터(Lyman W. Porter)와 롤러(Edward E. Lawler)의 기대이론

포터와 롤러는 브룸(V. H. Vroom)의 기대이론을 기반으로 하여 여기에 몇 가지의 관련 변수를 더하여 확대시킨 기대모형을 제시하였다.

이 이론은 만족이 업적(직무성과)에 영향을 미친다는 종전의 과정과는 정반대의 입장에서 업적(직무성과)을 통한 만족을 주장하고 있는 데 특색이 있다. 다시 말해서 업적(직무성과)은 조직구성원들이 원하는 목적과 결과를 얻으려는 노력(efforts)에 의하여 결정되며 만족은 조직구성원들이 실제로 달성하는 결과에 의하여 결정될 수 있다고 전제하는 것이다(Porter & Lawler Ⅲ, 1968).

이러한 업무(직무성과)의 결과가 구성원들에 주는 만족은 일반적으로 두 가지 형태의 보상이 있다. 그 하나는 외재적 보상(extrinsic rewards)으로 보수, 승진, 지위, 안전과 같은 조직적인 통제와 조정에 의한 강화요인이고, 다른 하나는 내재적 보상(intrinsic rewards)으로 개인의 정서, 자아실현, 성장욕구 등 개인적인 직무능력의 결과에 의한 본질적인 요인이다. 그 중에서 특히 업적(직무성과)에 영향을 크게 미치는 요인은 내재적 보상이다. 그리고 보상에는 공정성이 문제가 되고 있는데, 그것은 자신의 노력과 그 결과로 얻어진 보상과의 관계를 다른 사람의 경우와 비교하여 자신이 느끼는 공정성에 따라 행동동기가 영향을 받는다는 사실이다. 즉, 자신과 다른 사람(준거인물)의 비교에서 공정하다고 인정될 때에만 만족을 얻을 수 있고, 그렇지 않고 불공정한 경우는 만족을 얻을 수 없다는 것이다.

포터와 롤러의 기대이론의 주요 관련 개념들을 정리하면 다음과 같다(이군현, 1997).

(1) 보상의 가치(value of reward)

이것은 브룸이론의 유의성과 같은 개념으로 한 결과가 얼마나 매력적인가 하는 것을 나타낸다. 즉, 종업원은 그가 성취한 일에 대해 받을 수 있는 보상에 가치를 부여한다.

(2) 노력 대 보상의 확률에 대한 지각(perceived effort-reward probability)

이것은 브룸이론의 기대와 수단성의 개념을 합한 것이다. 즉, 보상이 노력에 의하여 이루어진다는 것에 대한 인식으로, 구체적으로 노력-성과(기대), 성과-보상(수단성) 요소로 구성되어 있다. 그러므로 종업원은 일에 대해 제공된 노력이 실제적으로 보상을 받게 되는 결과가 될 것이라는 확률에 대한 주관적인 판단을 갖게 된다. 그러므로 보상의 사치와 노력 대 보상의 확률에 대한 지각은 기대이론의 기본적인 골격을 그대로 따른 것이다. 이 이후가 포터와 롤러의 이론의 특징이라 할 수 있다.

(3) 노력(effort)

노력이란 "일을 수행하기 위해서 투입한 에너지의 양"을 말한다. 종업원이 과업에 대해서 바치는 노력의 정도는 그가 실제로 받는 보상의 가치와 그가 받을 수 있으리라고 인지한 노력에 대한 보상 가능성과의 상호비교에 의해 달라진다.

(4) 능력과 특성(abilities and traits)

능력과 특성이란 "종업원이 갖고 있는 능력과 자질"을 뜻한다. 물론 노력만으로는 결과를 산출할 수 없다. 아울러 노력은 종업원의 능력과 특성이 합쳐져서 조정이 된다.

(5) 역할지각(role perception)

역할지각이란 "종업원이 효과적인 직무수행에 필요하다고 생각하는 노력의 유형"이다. 즉, 종업원의 과업에 대한 역할의 지각 정도이다.

(6) 성과(performance)

성과란 "과업에 대한 성취의 정도"를 뜻한다. 성과는 종업원의 노력, 능력과 특성 그리고 역할지각간의 상호작용에 의하여 결정된다.

만일 종업원이 과업수행에 필요한 노력과 특성을 지니지 못하거나, 자신의 역할에 대한 정확한 이해가 부족하다면 노력은 성과를 거두지 못할 것이다.

(7) 내재적 보상(intrinsic rewards)과 외재적 보상(extrinsic rewards)

먼저, 내재적 보상은 직무만족과 같은 내재적인 것이며, 외재적 보상은 봉급이나 인정과 같은 외재적인 것이다.

(8) 공정한 보상에의 지각(perceived equitable rewards)

공정한 보상에의 지각이란 "종업원이 성과에 대한 보상이 공정하다고 느끼는 정도"을 일컫는다.

(9) 만족(satisfaction)

만족이란 "성과에 대한 보상이 공정하다고 느낌으로서 갖게 되는 충족도"을 말한다. 성과에 대해서 내재적 및 외재적 보상이 따르는데 여기에서 공정성 수준에 대한 지각이 어떠한가에 따라 만족의 정도가 결정된다. 즉, 자신이 받는 보상이 지각된 공정성 수준에 도달하거나 초과된 정도일 때는 만족감을 갖게 되고, 그렇지 못할 경우에는 불만족을 초래하게 된다.

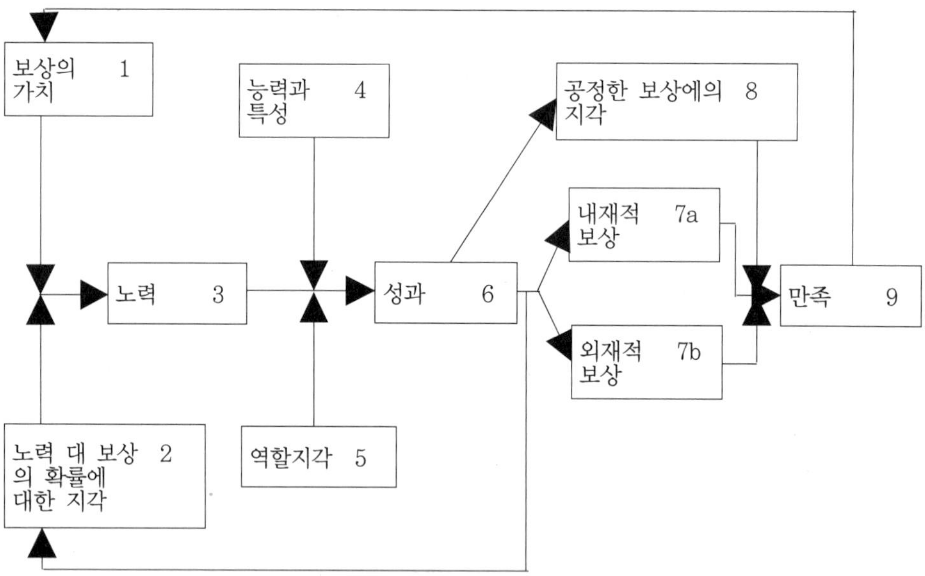

〈그림 7-5〉 포터와 롤러의 기대이론모형

출처 : ① L. W. Porter and E. E. Lawler Ⅲ, Managerial Attitudes and Performance (Homewood, Illinois: Richard D. Irwin, Inc., 1968), p. 165.
② 송미섭 · 나동환. 전게서. p. 152.

3) 애담스(J. S. Adams)의 공정성 이론

공정성 이론(equity theory)은 애덤스(Adams)에 의해서 제시된 것으로, 균형이론(balance theory) 또는 교환이론(exchange theory)이라고도 한다. 이 이론은 사회적 비교이론의 하나로 한 개인이 다른 사람들에 비해 얼마나 공정하게 또는 균형되게 대우를 받느냐 하는 데에 초점을 맞추고 있는 이론이다.

동기부여이론으로서의 공정성 이론의 핵심은 사람들의 행위가 다른 사람들과의 관계에서 공정성을 유지하는 쪽으로 동기유발된다는 것이다. 즉, 각 개인은 자신의 투입(input)과 산출(output)의 비율을 자신과 관련 있는 다른 사람과 비교하여 그 비율이 크거나 작다고 생각할 때 불공정성을 느끼며, 그것에서 벗어나 공정성을 추구하는 과정에서 동기유발된다는 것이다.

인간의 자신에 대한 평가는 다른 사람들과의 비교에서 이루어진다는 것이다. 자신의 투입과 거기에서 얻어지는 산출의 비율은 다른 사람의 그것과 비교하여 동일하다면 조직과 공정한 교화관계가 이루어졌다고 느껴 공정성에 대한 지각은 만족을 유발할 것이다. 그러나 동일하지 않다면 불공정성을 느껴 불쾌감과 긴장이 생겨 어떤 방법으로라도 공정성을 추구하려는 방향으로 노력하게 된다.

공정성이론을 구체적으로 설명하면 개인의 투입 대 산출의 비율이 타인의 것과 비교하여 어떠하냐에 따라 공정한가 불공정한가가 결정된다.

우선 공정성을 결정짓는 요인들을 살펴본다.

(1) 투입(input)

자신의 보답을 기대하면서 상대방에 기여하는 것으로 그 내용은 교육, 경험, 훈련, 기능, 연령, 경력, 사회적 지위, 직무에 대한 노력, 개인적 용모, 건강 등이다.

(2) 산출(output)

투입에 대한 보답으로 자신이 받게 되는 수익이나 비용이다. 내용은 급료, 내적인 보상, 연공에 따른 혜택, 직무의 지위, 열등한 작업조건, 단조로움, 불확실성 등이다.

(3) 투입과 산출

투입과 산출의 비율을 말한다. 인간은 사회적으로나 규범적으로 유사한 환경에서 자신의 투입과 산출의 비율과 타인의 그것과 비슷해야 한다고 기대한다.

(4) 자신과 준거인물

자신의 투입 대 성과와 비교하는 대상인을 뜻하며 일반적으로 자신과의 투입요소가 비슷한 사람을 준거대상으로 한다.

만일 자신의 투입 대 산출의 비율이 타인과 비교하여 일치한다면 공정성을 느끼게 되나 일치하지 않을 때는 불공정성을 느끼게 되어 〈그림 7-6〉과 같은 과정을 밟게 된다.

4) 귀인이론

켈리(Harold H. Kelly)는 귀인이론(attribution theory)은 개인의 동기보다는 개인의 지각과 대인행동 간의 관계를 더 강조하는 것으로 행동을 어떤 관련된 환경의 일부에 의해서 야기되는 것으로 해석하는 인지적 과정에 주로 관련이 있다고 강조하고 있다(Kelly, 1967). 즉, 귀인이론은 왜 동기화와 행동이 일어나는지를 규명하려고 한다. 동기화의 행동의 대부분의 원인은 관찰할 수 없기 때문에 귀인이론에서는 사람들의 인지나 지각에 의존하여 해석할 수 밖에 없다고 주장하고 있다. 그렇게 때문에 귀인이론가들은 인간은 합리적인 존재이며, 관련 환경의 인과 구조를 확인하고 이해하고자 한다고 보았다.

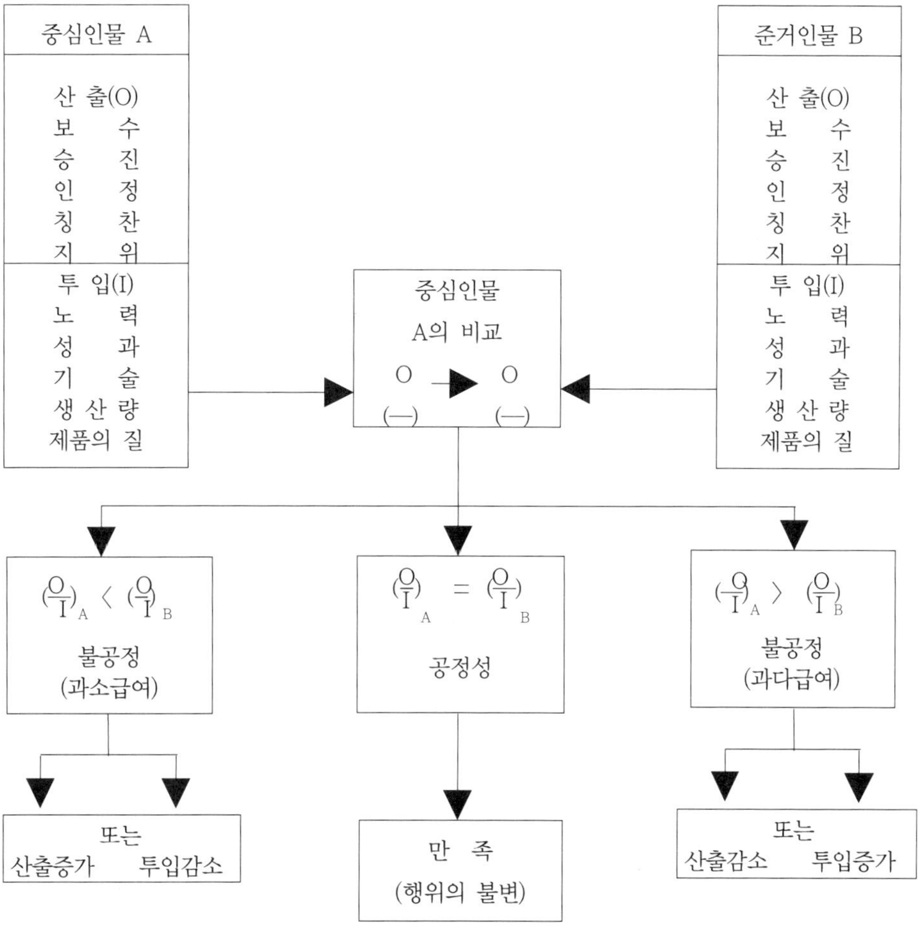

〈그림 7-6〉 애담스의 공정성 이론의 단계

출처 : ① Szilagyi & Wallace, Organizational Behavior and Performance(Glanview, Ill.: Scott, Forean & Co., 1983), p. 100.
② 김창걸, 전게서, p. 89.

귀인이론의 창시자는 헤더(Fritz Heider)이다. 그는 행동을 결정하는 원인 즉, 귀인요인에는 내적인 힘(internal force)과 외적인 힘(external force) 두 가지가 있다고 주장하고 있다(Heider, 1958).

내적인 힘은 개인적인 귀인요인이고 외적인 힘은 환경적인 귀인요인이다. 능력과 노력이 대표적인 개인적 귀인요인에 해당하며, 과업 곤란도나 운, 그리고 어떤 규칙이나 날씨 등이 환경적 귀인요인에 속한다. 예컨대, 호수를 횡단하기 위하여 보트를 타고 행동은 그 사람이 보트를 탈 수 있는 능력이 있거나 노력을 했든지 아니면 바람의 영향으로 그 원인을 돌릴 수 있다는 것이다. 이와 같이 내적인 힘과 외적인 힘의 결합에 의해 행동이 결정된다고 믿는 것이 귀인이론인 것이다. 헤더는 또한 행동에 중요한 것은 실제적인 결정요인이 아니고 인지된 결정요인이라고 강조하고 있다. 내적인 귀인요인을 지각하는 사람의 행동방식은 외적인 귀인요인을 지각하는 사람의 행동방식과 다르다. 작업동기에 중요한 시사점을 제공하는 것은 바로 이러한 서로 차이나는 원인귀속(ascription)의 개념이다.

통제소재의 개념을 활용하여 작업행동을 설명할 수도 있다. 행동의 결과가 내적으로 통제될 수 있다고 지각하는 사람이 있는가 하면, 외적으로 통제된다고 지각하는 사람도 있다. 내적인 통제를 지각하는 근로자는 능력이나 기술 혹은 노력을 통하여 결과에 영향을 미칠 수 있다고 느끼는 반면에, 통제소재를 외부에 두는 외적인 통제를 지각하는 사람은 결과가 그들 자신의 통제의 범위를 벗어나 있다고 느낀다. 여기서 중요한 것은 지각된 통제의 소재가 개인의 작업수행이나 만족에 각기 차별적인 영향을 미친다는 사실이다.

최근 귀인이론과 통제소재의 모형을 검증한 연구가 많아지고 있는데, 대부분 내적 통제소재를 가진 사람이 외적 통제소재를 가진 사람보다 일반적으로 직무만족의 수준이 높고, 승진을 더 잘한다는 결과가 있다(이군현, 1997). 또한 귀인의 과정에서 내적 통제소재를 지닌 관리자가 부하들에게 사려가 깊고 훌륭한 과업수행자라는 연구결과가 나오고 있다. 그러나 재적 통제소재를 지닌 사람이 외적 통제소재를 지닌 사람보다 항상 성과가 높은 것은 아니라는 상반된 연구결과가 있기도 하다(Luthans, 1995).

한편 귀인요인을 통제소재와 관련하여 이해할 수도 있지만 또 다른 차원인 안정성(stability)과 관련하여 생각해볼 수 있다. 즉, 능력이나 과업의 어려움과 같은 통제소재는 재시도된다 하더라도 변화하지 않기 때문에 안정적인 반면에 운과 같은 통제소재는 시간에 따라 변할 수 있기 때문에 불안정적인 것으로 본다.

통제소재와 안정성의 차원은 행동에 영향을 미친다. 어떤 사람이 실패를 했을 경우를 상정해보자. 다음 〈표 7-6〉에서 보는 바와 같이 그 원인을 자신의 능력부족이라고 생각하는 사람은 내적 통제를 가지고 있지만, 능력을 안정적인 차원으로 인지하기 때문에 다음에 더욱 분발하려는 동기가 크지 않을 것이다. 반면, 자신의 노역부족으로 생각하는 사람은 다음에는 더욱 분발하면 성공할 수 있다는 것에서 동기유발의 가능성이 클 것이다. 마찬가지로 개인이 실패의 원인을 안정성을 지닌 과업의 어려움에 두느냐 아니면 불안정성을 지닌 불운에 두느냐에 따라 미래의 기대감과 동기유발에 차이를 나타낼 것이다.

표 7-6 통제소재와 안정성

		통제소재	
		내적	외적
안정성	안 정 성	능 력	과업 곤란도
	불안정성	노 력	행 운

출처 : 이군현. 전게서. p. 218.

5) 로크의 목표설정이론

(1) 내용체계

동기부여의 기법으로 조직경영에서 실제적으로 적용되는 이론의 하나가 로크(Locke)의 목표설정(goal setting)이론이다. 목표설정이론에서는 인간의 행위(동기)는 두 가지의 인지 즉, 가치와 의도(혹은 목표)에 의해 결정되는 것으로 주장되고 있으며, 그림으로 나타내면 다음 〈그림 7-7〉과 같다.

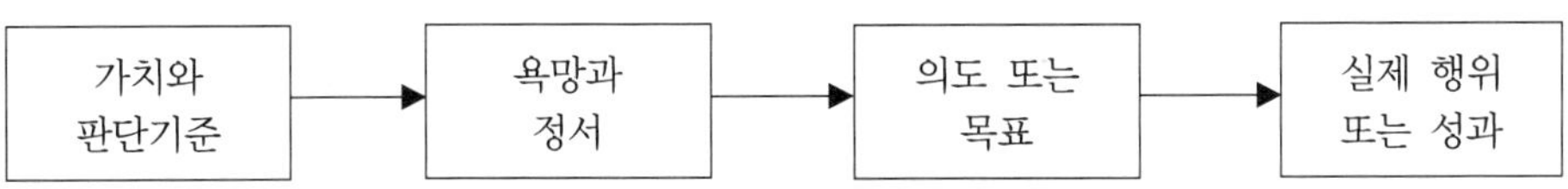

〈그림 7-7〉 로크의 목표설정이론의 논리

출처 : 이상기 외. 신교육행정 및 교육경영. 서울: 형설출판사. 2010. p. 388.

〈그림 7-7〉에서 알 수 있듯이, 인간은 자신이 갖고 있는 가치가 바탕이 되어 정서(emotions)와 욕망(desires)이 형성되고, 이를 토대로 의도나 목표가 설정되면 이것이 실제 행위나 성과의 결정요인으로 작용한다. 이렇게 보면 인간은 자신이 설정한 목표를 설취하려는 의도가 제일 중요한 동기의 힘이 될 수 있다.

이처럼 목표가 실제행위나 성과를 결정하는 요인이라면 그 목표는 어떠한 속성을 지녀야 하는가? 이에 대해서는 로크보다는 스티어스(Steers, 1984)가 〈그림 7-8〉과 같이 체계적인 설명을 제공하고 있다.

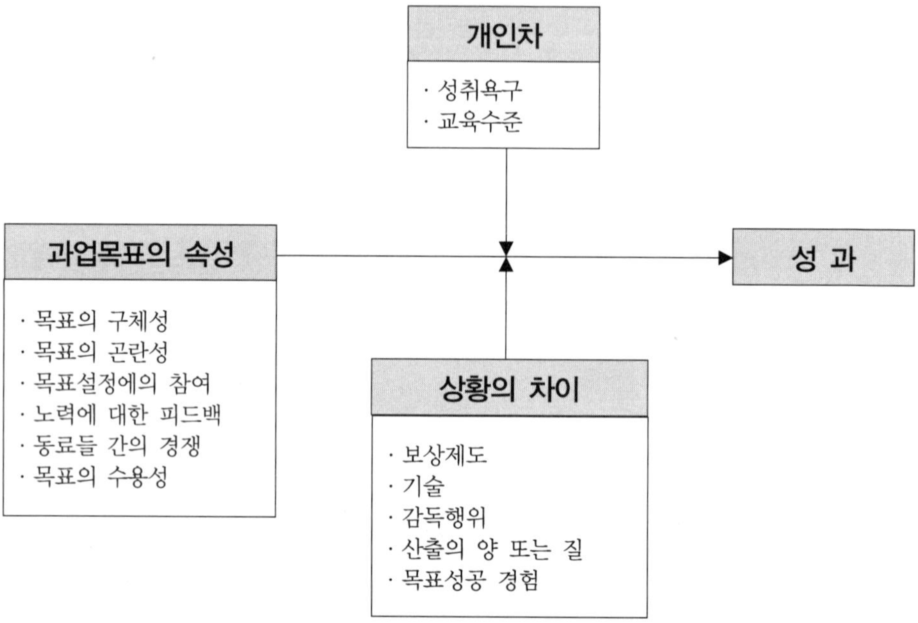

〈그림 7-8〉 목표설정과 성과의 관계
출처 : 이상기 외. 상게서. p. 389.

우선 성과를 높이는 데 기여할 수 있는 과업목표의 여섯 가지 속성은 다음과 같다.

① 목표의 구체성 : "실적을 높여라"라는 막연한 목표보다는 "전년보다 1% 향상"이라는 구체적인 목표가 모호성을 감소시켜 주고, 행동 방향을 명확하게 제시해주기 때문에 성과를 더 높일 수 있다. 기대이론에서 구체적 목표는 성과기

대와 보상기대를 증대시킨다는 설명과 비슷하다.

② 목표의 곤란성 : 쉬운 목표보다는 다소 어려운 목표가 도전감을 가져오고, 문제해결에 많은 노력을 집중하도록 자극하기 때문에 성과를 높이는 데 유리할 수 있다. 물론 이것은 성장욕구가 강한 사람에게 보다 적용 가능한 논리이다.

③ 목표설정에의 참여 : 일반적으로 구성원들이 목표설정 과정에 참여하면 직무만족을 높여주고(반드시 그런 것은 아니지만), 성과를 높여줄 수 있다.

④ 노력에 대한 피드백 : 일반적으로 노력에 대하여 피드백이 주어질 때 성고가 올라갈 수 있다.

⑤ 목표달성에 대한 동료간 경쟁 : 동료들 간의 경쟁이 성과를 촉진시킨다. 그러나 반대로 양적 목표에 대한 지나친 경쟁은 해가 될 수도 있다.

⑥ 상부에 일방적으로 강요하는 목표보다 구성원이 자발적으로 수용한 목표가 더 큰 동기를 유발시킬 수 있다.

한편 과업목표의 속성이 성과에 영향을 주는 과정에 개입되는 요인을 살펴보면, 하나는 개인차 변인이고, 다른 하나는 상황 변인이다. 상황차이는 보상제도(zero-sum게임이냐 아니냐의 여부), 기술, 감독행위, 성공에 대한 과거 경험 그리고 산출의 성격(양 또는 질) 등이 속하며, 개인차는 성취욕구, 교육수준, 불안 등이 포함된다.

결국 목표설정이론으로부터 얻을 수 있는 결론은 상황의 차이나 개인차에 의해 영향을 받기는 하지만 구체적이고, 도전감을 유발하며, 수락된 것이며, 목표달성에 대한 피드백이 있는 목표가 성과를 유발할 수 있다는 것이다.

(2) 비판점

목표설정이론은 내용체계가 다른 이론에 비해 간명하지만 다음과 같은 미비점이 있다.

첫째, 목표이론은 어떠한 요인이 개인으로 하여금 목표를 수용하게 하는지를 구체적으로 제시하지 않고 있다. 또 가치가 어떻게 결정되어지고, 정서가 어떻게 목표로 전환되는가에 대해서도 언급이 없다.

둘째, 목표의 수용성, 목표의 곤란성 등의 변인들이 어떻게 결합되어 개인의 노력을 결정하는가에 대한 설명이 없다.

셋째, 결과가 구체적으로 분명하게 나타나는 직무에서는 목표이론의 적용이 기대되지만 교육이나 행정이나 같은 복합적인 직무에서는 비교적 효과가 적을 것이다.

제8장

학점은행제와 평생학습계좌제

제1절 학점은행제

제2절 독학학위제

제3절 평생학습계좌제

제1절 학점은행제

1995년 5월 대통령 직속 교육개혁위원회는 열린 평생학습사회를 조성하는 새로운 교육체제에 대한 비전을 제시하면서 학점은행제를 제안하였고, 그 후속조치로서 「학점인정 등에 관한 법률」(제6434호)을 제정하였다.

학점은행제는 학교에서 뿐만 아니라 학교 밖에서 이루어지는 다양한 형태의 학습을 학점으로 인정받을 수 있도록 하고, 학점이 누적되어 일정 기준을 충족시키면, 학위취득도 가능하게 함으로써 궁극적으로 열린 학습사회, 평생학습사회를 구현하기 위한 제도이다.

이에 학점은행제를 토대로 학교뿐만 아니라 학교 밖 다양한 형태의 학습과 경험이 객관적인 기준에 비추어 정규 대학(교)에서 취득한 학점과 동등하게 인정됨으로써 정규 고등교육의 한계를 다양한 측면에서 보완하고 있다. 학점은행제는 1997년 한국교육개발원을 위탁기관으로 하여 실행되었고, 2007년 「평생교육법」이 전면 개정됨에 따라 2008년부터 국가평생교육진흥원에서 위탁 운영되고 있다(평생교육백서, 2013).

1. 학점은행제의 운영 체제

학점은행제는 다음 〈그림 8-1〉에서와 같이 평가인정 학습과목 이수, 학점인정 대상학교 이수, 시간제등록 이수, 독학학위제 시험합격 및 면제과정 이수, 국가기술자격 취득, 중요무형문화재 보유 및 전수교육 등 고등교육 수준에 해당하는 다양한 학습경험을 학점으로 인정한다.

평가인정학습과목

대학부설 평생 (사회)교육원, 학원, 직업전문학교, 각종 평생교육시설 등에서 평가인정 받은 과목을 이수함.

학점인정대상학교(전적대학)

중퇴한 혹은 졸업한 대학에서 이수한 학점이 있음.

* 단, 졸업한 4년제 대학에서 이수한 학점은 인정 받을 수 없음.

시간제등록

시간제등록제는 대학(전문대학 및 사이버 대학 포함)에서 일반인에게 대학의 수업을 이수하게 하는 제도로서, 각 대학의 학칙에 의거하여 시간제등록을 통해 과목을 이수함.

자격

교육부 장관의 승인을 받아 국가평생교육진흥원장이 고시한 자격을 취득함.

* 국가기술자격, 개별법에 의한 국가자격, 국가공인 민간자격 중 일부만 해당됨.

독학학위제

독학학위제 단계별 시험에 합격하였거나, 면제 교육과정을 이수함.

중요무형문화제

「문화재보호법」에 의한 중요무형문화재 기·예능 보유자이거나, 그 전수자의 전수교육 경험이 있음.

〈그림 8-1〉 학점은행제의 운영체제

출처 : 국가평생교육진흥원(2014). 학점은행제 길라잡이.

학점은행제는 「학점인정 등에 관한 법률」 제9조에 따라 고등학교를 졸업한 자 또는 이와 동등 이상의 학력이 있다고 인정된 자로서 법령에 의해 일정한 학점을 인정받고 정해진 요건을 충족한 자에 대하여 학위를 수여한다. 학점은행제 학위 수여는 교육부 장관 명의에 의한 수여 방식과 대학(교)장 명의에 의한 수여 방식 두 가지가 있으며, 학위수여 요건은 다음 〈표 8-1〉과 같다.

표 8-1 학점은행제에 의한 학위수여 요건

<table>
<tr><th colspan="2" rowspan="2">구분</th><th rowspan="2">학사학위</th><th colspan="2">전문학사학위</th><th rowspan="2">비고</th></tr>
<tr><th>2년제</th><th>3년제</th></tr>
<tr><td>①</td><td>총 학점</td><td>140학점 이상</td><td>80학점 이상</td><td>120학점 이상</td><td rowspan="4">공통</td></tr>
<tr><td>②</td><td>전공</td><td>60학점 이상</td><td>45학점 이상</td><td>54학점 이상</td></tr>
<tr><td>③</td><td>교양</td><td>30학점 이상</td><td>15학점 이상</td><td>21학점 이상</td></tr>
<tr><td>④</td><td colspan="4">이수학점 중 평가인정학습과목 또는 시간제등록 통해
이수한 학점이 반드시 18학점 이상 포함되어야 함.</td></tr>
<tr><td>⑤</td><td colspan="4">전공필수는 희망하는 전공에 따라
학점 또는 과목 수로 충족하여야 함.</td><td>교육부 장관 명의 학위수여</td></tr>
<tr><td>⑥</td><td>해당대학의 학점</td><td>84학점 이상</td><td>48학점 이상</td><td>65학점 이상</td><td rowspan="2">대학의 장 등에 의한 학위수여</td></tr>
<tr><td>⑦</td><td colspan="4">학칙으로 정한 요건을 충족하여야 함.</td></tr>
</table>

출처 : 국가평생교육진흥원(2014). 학점은행제 길라잡이.

학점은행제 학위수여는 표준교육과정에서 정한 학위 종류와 전공에 따라 이루어진다. 표준교육과정은 「학점인정 등에 관한 법률 시행령」 제17조(표준교육과정)의 규정에 따라 평가인정의 기준, 학점인정의 기준, 학력인정의 기준 및 학위수여 요건에 관한 사항을 종합적으로 연계하기 위하여 학위의 종류에 따른 전공, 전공별 교양 및 전공과목과 해당 학점, 전공별 학위수여요건 등을 제시하고 있다.

표준교육과정은 노동 시장 등 사회적 요구와의 부합성, 학문적 타당성, 현실성, 교육과정 구성의 적합성 등을 검토하여 교육부 장관이 고시한다.

2. 학점은행제의 운영 현황

학점은행제와 관련한 학습자, 학점인정, 학위수요, 평가인정 그리고 표준교육과정 현황을 살펴보면 다음 〈표 8-2~6〉과 같다.

1) 학습자 현황

학점은행제 학습자 수는 다음 〈표 8-2〉와 같이 매년 지속적으로 증가하고 있으며, 2013년 기준으로 학점은행제로 등록한 총 학습자 수는 94만여 명에 달한다.

표 8-2 최근 3년간 학점은행제 등록 학습자 수

단위 : 명

연도	상반기			하반기			계
	1분기	2분기	소계	3분기	4분기	소계	
2011년	16,880	53,537	70,417	22,101	28,097	50,198	121,425
2012년	17,532	60,470	78,002	21,832	33,937	55,769	133,771
2013년	23,726	67,483	91,209	24,506	28,839	53,345	144,554

출처 : 국가평생교육진흥원(2014). 학점은행제 종합정보시스템.

지역별 등록 학습자 현황을 보면 전체 학습자 중 서울 거주자는 31.9%, 경기 거주자 26.6%, 인천 거주자 6.3%로 전체 학습자의 64.8%가 서울, 경기, 인천 등 수도권에 거주하고 있어 수도권 집중 현상이 두드러진다. 그러나 점차 비수도권의 접근성이 개선되어 2012년 등록 학습자만을 볼 경우 60.8%가 수도권 거주자로 나타나고 있다. 학점은행제를 주관하는 국가평생교육진흥원이 별도의 지방 사업소가 없는 상태에서도 온라인 신청 시스템의 활성화, 전국의 평가인정 교육기관의 대행접수 등을 통해 어느 정도 지역 격차를 해소하고 있음을 알 수 있다.

학점은행제는 고등교육제도로서 고등학교 졸업자격 이상이면 제도 이용이 가능하다. 최종학력별 등록 학습자 현황을 보면 고졸 출신의 학습자는 급격히 감소하고 대학 졸업 또는 대학 제적 이상의 학습자가 지속적으로 증가함을 알 수 있다. 이는 학점은행제가 대안적 학위수여제도에서 계속 재교육 수단으로서 활용되고 있음을 보여준다. 특히 외국교육기관 이수자의 증가도 뚜렷하였다. 2012년 기준 636명이 외국 학력으로 파악되었으며 이는 전년 대비 35% 증가한 수치이다. 또한 외국 국적 및 재외국민 학습자는 매년 전체 등록학습자의 0.1% 수준으로

파악되나, 등록 학습자 수의 증가에 따라 외국 국적 및 재외국민 학습자 수 역시 증가하기 때문에 외국 교육기관 이수자의 자격심사 부담이 가중되고 있다. 최근 1년 동안의 외국 교육기관 이수자의 최종 이수 국가 순위를 보면 미국, 중국, 일본 순으로 나타났다(국가평생교육진흥원, 2013).

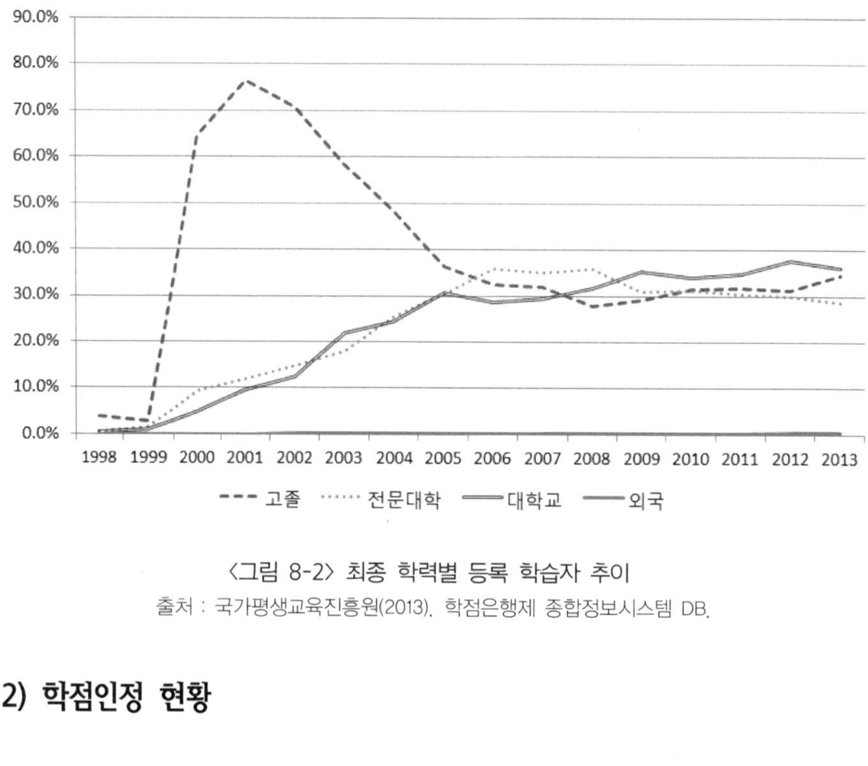

〈그림 8-2〉 최종 학력별 등록 학습자 추이

출처 : 국가평생교육진흥원(2013). 학점은행제 종합정보시스템 DB.

2) 학점인정 현황

학점은행제 학습자는 학교교육 시스템 밖의 학점취득 방식으로 평가인정학습과목, 학점인정대상학교 학습과목, 시간제등록, 자격증, 중요무형문화재, 독학학위제 시험 합격 및 시험면제교육과정 이수 등의 6가지 학점원을 이용할 수 있다.

원격기반 학습과목 평가인정 확대 등의 조치로 평가인정 학습과목을 통한 학점인정은 매년 증가하고 있는 반면, 「고등교육법시행령」 개정 등 시간제등록 질 관리 조치로 시간제 등록에 의한 학점인정은 지속적으로 감소하고 있다.

〈표 8-3〉 최근 3년간 학점원별 학점인정 현황

단위 : 학점, (%)

연도	학점원별 인정 학점							계
	평가인정 학습과목	자격증취득	독학사		학점인정 대상학교 이수	중요무형 문화재	시간제 이수	
			시험 합격	면제 과정				
2011년	3,772,465 (52.0)	368,435 (5.1)	122,840 (1.7)	3,482 (0.0)	1,921,036 (26.5)	419 (0.0)	1,070,129 (14.7)	7,258,806
2012년	5,147,678 (64.5)	365,940 (4.6)	145,142 (1.8)	3,075 (0.1)	1,838,107 (23.0)	452 (0.0)	482,053 (6.0)	7,982,447 (100.0)
2013년	6,224,079 (71.3)	322,716 (3.7)	123,685 (1.4)	2,985 (0.1)	1,695,123 (19.4)	555 (0.0)	357,823 (4.1)	8,726,966 (100.0)

출처 : 국가평생교육진흥원(2014). 학점은행제 종합정보시스템.

각 취득 학점은 학습자가 학점인정신청을 하여야 한다. 학점은행제 이용 학습자의 증가에 따라 학점인정 신청 학점수도 매년 증가하여 2012년 인정된 학점은 연간 8백만여 학점 수준으로, 10년 전인 2002년 대비 6배 증가하였다(국가평생교육진흥원, 2013).

학점원별 학점인정 현황을 보면 전체적으로 평가인정 학습과목의 비중이 늘고 있음을 알 수 있다. 학점원 중 평가인정 학습과목 이수에 의한 학점인정이 높은 비중을 차지하는 이유는 원격기반 학습과목 평가인정의 확대, 시간제등록 이수자의 감소 등에 기인하고 있다. 시간제등록의 경우에는 온라인 시간제 운영 대학에 대한 관리 감독 강화 등으로 시간제등록 운영 대학 및 학습자가 감소하고 있는 추세이다. 또한 2012년부터는 입학정원의 10%(별도반, 통합반) 이내로만 시간제 등록생을 선발할 수 있도록 고등교육법 시행령을 개정함에 따라 시간제등록에 의한 학점인정은 대폭 감소하였다. 학점은행제 원격교육 학습과목을 이용하는 학습자는 지속적으로 증가하고 있다. 학점은행제 질 관리 기제가 직접 적용되는 학점은행제 평가인정 학습과목 비중의 증가는 학점은행제를 주관하고 있는 국가평생교육진흥원의 질 관리의 책임 또한 점차 가중되고 있음을 의미한다(국가평생교육진흥원, 2013).

3) 학위수요 현황

학점은행제는 학위취득 목적 이외에도 자격취득, 학점인정 등의 목적으로도 활용할 수 있다. 학습자는 학점은행제를 통하여 시간적, 공간적 제약 없이 평생학습차원에서 다양한 선행 학습을 수행하고 사후적으로 개인의 필요에 따라 학점인정 및 학위취득 여부에 대한 자기결정권을 가지게 된다. 학위요건 충족 시 학점인정 등에 관한 법률에 의거 교육부 장관 또는 대학의 장에 의한 학위를 받을 수 있다.

학점은행제의 학위취득 현황을 보면 1999년 후기 총 34명이 첫 학위를 취득한 이래 2013년 후기 교육부장관 명의 28,658명, 대학의 장 명의 1,953명이 학위를 수여받는 등 지금까지 405,301명이 학위를 수여받았다.

2010년까지는 학사학위 취득자의 비중이 전문학사학위 취득자보다 높았으나 2011년부터는 역전되어 전문학사 학위 취득자의 비중이 높아지고 있다. 이는 사회복지사, 보육교사의 수요와 취업이 증가됨에 따라 학사학위에 비해 상대적으로 학위 취득이 용이한 전문학사학위 취득자가 급증하였기 때문이다.

표 8-4 최근 3년간 학위취득자 현황

단위 : 명

연도	전문학사	학사	계
2011년	29,126	19,478	48,604
2012년	37,571	19,690	57,261
2013년	44,751	20,589	65,340

출처 : 국가평생교육진흥원(2014). 학점은행제 종합정보시스템.

학점은행제 학위취득자의 연도별 성비 추이를 보면 여성 학위 취득자가 지속적으로 증가하여 전체 학위취득자 중 여성 비율이 1999년의 경우 5.9%에서 2013년 74.9%까지 증가하였다. 특히 2013년 후기 교육부장관에 의한 학위취득자의 성별 분포를 보면 전체적으로 여성이 83.5%로 남성(16.5%)보다 월등히 많았다(국가평생교육진흥원, 2013). 이는 주로 여성들이 많이 이용하는 사회복지, 아동학, 간호학 계열

전공의 학위취득자가 많은 비중을 차지하였기 때문인 것으로 분석된다.

아울러, 학위취득자의 연령별 분포를 살펴보면 30대 학습자는 3년간 평균 36.8.4%로 가장 높은 비율을 차지하고 있다. 30대 미만의 학습자 비율은 38.4%에서 32.5%, 30.2%로 점차 낮아지고 있는 추세를 나타내었다.

2012년도 학점은행제 등록 학습자 연령 구성을 보면 57.6%가 30대 이상의 학습자이고, 2013년도 교육부장관에 의한 학위취득자 중 이미 대학이나 전문대학을 졸업한 학습자가 41.4%를 차지하였다(국가평생교육진흥원, 2013). 이는 대학이나 전문대학을 졸업하였어도 자기계발을 위해 학점은행제를 이용하고 있는 학습자가 많으며, 제2의 고등교육기회 탐색, 대학 졸업자의 직업 연계 또는 재취업 기회 모색을 위한 추가 학위취득 사례가 증가하고 있음을 의미한다. 이제는 고등교육 비수혜자인 성인학습자들의 고등교육 참여를 밝히려는 관심에서 나아가 이미 고등교육의 경험을 한 고학력자들이 고등교육에 재진입하는 현상에 대해서도 관심을 기울여야 한다(국가평생교육진흥원, 2013).

이는 우리나라의 대학진학률이 1990년대 40% 내외였던 것이 최근 80% 이상 높아졌으며, 이에 따라 대학학위를 취득하려는 연령이 점차 높아지고 있음을 의미하며, 이러한 사회적 변화에 학점은행제가 대학 학위취득자 연령집단의 변화에도 긍정적으로 기여하고 있다고 본다.

표 8-5 최근 3년간 학위취득자 연령별 분포 현황

단위 : 명, (%)

연령 / 연도	24세 이하	25~30세	30~39세	40~49세	50세 이상	계
2011년	5,161 (10.6)	13,490 (27.8)	16,915 (34.8)	9,418 (19.4)	3,589 (7.4)	48,604 (100.0)
2012년	6,262 (10.9)	12,359 (21.6)	21,854 (38.2)	12,314 (21.5)	4,472 (7.8)	57,261 (100.0)
2013년	7,481 (11.5)	12,187 (18.7)	24,453 (37.4)	15,903 (24.3)	5,316 (8.1)	65,340 (100.0)

출처 : 국가평생교육진흥원(2014). 학점은행제 종합정보시스템.

2013년 후기 교육부장관에 의한 학위취득자의 연령별 분포를 보면 전체적으로는 30대가 42.9%로 1순위, 40대가 27.2%로 2순위를 차지하고 있다. 또한 24세 이하의 학습자는 전체 대비 5.9%에 그치고 있어 학점은행제가 성인들에게 고등교육의 기회를 제공하는데 기여하고 있음을 시사한다(국가평생교육진흥원, 2013).

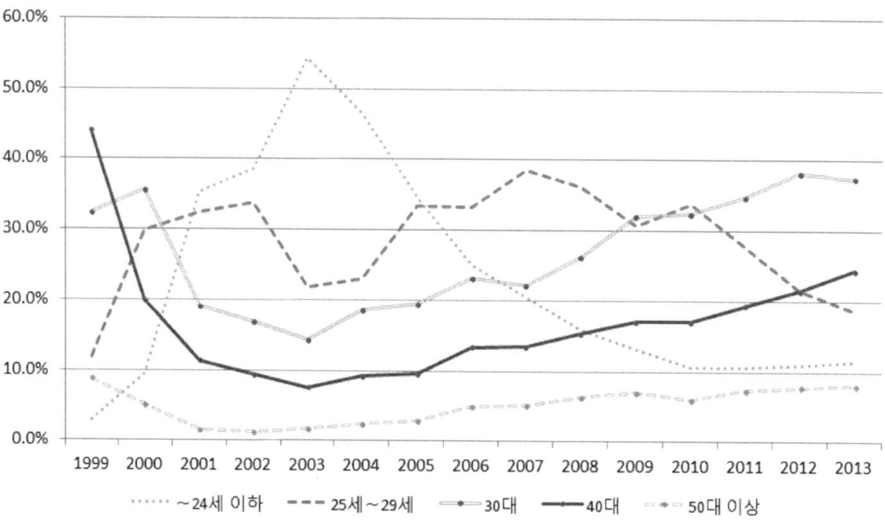

〈그림 8-3〉 연령별 학위취득자 추이

출처 : 국가평생교육진흥원(2013). 학점은행제 종합정보시스템 DB.

학점은행제 학위는 대학과 같은 일반 전공 과정과 학위보유자가 다른 전공의 학위과정을 추가로 하는 타전공 학위 과정 등 두 가지 별도의 방법을 선택할 수 있다. 일반 전공 과정은 대학과 같이 학사의 경우 140학점을 인정받아야 하되, 기존 대학 및 이전의 선행 학점을 인정받을 수 있다. 반면 타전공 학위는 기존 학위 보유자가 학사의 경우 해당 전공 48학점 이상만 인정받으면 학위를 받을 수 있다.

〈그림 8-4〉와 같이 학점은행제 타전공 학위 과정을 통한 학위 취득자가 지속적으로 늘어나는 것은 고등교육을 경험한 학위 보유자가 학점은행제를 통해 별도의 전공으로 추가 학위 취득이 증가하는 것을 의미한다(국가평생교육진흥원, 2013).

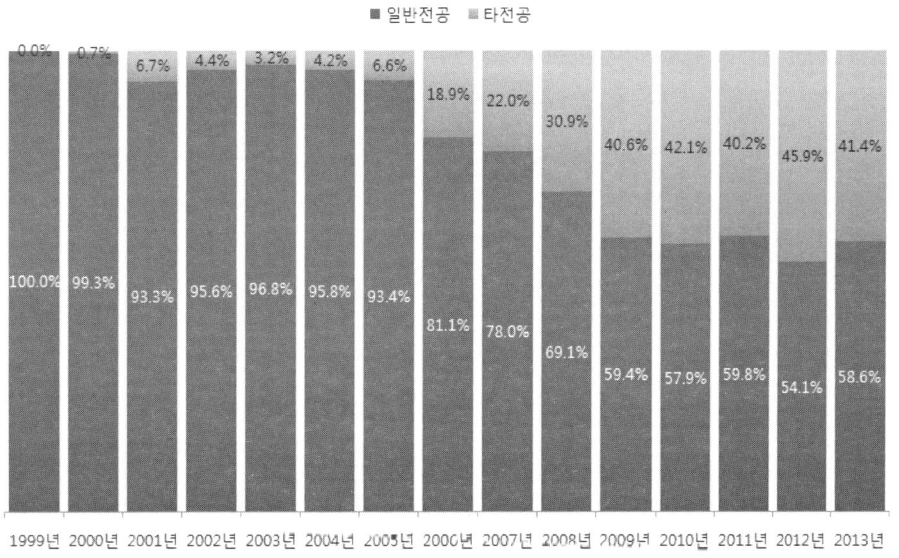

〈그림 8-4〉 연도별 학위취득자의 일반정공 및 타전공 비율 추이

출처 : 국가평생교육진흥원(2013). 학점은행제 종합정보시스템 DB.

학점은행제는 일반 대학과 다르게 사전 '입학제'가 아닌 사후 '등록 · 신청제'로 운영되는 제도이다. 따라서 이수한 학점에 대한 등록 및 최종 학위취득을 위한 모든 행정절차는 학습자가 정해진 기간에 직접 신청 절차를 진행하여야 한다.

학점은행제 등록기간을 학습자 등록일로부터 학위 취득일까지로 볼 때, 2013년 9월 기준 평균 511일이며 최종학력별 등록기간은 다음 〈표 8-6〉과 같다.

표 8-6 최종학력별 학점은행제 학위취득자의 평균 등록기간

구 분	평균등록기간(일)	평균등록기간 (연월 환산)
고등학교 졸업자	778	2년 2개월
전문대학 중퇴 및 졸업자	401	1년 2개월
대학 중퇴 및 졸업자	399	1년 1개월
전체 평균	511	1년 5개월

출처 : 국가평생교육진흥원(2014). 학점은행제 종합정보시스템.

4) 평가인정 현황

학점은행제 평가인정은 대학(전문대학)부설 평생교육원, 전문대학 전공심화 및 특별과정, 특수학교 및 고등기술학교, 직업훈련시설, 학원 등 평생직업교육 시설을 대상으로 하며, 2013년 기준, 평가인정 교육훈련기관은 567개 기관으로서, 기관 유형별 현황을 구체적으로 살펴보면 다음의 〈표 8-7〉과 같다.

표 8-7 학점은행제 평가인정 교육훈련기관 현황

기관 유형		기관 수	비율
대학	대학부설 평생교육원	141	24.9
	전문대학부설 평생교육원	82	14.5
	전공심화 및 특별과정	13	2.3
	소계	236	41.6
직업훈련시설	공공직업훈련원	2	0.4
	인정직업훈련소	100	17.6
	소계	102	18.0
학원	기술계학원	20	3.5
	사회계학원	11	1.9
	예능계학원	8	1.4
	소계	39	6.9
특수학교 및 고등기술학교		5	0.9
정부 · 지자체 등 교육시설		15	2.6
군 교육훈련시설		29	5.1
평생교육시설		132	23.3
중요무형문화재기관		9	1.6
합계		567	100.0

출처 : 국가평생교육진흥원(2013). 학점은행제 종합정보시스템.

위에 나타난 바와 같이 대학(전문대학)부설 평생교육원은 223개 기관으로 전체 567개 기관 대비 39.3%를 차지하고 있으며, 전문대학의 전공심화과정 및 특별과정을 포함하면 대학 관련 기관이 전체의 41.6%를 차지하고 있다.

그 다음으로 평생교육시설이 132개(23.3%)를 차지하고 있고, 직업훈련시설이 102개(18.0%), 학원은 39개(6.9%)를 차지하고 있다. 기관 유형 가운데 군 교육훈련 시설은 29개(5.1%)에 이르는데, 육 · 해 · 공군에서 직무관련 보수교육을 실시하는 군내 병과학교들로 구성되어 있다.

또한 정부 또는 지방자치단체에서 운영하는 평생교육시설 등 15개 기관에서도 지역 주민들에게 학점은행제 학습 과정을 제공하고 있다. 그 중 2012년 88개였던 직업훈련시설이 2013년에 102개로 늘어난 것은 국가기간전략산업직종 직업훈련에 대한 평가인정을 2012년부터 새롭게 실시하였기 때문이다.

5) 표준교육과정 현황

표준교육과정은 1998년 2월에 41개 전공을 고시한 이후, 2013년까지 19차에 걸쳐 학사 109개, 전문학사 109개 전공이 개발 · 고시되어 있다. 다음 〈표 8-8〉과 같이 2013년 표준교육과정의 학위 종류 및 전공을 살펴보면, 학사학위 과정에는 가정학사, 간호학사, 경영학사 등 24개 학위종류, 109개 전공이 있고, 전문학사 학위과정에서는 가정전문학사를 비롯하여 13개 학위종류, 109개 전공을 고시하여 운영하고 있다.

표 8-8 학점은행제 표준교육과정 학위 종류 현황

구분	학위 종류	전공 수
학사 (24개)	가정학사, 간호학사, 경영학사, 경제학사, 공학사, 관광학사, 광고학사, 군사학사, 무용학사, 문학사, 문헌정보학사, 미술학사, 미용학사, 법학사, 보건학사, 수사학사, 신학사, 예술학사, 음악학사, 이학사, 체육학사, 패션학사, 해양학사, 행정학사 등	109개
전문학사 (13개)	가정전문학사, 경영전문학사, 공업전문학사, 관광전문학사, 군사전문학사, 농업전문학사, 산업예술전문학사, 언엉전문학사, 생명산업전문학사, 예술전문학사, 의료전문학사, 행정전문학사, 체육전문학사 등	109개

출처 : 교육부(2013). 교육부 고시 제2013-9호.

제2절 독학학위제

독학학위제는 「독학에 의한 학위취득에 관한 법률」 제정(1990년)에 따라 고등학교 졸업자격을 갖춘 자가 자학자습을 통해서 학습을 진행하고, 1~4단계의 시험에 응시하여 합격하면 교육부 장관 명의의 학사학위를 수여하는 제도이다.

독학학위 취득시험은 1990년 중앙교육평가원 주관 하에 처음 실시된 이후, 1998년 관련 업무가 한국방송통신대학교로 이관되었다가 「평생교육법」 개정에 따라 2008년부터 국가평생교육진흥원의 주관 아래 시행되고 있다. 이 제도는 고등교육 기회를 갖지 못하거나 중도 탈락하는 등 사회적, 경제적으로 교육받기 어려운 환경에 처한 사람들에게 최소한의 비용으로 대안적인 고등교육의 기회를 보장하고, 시 · 공간의 제약 없이 자기주도적으로 학습한 결과에 대하여 시험을 통해 검정해 줌으로써 열린교육사회 · 평생학습사회 구현에 기여하고 있다(평생교육백서, 2013).

1. 독학학위제의 운영 체제

1) 독학학위의 취득과정

독학학위제는 1~4단계의 시험으로 운영되며, 각 단계별 시험의 평가영역, 응시자격 등 세부내용은 다음 〈그림 8-5〉와 같다.

〈그림 8-5〉 독학학위제 학위취득과정

출처 : 교육부, 평생교육백서(2013).

2) 독학학위제 학위 종별 및 전공

독학학위제와 관련한 학위 종별 및 전공을 살펴보면 다음 〈표 8-9〉와 같다.

표 8-9 독학학위제 학위 종별 및 전공

학위종별	전 공
문학사	국어국문학, 영어영문학, 심리학, 중어중문학(신규 응시 폐지)
법학사	법학
행정학사	행정학
경영학사	경영학
이학사	컴퓨터과학, 수학(신규 응시 폐지)
공학사	정보통신학(3, 4단계만 지원 가능)
가정학사	가정학

간호학사	간호학사(4단계만 지원 가능)
교육학사	유아교육학(3, 4단계만 지원 가능)
농학사	농학(신규 응시 폐지)

출처 : 교육부, 평생교육백서(2013).

2. 독학학위제의 운영 현황

1) 독학학위제 시험 실시

독학학위제 시험지원자는 2008년 국가평생교육진흥원 개원 이후 학점은행제와의 연계 강화 등으로 2008년 18,412명에서 2012년 38,476명으로 급격하게 증가하였다. 그러나 2013년에는 총 33,153명이 지원하여 2012년보다 5,323명(13.8%)이 감소하였다.

표 8-10 독학학위제 연도별/단계별 시험 실시 현황

단계 / 연도별	교양과정인정시험 (제1단계)			전공기초과정인정시험 (제2단계)			전공심화과정인정시험 (제3단계)			학위취득종합시험 (제4단계)		
	지원자	응시자	합격자	지원자	응시자	합격자	지원자	응시자	합격자	지원자	응시자	합격자
1990~2009년	12,592	87,770	53,979 (61.5)	69,144	51,021	34,508 (67.6)	42,525	33,623	26,343 (78.3)	39,698	32,816	11,905 (36.3)
2010년	12,050	8,474	5,710 (67.4)	10,495	7,461	4,892 (65.6)	4,057	2,858	2,064 (72.2)	1,905	1,450	742 (51.2)
2011년	15,878	11,448	8,516 (7.4)	12,904	9,549	6,410 (67.1)	4,759	3,342	2,769 (82.9)	2,012	1,553	787 (50.7)
2012년	17,835	13,055	9,684 (74.2)	13,517	10,135	7,393 (72.9)	4,842	3,454	2,630 (76.1)	2,282	1,760	950 (53.9)
2013년	14,884	10,568	7,922 (75.0)	11,239	8,219	7,393 (72.9)	4,139	2,934	2,540 (86.6)	2,891	2,258	961 (42.6)
계	187,239	131,315	85,111 (65.3)	117,299	86,385	59,054 (68.4)	60,322	46,211	36,346 (78.7)	48,788	39,837	15,345 (38.5)

출처 : 국가평생교육진흥원(2013). 학점은행제 종합정보시스템.

2) 독학학위제 전공별 학위취득

2008년 이후 독학학위제 학위취득자도 지원자와 마찬가지로 증가추세를 보이고 있다. 하지만 1~3단계 지원자의 증가에 비하여 학위취득자가 비례하여 증가하지 않는 이유는 독학학위제를 응시하는 목적이 학위취득만이 아닌 학점은행제 학점인정, 각종 시험자격 충족 등으로 다양하게 나타났기 때문이다. 인 것으로 파악된다. 전체적으로 2012년 학위취득자는 2011년에 비해 163명(20.7%) 증가하였고, 간호학 학위수여자가 2011년 179명에서 2012년 302명(68.7%)으로, 국어국문학 학위수여자가 2011년 94명에서 2012년 144명(53.2%)으로 급증하였다.

표 8-11 녹학학위제 연도별/진공별 하위취득 현황

전공 \ 연도별	국어국문학	영어영문학	중어중문학	경영학	법학	행정학	유아교육학	수학	가정학	컴퓨터과학	농학	정보통신학	간호학	계
1992~2009년	1,658	1,896	22	851	838	640	1,973	24	1,119	2,097	40	0	747	11,905
2010년	108	166	1	38	37	11	69	0	56	63	0	0	193	742
2011년	94	238	0	45	54	21	54	2	49	51	0	0	179	787
2012년	144	222	0	51	41	19	51	0	54	66	0	0	302	950
2013년	99	214	0	54	32	22	99	0	59	70	1	2	309	961
계	2,103	2,736	23	1,039	1,002	713	2,246	26	1,337	2,347	41	2	1,730	15,345

출처 : 국가평생교육진흥원(2013). 학점은행제 종합정보시스템.

2006년 3개 전공(농학, 수학, 중어중문학) 폐지 이후 9개 전공으로 운영된 독학학위제로는 고등교육에 대한 새로운 사회적 요구를 충족시킬 수 없다는 문제가 지속적으로 제기되었다. 이에 따라 국가평생교육진흥원은 2012년에 수요조사 및 전문가 검토를 통하여 사회의 요구에 맞는 신규 전공 설치를 논의하고 연구하였으며, 그 결과에 따라 전공 분야를 신설하였다.

신설된 전공은 학습자의 요구와 독학학위제의 특성을 고려하여 사회과학계열(심리학), 이공계열(정보통신학) 1개 전공 분야를 선정, 관보 고시 등의 과정을 거쳐

2013년 정보통신학 3~4단계 시험을 시행하였으며, 2014년에 심리학 전공 시험을 최초로 실시하였다.

제3절 평생학습계좌제

평생학습계좌제는 「평생교육법」 제23조에 따라 개인의 다양한 학습경험을 학습계좌에 기록, 누적하여 체계적인 학습설계를 지원하고 그 결과를 학력이나 자격 인정, 고용정보로 활용할 수 있도록 지원하는 제도이다. 평생학습계좌제 운영의 주요 체계를 간단히 요약하면 다음 〈그림 8-6〉과 같다(평생교육백서, 2013).

1. 평생학습계좌제의 운영 체제

평생학습계좌제는 개인이 학습이력을 등록 · 누적할 수 있는 '학습이력관리시스템'을 중심으로 운영된다. 이 시스템에는 학교교육인 형식교육과 비형식교육, 무형식교육을 모두 포함한 다양한 평생교육프로그램 이수결과를 등록할 수 있다. 이 중 평생교육기관 등에서 운영한 학습과정 이수결과는 학습과정 평가인정절차를 통해 시스템에 최종 기록된다. 확인된 학습결과는 평생학습이력증명서로 출력할 수 있다.

1) 학습이력관리시스템(www.all.go.kr) 운영

학습이력관리시스템(ALL은 Accounts for Lifelong Learning의 약자)은 개인이 학습이력을 누적 · 관리할 수 있도록 만든 시스템이며, 본인이 직접 온라인상의 학습계좌를 개설하고 인적사항, 학력 · 경력 · 자격 취득 사항, 학습과정 이수 실적, 특기 사항 등을 기록할 수 있는 공간이다.

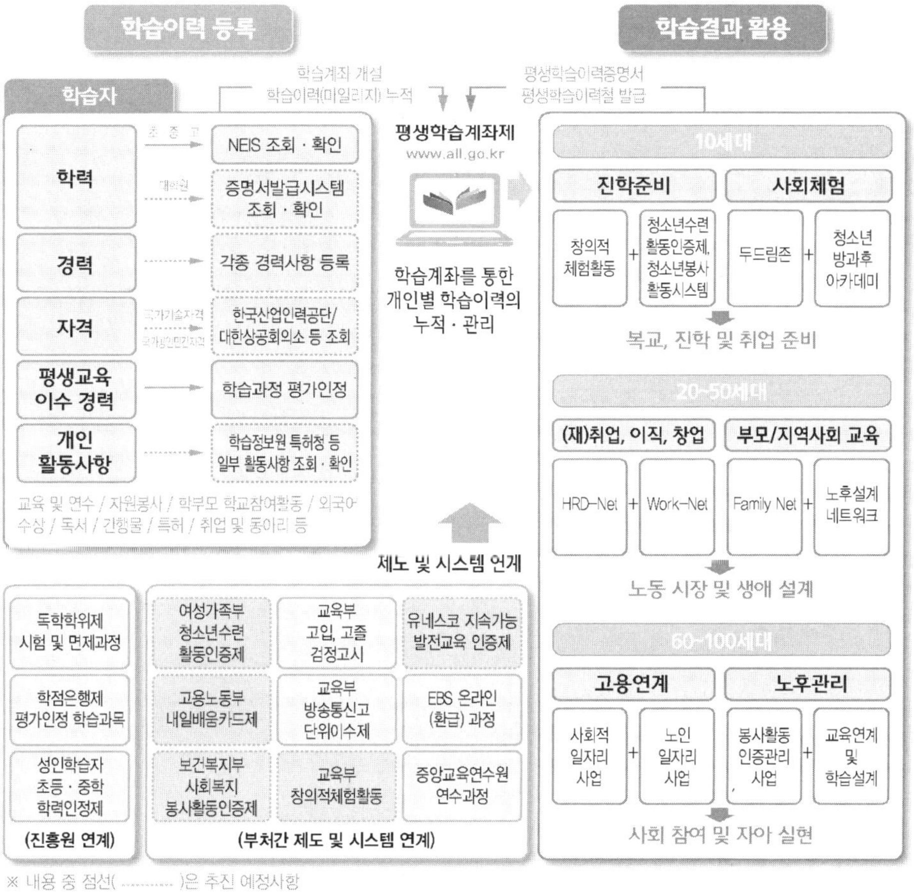

〈그림 8-6〉 평생학습계좌제 운영 체계도

출처 : 교육부. 평생교육백서(2013).

구체적으로는 성명, 주소 및 직장, 연락처 등에 관한 사항과 초 · 중 · 고 · 대학(원) 학력사항, 자격 취득사항, 평생교육프로그램 이수 실적 등을 기간별로 기록할 수 있으며 그 외 사항으로는 일반교육 및 연수 참여 실적, 학부모 학교 참여활동 실적, 자원봉사활동 실적, 외국어 능력수준, 취미 및 동아리활동 실적, 수상 및 독서활동 실적, 특허출원 실적 등도 선택하여 기록할 수 있다.

따라서 학습이력관리시스템을 이용하기 위해서는 먼저 온라인상에서 자신의 학습계좌를 개설하여야 한다.

표 8-12 학습이력관리시스템 수록 가능 사항

<table>
<tr><th>구 분</th><th colspan="2">내 용</th></tr>
<tr><td>인적사항</td><td colspan="2">성명 주민등록번호
주소 및 직장 연락처(전화 및 이메일)</td></tr>
<tr><td>학력사항</td><td>〈초 · 중등 학력〉
초 · 중 · 고(졸업, 중퇴 여부, 대안 학력 취득 여부 등 포함) 성인문해 초등학력 인정</td><td>〈고등교육 학위〉
대학 · 대학원
학점은행 또는 독학사
해외 석 · 박사학위</td></tr>
<tr><td>경력사항</td><td colspan="2">직업상의 경험 및 근무 연한</td></tr>
<tr><td>자격취득 사항</td><td colspan="2">국가기술자격, 국가전문자격, 국가공인 · 민간공인자격, 민간자격</td></tr>
<tr><td>평생교육프로그램 이수실적</td><td colspan="2">평생교육기관별 평생교육 프로그램
평생교육프로그램(6대 영역)별 참여 실적
노동부 교육훈련 참여 실적</td></tr>
<tr><td>특기사항</td><td colspan="2">추가선택 사항
자원봉사활동, 외국어 능력, 학부모 학교 참여활동 실적, 수상 및 독서 활동 실적,
간행물 및 특허출원 실적, 취미 및 동아리 활동사항, 기타 평가인정 학습과정 외의
평생교육 프로그램 이수 실적 등</td></tr>
</table>

출처 : 「평생교육법시행규칙」 제4조 학습계좌의 운영.

2) 학습과정의 평가인정

평생학습계좌제 학습과정 평가인정은 전국의 평생교육기관(시설)에서 운영하는 평생교육프로그램을 대상으로 프로그램의 세부내용이나 운영방법 등을 일정한 기준과 지표에 따라 평가하여 학습계좌에 등록 가능한 프로그램인지를 공식 인정하는 절차이다.

평가 지표는 교육 시설 및 설비, 교수과정, 교원 · 강사, 학습자 지원 및 관리 체제 등이며, 이는 「평생교육법시행령」 제14조의2 제2항에 근거하고 있다. 평가인정 학습과정을 이수한 개인은 해당 학습과정명, 이수기간 및 시간, 이수기관 등이 기재된 평생학습이력 증명서를 출력할 수 있다.

3) 학습결과의 활용

학습이력관리시스템에 등록 · 확인된 개인의 학습이력은 다음과 같이 활용할 수 있다.

첫째, 성인의 초등 및 중학 학력 취득과 연계가 가능하다. 이는 「평생교육법시행령」 제75조에 근거하여, 평생학습계좌제 평가인정 학습과정(문자해득교육 프로그램)을 이수한 경우 해당 학력 취득에 필요한 총 이수시간의 2/3 범위에서 학습시간을 면제받을 수 있다.

둘째, 초졸, 중졸, 고졸 검정고시 응시 과정에서 일부과목에 대한 면제가 가능하다. 이는 17개 시 · 도별 초졸 검정고시 시행규칙, 중학교 졸업학력 검정고시 시행규칙(제15조), 고등학교 졸업학력 검정고시 시행규칙(제12조) 등에 근거하여 평가인정 학습과정을 90시간 이상 이수한 경우, 해당 과목의 시험 응시를 면제받을 수 있다(단, 국어, 영어, 수학은 제외).

셋째, 방송통신중 · 고등학교 재학생의 학교 밖 학습결과에 대한 학점인정(시수단위 인정)이 가능하다. 이는 「방송통신중 · 고등학교 설치기준령」 제3조의2에 근거하여 방송통신중 · 고등학교 재학생이 재학 중에 이수한 평생교육프로그램 참여결과 등을 일정 범위(총 17단위) 하에서 졸업학점으로 인정받을 수 있다.

넷째, 개인의 노동시장 진입이나 사회활동 참여를 위해 본인의 학습활동이력을 증명하는 공신력 있는 근거자료로서의 활용이 가능하다.

2. 평생학습계좌제의 운영 현황

1) 학습이력관리시스템 등록 현황

학습이력관리시스템에서 학습계좌를 개설하고 학습이력을 누적한 계좌개설자 수는 크게 증가하였으며, 2013년도는 학습이력관리시스템이 운영된 2010년 10월 이후 최대 등록 학습자 수를 기록하였다.

현재까지 등록된 학습이력 현황은 다음 〈표 8-13〉과 같다.

표 8-13 학습이력관리시스템 등록/학습이력 현황

연도	학습계좌개설	학습이력												총계
		학력	자격	경력	연수	학부모	외국어	간행물	특허	수상	봉사	독서	기타활동	
2010년	979	741	980	422	632			23	14	252	185	236	115	3,600
2011년	1,496	764	803	359	486	5	34	13	2	107	96	99	53	2,821
2012년	2,231	946	753	576	420	19	34	34	3	236	135	108	94	3,358
2013년	15,672	11,035	3,598	2,413	12,772	61	416	140	66	777	722	1,036	16,305	49,341
총계	20,378	13,486	6,134	3,770	14,310	85	484	210	85	1,372	1,138	1,479	16,567	59,120

출처 : 국가평생교육진흥원(2013). 국가평생교육진흥원 내부자료.

2) 평가인정 학습과정 수 현황

평가인정 학습과정 수가 증가함에 따라 초·중·고 학력취득 연계가 가능한 평가인정 학습과정 수도 크게 증가하였다. 즉 저학력 및 학업중단자의 학력연계 취득이 가능한 학습과정 DB가 대폭 증가하여 학력 취득과정에서 활용 가능한 학습과정 수가 확대되었다.

2010년 10월 이후부터 등록된 평가인정 학습과정 수는 총 2,352개이며, 이 가운데 초·중·고 학력취득 연계가 가능한 검정고시 연계 학습과정 수는 총 1,126개이다(평생교육백서, 2013).

표 8-14 연도별 평가인정 학습과정 현황

<table>
<tr><th rowspan="2">구분</th><th colspan="3">2010년</th><th colspan="2">2011년</th><th>2012년</th><th colspan="2">2013년</th><th rowspan="2">합계</th></tr>
<tr><th>1차</th><th>2차</th><th>3차</th><th>4차</th><th>5차</th><th>6차</th><th>7차</th><th>8차</th></tr>
<tr><td rowspan="2">학습과정 수</td><td>131</td><td>430</td><td>317</td><td>224</td><td>209</td><td rowspan="2">458</td><td rowspan="2">365</td><td rowspan="2">218</td><td rowspan="2">2,352</td></tr>
<tr><td colspan="3">878</td><td colspan="2">433</td></tr>
</table>

출처 : 국가평생교육진흥원(2013). 학습이력관리시스템.

표 8-15 초 · 중 · 고 학력별 검정고시 연계 과목 현황

검정고시 연계 과목	학습과정 수	학력수준		
		초	중	고
공업기술	70	–	–	70
과학	31	–	12	19
국사	11	–	–	11
기술 · 가정	153	1	33	119
가정과학	125	2	–	123
농업과학	25	–	–	25
미술	185	1	78	106
사회	144	–	40	104
음악	47	1	27	19
정보사회와 컴퓨터	159	–	–	159
중국어	16	–	–	16
체육	60	–	39	21
한문	29	–	–	29
해양과학	14	–	–	14
도덕	11	–	3	8
기업경영	19	–	–	19
일본어	26	–	–	26
영어	1	1	–	–
합계	1,126	6	232	888
		1,126		

출처 : 국가평생교육진흥원(2013). 학습이력관리시스템.

3. 평생학습계좌제의 개선 방안

평생학습계좌제의 개선 방안을 살펴보면 다음과 같다.

첫째, 초 · 중 · 고 학력연계형 학습과정의 현장 활용성 제고를 위한 관련 법령을 재정비해야 한다.

현재 시 · 도교육감이 인정하는 성인학습자 초등학력인정체제의 경우에는 「평생교육법시행령」 제75조에 근거하여 평생학습계좌제 학습과정의 2/3시간만을 학력인정시수로 인정하고 있다. 이 조항의 경우 평생학습계좌제와 성인학습자의 학력인정을 형식적으로만 연계하는 수준에 불과하므로 평생학습계좌제 평가인정 학습과정을 이수한 경우에는 이를 초 · 중학력인정 이수시간으로 일괄 인정하는 방안으로의 개정이 필요하다.

둘째, 학습이력관리시스템의 평생학습설계 서비스 기능을 보다 고도화할 필요가 있다.

2013년에는 개인이 등록한 학습이력의 자기 진단과 분석이 가능하도록 학습이력관리시스템의 기능을 추가하였다. 이는 본인이 누적한 학습이력 현황을 스스로 진단 · 분석할 수 있는 지원체제로 이러한 학습진단 기능이 도입됨에 따라, 개인은 학습이력관리시스템에 누적한 학습이력을 중심으로 지금까지 이수한 학습과정에 대한 '나의 학습 진단' 결과뿐만 아니라 특정 학습결과에 근거한 '연계 직업정보 리스트' 확인이 가능하게 되었다. 향후에는 학습대상별로 필요 정보에 접근할 수 있는 학습설계 공간을 특성화하여 전 생애적인 평생학습이력의 통합, 관리, 설계가 가능한 학습자 중심의 학습이력관리시스템이 되도록 개선 · 향상시켜야 한다.

셋째, 평생학습계좌제와 국가자격체계(Korean Qualifications Frame -work: KQF)의 연계방안이다. 현 수준에서는 국가기술자격의 등급체계, 학점은행제의 수준, 국가직무능력표준(National Competency Standards: NCS)의 수준을 반영할 수 있는 평생학습계좌제 학습과정의 분류가 쉽지 않기 때문에 형식학습과의 연계한 비형식 · 무형식 학습의 유기적인 통합 등에 관한 연구와 이를 뒷받침할 수 있는 제도와 정책 등이 마련되어야 할 것이다.

제9장

여성을 위한 평생교육경영

제1절 여성평생교육정책

제2절 여성평생교육의 현황

제3절 여성을 위한 직업교육

제1절 여성평생교육정책

우리나라 여성정책 관련 기구의 주요 생성과정을 연대순으로 보면 1983년 한국여성개발원을 시작으로 1988년 3월 18일 정무장관(제2)실 설치, 1994년 여성특별위원회(국회), 1997년 정무장관(제2)실의 폐지, 1998년 2월 28일 대통령직속 여성특별위원회 신설, 2001년 1월 29일 여성부가 신설되었고, 보건복지부로부터 가족 및 영유아 보육업무가 이관되면서 2005년 6월 23일 여성가족부로 변경되었다가 이명박정부가 출범하면서 가족 및 영유아 보육업무가 다시 보건복지부로 이관되어 2008년 2월 29일 여성부가 되었다(교육인적자원부. 2001 평생교육백서).

그 후, 가족 해체 및 다문화 가족 등 현안 사항에 적극 대응하기 위하여 보건복지가족부의 청소년 및 다문화 가족을 포함한 가족 기능을 여성부로 이관하는 내용으로 정부조직법이 개정(2010. 1. 18)되었고, 이에 따라 여성부가 '여성가족부'로 개편되고, 여성 · 종합 및 여성의 권익증진 등 지위향상 뿐만 아니라 가족정책, 건강가정사업을 위한 아동 업무 및 청소년의 육성 · 복지 및 보호 기능을 수행하게 되었다.

여성가족부(www.mogef.go.kr)는 영성의 사회참여를 확대하고, 여성인력의 개발 · 활용하며, 유해환경으로부터의 청소년을 보호하고, 위기청소년 등을 보호 · 지원하며, 아동 · 청소년 등의 성보호 및 청소년을 위한 다양한 활동을 진흥하고, 역량을 개발한다. 뿐만 아니라 건전한 가족을 위한 양육 · 부양 등 가족기능을 지원하고, 다문화가족의 사회통합을 지원하며, 성폭력 · 가정폭력 · 성매매 예방 및 피해자를 보호하고, 이주여성 · 여성장애인 등의 권익도 보호한다.

여성가족부의 조직은 기획조정실, 청소년가족정책실, 여성정책국, 권익증진국 등으로 구성되어 있으며 다음 〈그림 9-1〉과 같다.

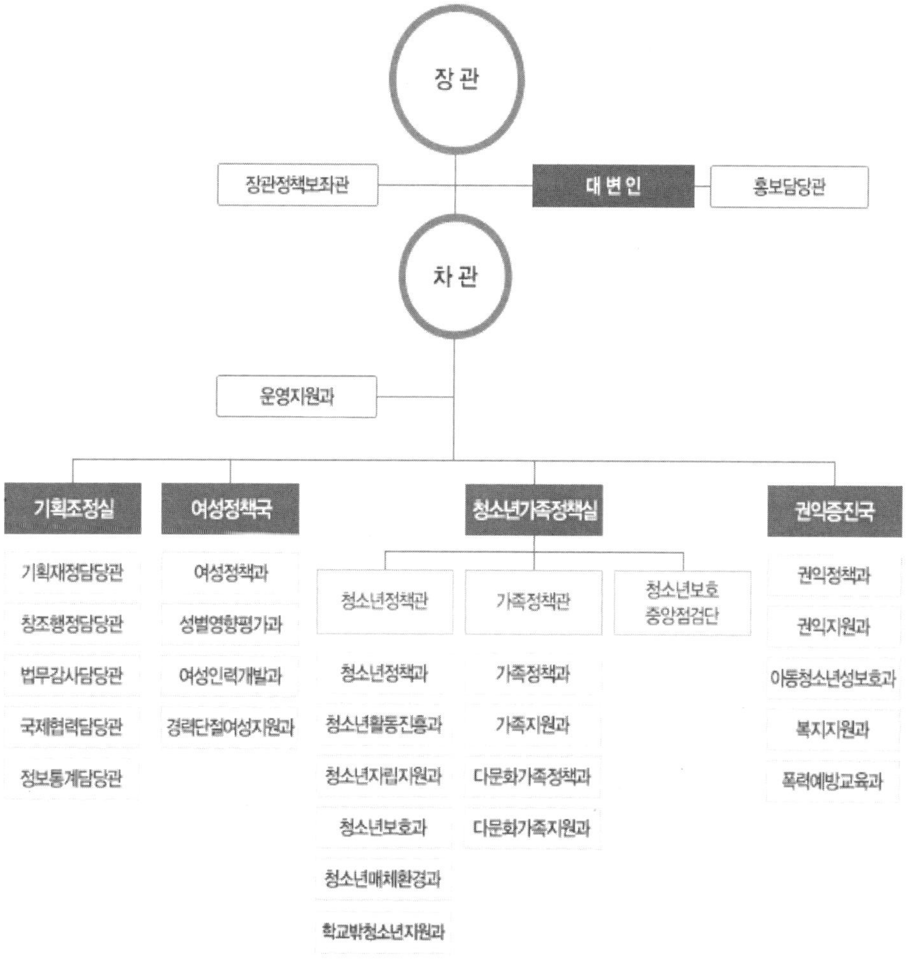

〈그림 9-1〉 여성가족부의 조직

여성가족부가 2015년에 중점으로 추진하고 있는 과제는 〈그림 9-2〉와 같다.

비전	여성·청소년·가족 모두가 행복한 사회!			
정책목표	여성이 능력을 발휘하는 사회	청소년이 꿈과 끼를 펼쳐가는 사회	균형있는 가족의 삶을 보장하는 사회	여성·가족이 폭력으로부터 안전한 사회
실천과제	1 여성의 경력 유지 지원 및 재취업활성화	1 청소년의 창의적 역량 강화	1 가족가치 확산 및 가족친화 사회환경 조성	1 폭력 예방 체계 강화
	2 여성 인재 양성 및 대표성 제고	2 학교 밖 청소년 등 위기 청소년 지원 강화	2 한부모가족 등 양육 지원 및 자립역량 강화	2 폭력 피해자 지원 내실화
	3 양성평등 문화 확산 및 성별 영향분석평가 내실화	3 청소년의 인터넷·스마트폰 중독 치유 지원	3 다문화가족 단계별 지원 및 사회참여 강화	3 일본군 위안부 피해자 문제 국제사회 공감대 확산

현장의 목소리에 귀 기울이고 국민이 필요로 하는 정책을
구석구석 전달하여 국민의 체감도를 높이겠습니다.

〈그림 9-2〉 여성가족부의 2015년 중점추진과제

제2절 여성평생교육의 현황

1. 여성평생교육의 목적

여성평생교육이란 여성을 주대상으로 하여 여성의식을 함양하고, 능력과 자질을 개발하여 자아실현을 도모하며, 평등 · 평화 · 발전을 구현하는 사회를 이루어 갈 수 있도록 하는 학교교육을 제외한 모든 형태의 조직적인 교육활동이라고 할 수 있다(교육인적자원부, 2001 평생교육백서).

여성평생교육의 목적은 여성의 능력과 자질을 개발함으로써 사회참여를 확대하고, 자아충족감을 갖게 하여 자아를 실현시킴으로써 여성의 삶의 질과 여성의 지위를 향상시킴으로써 궁극적으로는 남녀평등사회를 건설하는 것이라 할 수 있다.

2. 여성평생교육의 내용

여성평생교육기관이 실시하는 여성평생교육의 내용은 크게 사회의식교육, 직업 · 기술교육, 취미 · 교양교육으로 나누어 볼 수 있다.

1) 사회의식교육

여성들이 수동성과 의존성을 극복하고 여성으로서의 주체적인 삶을 살 수 있도록 하고 지역사회와 시민사회의 능동적인 구성원이 되도록 하는 남녀평등의식교육, 여성 리더쉽 향상 프로그램, 민주사회, 소비자, 환경, 문화, 정책 등에 대한 모니터교육 등이 포함된다.

2) 직업 · 기술교육

여성의 직업적 적성과 능력을 개발함으로써 여성 자신이 경제적으로 자립하고 자아를 성취하며 국민경제에 이바지하도록 하기 위해 공공, 민간기관에서 다양한 계층의 여성들을 대상으로 실시하는 장 · 단기 직업훈련 프로그램으로 제과제빵, 양재, 간병인, 메이크업 아티스트, 정보처리, CAD 등이 포함된다.

3) 취미 · 교양교육

생활 수준의 향상과 여가시간의 증가에 따른 여성의 삶의 질에 대한 관심과 문화적 욕구를 충족시키기 위해 민간 및 공공시설에서 실시되는 꽃꽂이, 외국어학습, 역사기행, 수지침 등과 같은 다양한 취미 · 교양 강좌 및 프로그램이 포함된다.

3. 여성교육시설에서의 평생교육 현황

여성평생교육 실시기관의 유형은 크게 여성평생교육 전담기관과 주교육 대상이 여성인 평생교육기관으로 구분된다. 교육기관별 교육대상, 교육목적, 교육영역 및 시설수로 분류하여 살펴보면 다음 〈표 9-1〉과 같다.

표 9-1 여성평생교육 유형별 현황

구분	기관	교육대상	교육목적	교육영역	시설수
여성평생교육전담기관	여성회관, 부녀복지관, 여성발전센터, 여성능력개발센터	일반여성	-여성의 사회참여 및 복지증진 -여성의 경제적 자립 기반조성 -여성의 능력개발	-기술기능 -취미교양 -사회의식	83
여성평생교육전담기관	여성인력개발센터	근로여성	-근로여성의 능력개발 및 향상	-기술기능 -창업 및	44

			-남성과 평등한 기회보장	전문능력	
	농협주부대학	농촌여성	-농촌여성의 삶의 질 향상 -농촌지도사업 및 복지증진 -농촌여성의 능력개발	-기술기능 -취미교양 -여성의식	142
	생활과학관 (농업진흥청)	농촌여성	-농가소득증대 -농촌여성의 생활의 질 향상 -신기술 보급	-농산물가공 -기술기능 -교양문화	165
	소 계				434
주교육 대상이 여성인 평생교육기관	신문사,방송사,백화점,종교단체 등의 문화센터	일반여성	-교양증진 및 자질향상 -효율적인 여가선용 및 능력 함양 -사회참여의식 및 시민의식 개발	-취미교양 -사회의식	275
	대학부설 평생교육원	일반여성	-평생교육의 기회 제공 -교양증진 및 자질향상	-전공과정 -연수 및 재교육 -교양교육	247
	여성단체	일반여성 (회원우대)	-단체운동 및 조직의 활성화 -사회참여 및 시민의식 함양 -여성의 경제자립 기반 조성	-기술기능 -교양교육 -사회의식	210
	상담소	문제여성			
	일반학원	주 부	-주부인터넷교육	-인터넷교육	1,057
	종합사회복지관	일반여성 (저소득여성 우대)	-지역사회 문제 예방 -여성의 복지증진 -가정복지 향상도모 -저소득층 여성의 자립 기반 조성	-기술기능 -취미교양 -양성 및 재교육	315
	구민회관 (자치단체)	일반여성	-다양한 학술기회 제공 -구민의 삶의 질 향상	-기술기능 -야간학교 -여성참여	205
	소 계				2,309
총 계					2,743

출처 : 교육인적자원부. 평생교육백서. 2001. pp. 114-115.

1) 여성평생교육 전담기관

(1) 여성(문화)회관 및 여성발전센터

여성회관은 여성문화회관, 부녀복지관 등과 유사하게 운영되고 있으며, 최근에는 여성발전센터, 여성능력개발센터 등의 명칭으로 바꾸어 운영되는 곳도 있다.

① 여성(문화)회관 및 부녀복지관

여성회관은 1906년 미국 감리교 여선교사의 인권운동에서 영향을 받아 원주에서 '반열방(班列房)'으로 시작하였으며, 보건복지부의 통계자료에 의하면 2000년 현재 78개에 이르고 있으며 다음 〈표 9-2〉와 같다.

표 9-2 여성회관 및 부녀복지관 현황

	서울	부산	대구	인천	광주	대전	경기	강원	충북	충남	전북	전남	경북	경남	제주	계
회관수	4	2	2	2	1	1	11	9	11	2	6	8	7	10	2	78

출처 : 교육인적자원부. 평생교육백서. 2001. p.116.

여성회관의 설립목적은 '여성의 잠재능력을 개발하여 자질을 향상시키고 저소득여성의 경제적 자립을 조성하며, 여성의 사회참여 기회를 부여함으로써 여성복지를 증진하는 것이다. 그 기능을 보면, 저소득여성과 일반여성의 기능 및 정신교육으로 경제력 향상을 지원, 여성의 사회참여 활성화를 위한 교육 및 활동의 장 제공, 신지식 및 신기술 정보습득의 장 제공, 가정문제 및 자녀문제 상담, 여성에 대한 각종 조사사업, 지역주민의 편의시설 제공, 여성자원봉사활동 지원, 그리고 생활개혁운동을 전개하는 것이다.

여성회관의 교육 프로그램으로는 기술 및 기능교육 영역에서는 미용, 요리, 의상, 꽃꽂이 원예, 공예자수, 기술 정보, 서비스, 기타 기술 관련 과목이 있고,

취미 및 교양교육 영역에서는 음악, 미술, 스포츠, 언어 한자 글짓기, 꽃꽂이 원예, 요리, 생활교육 예절, 기타 취미관련 과목이 있으며, 사회의식교육 영역에서는 고3 졸업생 예비사회인 교양강좌, 가족 시낭송회, 시설아동 예절교육, 일일근로자 요리특강 등이 있다. 그 밖에 여성복지 상담사업, 여성자원봉사센터 운영, 보육사업, 회의실, 예식장 등 시설 대여 등의 사업도 운영하고 있다.

② 여성능력개발센터

여성능력개발센터는 경기도청 산하기관으로 여성의 다양한 전문직업 · 기술교육과 직업의식, 직무향상 교육을 통하여 여성의 직업능력을 개발하고, 여성의 사회 적응능력 향상 및 리더십 강화교육, 여성근로자의 직업의식 교육을 통한 잠재 역량을 강화하고, 유망 여성 예비창업자를 발굴 · 육성하여 여성기업인을 양성하며, 가족문제를 사전에 예방하고자 가족에 대한 자립지원과 상담 서비스를 제공하는 것을 목적으로 하고 있다.

여성능력개발센터의 교육내용을 살펴보면 다음과 같다.

㉠ IT 전문기술교육 : Auto CAD 디자인, 웹디자인, 애니메이션, 컴퓨터그래픽, 캐릭터디자인, 웹마스터, 컨텐츠마스터, IT 단과보충과정, 컴퓨터기초, 토요 컴퓨터입문, 테마별 정보탐험 등

㉡ 기능기술교육 : 피부미용, 제과 제빵

㉢ 취업활성화교육 : 직업설계교육, 취업적응 및 준비교육, 멀티미디어직업체험학교

㉣ 창업교육 : 창업전문교육, E-biz 창업전문교육, 컨텐츠비지니스교육

㉤ 능력배양교육 : 여성지도자리더십교육, 여성단체활성화를 위한 현장중심교육, 문화기획 및 문화마케팅교육, 실버웹진기획자교육, 직업상담사전문교육, 여성복지인력전문능력향상교육, 모자가정자립능력향상교육 등

이 중 창업교육의 경우, 창업을 하였거나 창업을 준비하는 여성들이 자신의 사업 비전을 세우고 사업 아이템을 효과적으로 발전시켜 시장에 성공적으로 접근할 수 있도록 필요한 지식과 노하우를 익히는 과정으로, 창업의 기획에서 실행에

이르기까지 종합적인 사업능력을 배양하여 21세기 지식정보사회가 요구하는 준비된 여성창업인을 육성하는 것을 목적으로 하고 있다. 특히 창업지원실을 운영하고 입주업체들이 일정기간 동안 실비만을 지불하고 창업준비를 할 수 있도록 지원하고 있다.

③ 여성발전센터

서울특별시는 여성의 능력개발과 건전한 사회참여를 유도하고 기술교육을 통해 전문여성 기능인을 양성하여 여성들의 경제력 향상을 지원하며 지역단위의 각종 여성복지서비스를 제공하여 지역발전을 도모하기 위한 공간으로 4 개소의 여성발전센터를 설치 · 운영하고 있다. 여성발전센터에서는 여성의 부업 또는 소규모 창업과 1 차적인 기술습득을 돕기 위한 기술교육과 건전한 여가생활을 위한 생활문화교육을 실시하고 있다.

여성발전센터는 1979년 남부여성발전센터의 설립을 시작으로 중부여성발전센터(1986년), 북부여성발전센터(1989년), 서부여성발전센터 (1997년)가 순차적으로 개원되었다. 여성발전센터의 교육운용 내용을 살펴보면 다음 〈표 9-3〉과 같다.

표 9-3 여성발전센터의 교육운영 내용

구 분		남부 여성발전센터	중부 여성발전센터	북부 여성발전센터	서부 여성발전센터
기술 교육	과 목	조리 등 10개	컴퓨터 등 12개	제과제빵 등 12개	피부관리 등 11개
	인 원 (9,574)	2,175	2,199	3,135	1,950
생활문화교실 인원(11,175)		2,775	3,285	2,535	2,580

출처 : 교육인적자원부. 평생교육백서. 2001. p. 118.

이러한 여성발전센터의 설립 목표는 ① 여성의 자립기반 조성, ② 여성의 능력개발 및 사회참여 확대, ③ 지역주민 편익사업추진과 지역복지센터기능 수행 등이 있다. 교육내용으로는 컴퓨터과(기본반, 자격증반), 인터넷과(인터넷활용반, 정보검색사반), 글짓기 및 독서지도 교사과, 피부관리사과, 간병인 및 산모도우미관리과, 제과제빵과(기본반, 자격증반), 도배과, 조리과, 표구한지공예과(기본반, 중급반), 한국의상과(초급반, 중급반), 헤어디자인과(기본반, 중급반), 현대의상과(기본반, 중급반), 웹지다인과, 방과후 아동지도사과, 홈패션과(기본반, 중급반) 등이 있다.

(2) 여성인력개발센터

여성의 직업능력개발 및 취업알선을 통해 여성 취업난 해소에 기여하고 여성의 능력개발과 사회경제적 지위의 향상 기회를 제공하기 위해 이 센터를 설립하였다. 남녀고용평등법 제2장 제10조에 의하면, "국가와 지방자치단체는 근로여성의 능력의 개발 및 향상을 위하여 모든 직업훈련에 있어서 남성과 평등한 기회를 보장하고 근로여성을 위한 직업훈련시설과 장비의 확보 기타 필요한 조치를 하여야 한다"라고 명시되어 있다. '일하는 여성의 집'으로 시작한 여성인력개발센터는 가사나 육아 등으로 정규직업훈련을 받기 어려운 주부 등을 대상으로 직업훈련과 취업알선의 기회를 제공한다. 2001년 여성부의 발족과 함께 노동부에서 이관되면서 여성인력개발센터로 명명되었으며, 여성의 직업능력 개발 및 취업알선을 통해 여성 취업난 해소에 기여하고 여성의 능력개발과 사회경제적 지위의 향상 기회를 제공함을 목적으로 한다.

여성인력개발센터의 궁극적 설립 목적은 근로여성의 복지증진이다. 이를 위한 구체적인 사업으로서 ① 1~6개월 정도의 단기 직업능력개발, ② 취업정보 · 취업알선, ③ 근로여성 고충상담, ④ 훈련수강생 자녀를 위한 복지후생시설 운영, ⑤사회교육, 문화활동지원 등 기타 복지증진 사업을 운영하고 있다.

2001년 현재 44개소가 설치 · 운영되고 있으며 본 센터의 프로그램을 살펴보면, 섬유의복(19종), 자격증 취득, 음식 만들기(10종), 아동지도관련(10종), 컴퓨터관련(12종), 애니메이션, 텔레마케터, 사무관련(13종), 미용 건강 가사서비스(14종), 창업관련(7종), 드라마작가, 액세서리 가공 등 기타(22종)의 순으로 운영되고 있다.

(3) 농협주부대학

농촌여성들이 다변화되고 있는 사회환경에 적응하고 보다 나은 자신의 삶을 살아갈 수 있도록 하기 위하여 각 단위농협에서는 조합원 가족뿐만 아니라 일반 여성까지도 참여시켜 농협운동에 동참할 계기를 마련하도록 하고 있다. 농협중앙회(2000)에 따르면, 1985년 부산동래농협에서 "농협주부대학"으로 개설되었고, 1988년 25개, 1989년 74개의 단위조합 중 거의 반수가 강좌를 실시하였으며, 1999년 현재 142개소에서 18,500여 명이 강좌에 참여하고 있다. 교육내용으로는 평생교육 차원의 종합교양교육에서는 교양, 취미, 가족, 오락, 문화 등을 강의하고 있으며, 실습교육으로서 교양, 취미, 생활개선 등을 지역 실정에 맞게 다루고 있다.

(4) 생활과학관

생활과학관의 설치 목적은 변화하는 사회에 능동적으로 대처하고 능력 있는 농촌여성을 육성하기 위하여 생활과학기술교육을 실시하여 시대 변화에 맞는 사고력 함양과 태도 변화로 능력있는 농업인, 주도적인 여성지도자가 될 수 있도록 하는 것이다. 주요 기능을 보면, 여성들의 영농참여가 증가함에 따라 농업기술 및 경영교육과정의 여성교육을 강화하고 이들에 대한 농기계조작 및 정비요령, 안전사고 예방지침에 대한 교육을 실시함과 아울러 21세기 정보화시대에 대비하여 정보화 교육도 확대하고 있다. 생활과학관은 농촌여성들의 다양한 능력배양 교육의 장으로 생활개선 회원들의 생활정보 교환 및 친목의 장으로서의 기능을 한다. 1996년 현재 생활과학관은 국비로 30개소, 지방비로 1개소가 설치 · 운영되고 있다.

2) 주교육 대상이 여성인 평생교육기관

(1) 여성단체연합회

한국여성단체연합회 지역위원회는 여성의 지역정치 · 생활정치 참여와 정치세력화를 위한 정책을 개발하고, 지역여성운동의 전국적 확산을 위해 지부 설립 및 지원활동을 하고 있으며, 아울러 국제위원회는 외국여성운동과의 네트워크를 형성 · 연대하고 있다. 전국 11개 지역, 즉 서울남서, 서울동북, 고양, 광주, 군포, 김포, 원주, 진주, 춘천 민우회, 서울남부지역여성모임, 성남지역여성모임 등에서 활동을 펼치고 있다.

그 중 1987년 9월에 개원한 한국여성민우회는 남녀평등한 민주사회의 실현을 목적으로 하고 있으며, 운영방침은 참여하는, 함께 가는, 생활 속의 여성운동을 지향하고 있다. 활동영역은 여성의 평등한 노동권과 경제세력화, 지구와 미래를 생각하는 여성환경운동, 건강하고 바람직한 가족과 성문화, 여성의 정치 세력화, 대안적 생활문화의 형성 등이다. 교육내용을 살펴보면, 유치원 · 초등학생 · 청소년 학부모를 위한 적극적인 부모역할훈련 (APT), 자녀글쓰기 지도, 미디어와 여성, 미술을 통한 자기발견 등을 중심으로 하고 있다.

(2) 상담소

① 한국가정법률상담소

1956년 설립된 한국가정법률상담소는 전국 28개가 있으며, 인간의 존엄성과 법 앞에 만인평등이라는 이념을 실현하기 위해 가난한 자, 억울한 자, 불행한 자, 약자 등 번민하는 이웃의 편에 서서 이들의 인권옹호에 필요한 모든 법률적 구조사업을 무료로 제공하고, 인권을 회복함으로써 가정의 평화를 이루는 것을 목적으로 한다.

사업내용은 법률상담, 화해조정과 무료 대서, 소송구조, 출판홍보 및 조사연구 사업을 하고 있으며, 가정문제 예방 교육사업, 무료 결혼식, 법률구조 실습 등을 하고 있다. 교육내용은 실생활에 필요한 법률 중심인 생활법률강좌(10주), 할머니 · 할아버지교실(16주), 인생 숲에서 괴로움과 고통을 겪는 사람들을 돕는 현실요법 특강(2일), 행복한 결혼을 위한 부부갈등의 해결을 위한 워크숍(4개월, 매월 4째주) 등을 실시하고 있다 .

② 한국성폭력상담소

1991년 4월에 개원한 한국성폭력상담소는 전국 86곳에서 성폭력 상담을 하고 있다. 사업내용을 살펴보면, 성폭력 피해여성들과의 심리적 · 법적 · 의료적 상담을 통해 피해를 극복하고 건강한 삶을 살 수 있도록 함께하며, 성폭력의 원인 및 예방대책에 대한 연구를 토대로 인간 중심적인 성문화를 정착시키고, 여성의 인권을 회복시켜 보다 평등하고 자유로운 사회를 만들어 가는 활동을 한다.

교육내용으로는 매체비평 교육, 사이버성폭력 관련 교육, 성폭력전문상담원 재교육프로그램 등이 있으며, 성폭력전문상담원교육(여성학, 상담학, 성폭력상담의 특성 및 사례연구 등 64 시간), 성교육과 성상담 교사연수(성교육의 내용 및 방향, 성문화, 음란물, 성 상담의 실제 등 30시간)를 하고 있다.

제3절 여성을 위한 직업교육

저출산 · 고령화 사회 대비 및 지식기반 사회에서 우수 인적자원 활용에 대한 글로벌 정책 목표에 따라 여성인력의 활용에 대한 관심이 지속적으로 높아지고 있지만, 국내 여성의 경제활동 참여율(16~65세)은 OECD 가입 국가들과 상당한 차이를 보이고 있다.

최근 여성의 경제활동 참여율은 다음 〈그림 9-3〉과 같이 2013년 전년대비 상승하였으나, 여전히 16세 이상 65세 미만 여성의 경제활동 참여는 50% 수준에 머물러 있고, 남녀 간에는 약 23%의 차이를 나타내고 있다.

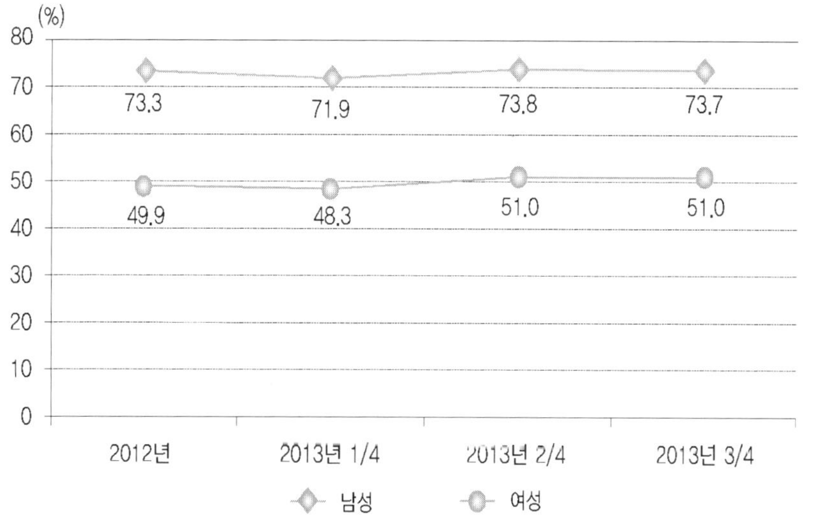

〈그림 9-3〉 남녀의 경제활동 참여율

출처 : ① 통계청(2012, 2013). 경제활동인구조사.
② 국가평생교육진흥원(2013). 학점은행제 종합정보시스템.

GDP의 지속적인 성장에도 불구하고 국내 여성경제활동 참여율이 정체되어 있는 이유는 지난 10년간 30 · 40대 여성들의 집단적 경력단절현상을 그 원인 중 하나로 볼 수 있다.

특히, 정부는 30대 여성들의 경력단절 원인과 재취업 장애의 요인을 출산과 육아의 어려움, 그리고 경직된 노동시장의 취업관행이라 판단하고 이들에 대한 사회적 차별에 정책적으로 대응하고자 경력단절여성들의 취업지원을 위한 「경력단절여성 등에 관한 경제활동촉진법」을 2008년에 제정 · 시행하였다. 또한 이를 위해 '여성새로일하기 사업'을 추진하고 있다.

1. 여성새로일하기센터

2008년 「경력단절여성 등의 경제활동촉진법」에 따른 사업의 기본적 방향은 '여성인력의 효율적 활용을 통한 지속가능한 사회실현'이라는 목적 아래 여성 전 생애에 걸쳐 경제활동의 기회를 제고하여 2014년까지 여성경제활동 참가율 60% 달성을 목표로 하고 있다.

이를 추진하기 위한 기관으로 '여성새로일하기센터'를 지정 · 설치하여 운영하고 있다

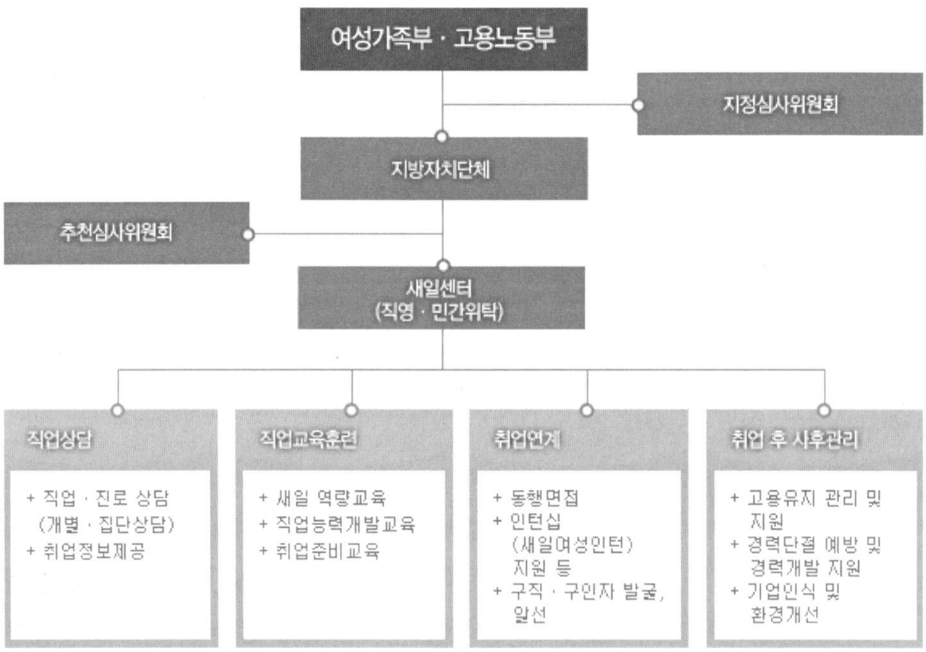

〈그림 9-4〉 여성새로일하기센터 조직도

2. 여성새로일하기센터의 주요 업무내용

여성새로일하기센터는 결혼이나 출산 후 직장을 그만둔 경력단절여성들을 위

해 운영하는 여성 종합 취업지원 기관이다.

여성가족부와 고용노동부가 공동으로 지정 · 운영하고 있으며, 경력단절여성 등의 특성을 고려한 직업상담, 구인 · 구직 관리, 직업교육훈련, 인턴십, 취업지원, 취업 후 사후관리 등 종합적으로 제공하고 있다.

표 9-4 여성새로일하기센터 주요 사업내용

지원 범위	주요 내용
직업상담 및 집단상담	개인별 · 단계별 맞춤형 직업 · 진로 상담 및 취업의욕 상실 및 자신감이 부족한 구직자를 대상으로 집단상담 프로그램 운영
직업교육 훈련	구직자의 직업경력 및 능력수준 등을 고려한 직업교육 및 기업체 인력수요와 여성 유망직종 등을 토대로 맞춤형 교육과정 개발 · 운영
여성 인턴제	장기간 직장으로부터 이탈된 경력단절여성이 취업 후 직장에 적응할 수 있도록 지원하기 위한 직장적응 훈련프로그램 ※ 여성을 채용한 기업에 최대 6개월간 월50만 원씩 지원
취업지원	적성검사, 직업교육 이수현황, 경력사항 등을 토대로 개인별 맞춤형 취업알선
사후관리	취업 후 직장 적응 지도, 일 · 가정 양립 지원서비스 제공

출처: ① 여성가족부(2011). 2011년도 여성정책연차보고서.
② 국가평생교육진흥원(2013). 2013 평생교육백서.

여성새로일하기센터는 2009년 2월에 50개소가 지정되었으며, 2015년 기준 총 147개의 여성새로일하기센터가 다음 〈표 9-5〉와 같이 전국에 설치 · 운영되고 있다.

표 9-5 여성새로일하기센터 지정 현황

시도	계	서울	부산	대구	인천	광주	대전	울산	경기	강원	충북	충남	전북	전남	경북	경남	제주	세종
센터수	147	28	10	4	7	5	4	2	25	7	6	10	9	9	9	9	2	1

여성새로일하기센터에 배치된 전문직업상담원은 구직을 희망하는 경력단절여성에게 개별 직업상담을 실시한 후 개개인에게 적절한 교육훈련과정을 안내하며, 이에 따라 직업교육훈련 수강을 희망하는 경력단절여성은 신청 및 선발 절차를 거친 후 교육과정을 수강할 수 있다.

취업 취약계층인 저소득층, 세 자녀 이상의 다자녀여성, 장애여성, 여성가장, 결혼이주여성, 북한이탈여성 등은 경력단절여성 직업교육훈련의 훈련생 선발 시 우선 대상이다.

직업교육훈련 과정은 경력단절여성의 특성을 고려하여 여성 취업이 용이한 사회서비스 직종, 녹색 관련 직종, 전문직종, 지역산업 유망직종 등 구성·운영하고 있다. 특히 오랜 기간 직장과 단절된 경력단절여성의 자신감을 고취하고 직업의식을 향상시킬 수 있는 교육과정을 편성·운영하도록 하고 있다.

표 9-6 경력단절여성 대상 세부 교육과정

교육과정	방과 후 지도사 과정	주요 교육과정
일반	취업유망 과정	방과 후 지도사 과정, 생태문화체험지도사, 친환경패션리폼 전문가, 제빵기능사 및 바리스타양성과정, 어린이 영어지도사, 여성경호원, 이유식 조리사
	신성장 녹생성장	도시농업코디네이터 양성, 숲해설가 양성, 자연생태 아동지도사, 천연염색전문지도사, 도시농업지도사, 생태여행기획가
	전문	컴퓨터설계실무, 탄소소재생산 전문인력양성, 오피스종합실무자, 기계설계사무원 양성과정, 보험심사평가 전문가과정, 3차원 그래픽 실무전문가 양성과정
	지역특화	프리미엄피커, 리크루팅 컨설턴트, 관광코디네이터 양성과정, 바이오

		품질관리사, 항만물류전문인력, 태양광 산업품질 전문인력, 자동차부품산업 설계디자인 인력양성
취약	중고령여성	실버케어, 영유아 건강돌보미, 실버건강관리사, 노인건강 여가지도사, 문화체험해설사, 실버케어전문가
	결혼이민 여성	다문화전문강사, 세계문화체험 해설사, 의류수선리폼전문가, 다국어 아동요리강사, 관광가이드 자격증 과정
	장애여성	한복제작 및 소품제작교육, 한지공예직업교육, 컨텍센터 상담교육, DIY 공예전문가 양성과정
	북한이탈 여성	무역사무원 양성, 중국어 관광통역원, 한식조리전문가

출처: ① 여성가족부(2013). 2012년도 여성정책연차보고서.
② 국가평생교육진흥원(2013). 2013 평생교육백서.

3. 여성새로일하기센터의 운영 실적

2009년부터 시작된 '여성새로일하기센터'의 직업교육훈련사업은 2011년 총 310개 과정에서 교육인원 7,084명 중 6,567명이 수료하여 수료율이 92.7%로 나타내고 있다.

또한 2012년까지 직업교육훈련을 받은 연 인원은 총 29,858명으로 27,620명이 해당과정을 수료하였고, 이 중 15,914명이 취업에 성공하여 57.6%의 취업성공률을 나타내고 있다(여성가족부, 2012).

표 9-7 직업교육훈련 운영 실적

단위 : 명, %

구분	교육인원 (a)	수료인원 (b)	수료율 (b/a)	취업 현황					
				상용	계약	일용	창업	소계 (c)	취업률 (c/b)
2009년	4,378	4,133	94.4	1,638		594		2,232	54.0
2010년	9,256	8,508	91.9	3,005		1,433	202	4,640	54.5
2011년	7,084	6,567	92.7	2,124	659	976	140	3,899	59.4
2012년	9,140	8,412	92.0	2,617	908	1,456	162	5,143	61.1

출처: ① 여성가족부(2013). 2012년도 여성정책연차보고서.
② 국가평생교육진흥원(2013). 2013 평생교육백서.

제10장

노인을 위한 평생교육경영

제1절 노인교육의 개념과 필요성

1. 노인교육의 개념

평생교육의 관점에서 노인교육의 이론화에 기여한 것은 1982년 오스트리아 빈에서 개최된 「노년을 위한 유엔주최 세계회의」에서 채택한 교육 권고안으로 "교육은 인간의 기본적 인권으로서 고령자에게도 차별없이 적용되어야 한다. 교육정책은 재정의 적정한 분배에 의하여 고령자도 공평하게 교육의 기회가 부여되도록 배려되어야 한다"라고 노인교육에 대한 권고 내용을 담고 있다.

노인교육의 개념은 학자마다 제각기 다른 견해를 보이고 있다.

먼저, 김종서(1984)는 "노인을 위한 그리고 노인과 노화에 관한 교육적 노력의 실천과 연구"라고 정의하였다. 그러나 한정란(2001)은 노년교육은 아동, 성인, 노인이라고 하는 연령에 따른 대상의 구분이 아니라, 연령이나 지위, 성별과 무관하게 각자의 관심과 이해에 따라 여러 세대가 한데 모이고 상호작용함으로써 그 속에서 서로 정보를 교환하고 새로운 지식을 구성해내는 적극적인 과정으로서의 교육을 가정하면서 노인교육의 범주를 넓히면서, "노인교육을 노인을 위한 교육, 노인과 노화에 관한 교육, 노인에 의한 교육을 모두 포함하는 동시에 이미 노인이 된 사람들뿐 아니라 언젠가는 노인이 될 사람들까지를 포함하며, 학습자로서의 노인뿐 아니라 학습자료와 교수자로서의 노인까지를 포함하는 노인과 노화에 관련된 이론적 · 실천적 교육 노력"이라고 정의하였다.

또한 김선숙(2001)은 현대사회는 과거의 지식만으로 노년기 생활을 영위하는 것은 매우 어렵게 만들며 또한 젊은이들과 가치관, 생활양식의 차이로 정신적으로나 신체적으로 많은 고통을 당하게 된다. 따라서 노인교육은 노인들에게 통합의 원리를 개발해 나가도록 한다. 그것은 현대사회에 적응할 수 있는 능력을 키우기 위한 지식을 습득하게 하고 고독과 소외감 등을 없애 주고 삶의 보람을 찾아

노인을 가치 있는 삶을 영위할 수 있게 해 주기 위해 필요하다고 보았다.

본인은 노인교육을 "노인을 대상으로 하여 노인에게 필요한 제 환경을 마련하고 개선하여 노인으로 하여금 행복한 삶을 영위하고 지속적으로 향상시킬 수 있는 모든 가치지향적인 활동이다"라고 본다.

2. 노인인구의 추이

1999년은 유엔이 정한 「세계 노인의 해」이다. 유엔은 2025년 약 80억에 달할 세계인구 중 12억 명을 노인인구로 추산하고 노인문제 해결을 위해 '세계 노인의 해'로 지정하고 노인들의 지위를 향상시키기 위해 국제적 관심을 불러일으킬 수 있는 사업계획을 논의 · 추진하였다.

우리나라도 예외가 아니어서 국민의 평균수명은 그 동안 생활수준 향상과 보건의료기술의 발달로 꾸준히 연장되어 왔다. 다음 〈표 10-1〉에 제시한 2010년 통계청자료에 의한 장래 인구 추계에 의하면, 1997년 65세 이상 노인인구가 전체 인구 중 291만명으로 6.3%, 2000년 337만명으로 7.1%, 2020년 670만명으로 14.3%에 이르게 될 것으로 전망하고 있다.

표 10-1 우리나라 노인인구 추이

(단위 : 천명, %)

구 분	1960	1970	1980	1990	1997	2000	2005	2010
전체 인구	25,012	32,241	38,124	42,869	45,991	47,275	50,618	52,358
65세 이상 인구	726	991	1,456	2,195	2,908	3,347	4,315	5,284
(%)	(2.9)	(3.1)	(3.8)	(5.1)	(6.3)	(7.1)	(8.5)	(10.0)

출처 : 통계청(2010). 통계청 인구자료.

인구구조의 측면에서 볼 때, 전체 인구에 대한 노인인구의 구성비가 해방 이후 1970년대까지 약 3%의 수준에 머물러 있었으나, 1970년대 이후 산업화의 진전에 따라 급속하게 그 비율이 높아지고 있다. 그리하여 1990년 5.1%, 1997년 6.3%, 2000년에는 7.1%에 달하면서 점차 높아져 가는 경향을 보이고 있는 것이다.

2014년에 만 65세 이상 노인인구의 비율이 13.9%로 고령사회(만 65세 이상 비율 14%이상)에 진입하였고, 2026년에 만 65세 이상 비율이 20% 이상인 초고령사회에 진입하게 되며, 2040년에는 노인인구가 33.9%로 도달할 것으로 예상하고 있다.

특히, 우리나라의 경우 인구 노령화의 속도가 빨라서 7%에서 14%로 2배가 되는 기간이 약 14년 정도가 될 것으로 예상된다. 이러한 속도는 프랑스의 115년, 스웨덴의 85년 영국의 45년에 비해 현저히 빠른 속도이다.

우리나라에서 1995년 이후 5년 사이의 노령인구는 27.7% 늘어난 반면 15세 미만은 5.8% 줄어듦으로써 1990년에 13% 증가했던 생산 연령층(15~64세)이 1995년에 4.1% 증가에 머물렀다. 이러한 경제활동인구 대비 노인인구 비율인 노년부양비는 해가 갈수록 증가함으로써 2030년에는 35.7%로 늘어나 생산연령인구 2.8명이 1명의 노인을 부양해야 할 것으로 전망되고 있다. 이러한 결과들은 노인교육과 관련한 국가정책 수립에 매우 중요한 의미를 갖는다. 노인부양과 정년제도, 노후의 생계대책 마련, 의료 · 보건문제, 여가활용 등 해결해야 할 다양한 문제들이 산재되어 있으며, 이 중에서 특히 노인의 여가활용과 노인인력 활용을 위한 교육적 접근방법에 대한 다양한 대책이 요구된다.

첫째, 노동구조의 변화에 따른 노인인력에 대한 새로운 교육적 노력들이 요구될 것이다. 앞당겨진 정년퇴직, 고령인구의 증가와 더불어 청년층 노동인구의 감소에 따른 향후 노동력 구조의 변화로 인해 노동인구구조의 장 · 노년화 현상이 예견되기 때문이다.

둘째, 고령화 패턴의 변화로 인해 다양한 노인교육에의 접근이 요구될 것이다. 2000년의 경우 고졸이상 노인이 전체 노인의 14.9%였으나 2010년에는 27%, 2020년에는 44.4%, 2030년에는 66.6%로 학력이 급격히 상승할 것이다. 또한 현재의 20~30대의 상당수가 연금을 통한 노후준비를 함으로써 미래 노인인구의 경제력이 크게 향상할 것이다. 이에 따라 노인교육에의 접근방법 역시 다양성이 요구된다.

셋째, 노인의 이익과 복지에 대한 관심을 둘러싸고 새롭게 제기되고 있는 역동적인 노인문화가 필요하다. 세대간의 불평등에 초점을 맞추고, 노인정책과 노인조직, 그리고 노인의 집단권익에 대한 관심이 제기되면서 노인들의 권력 취득 통로를 규명하기 위한 노력이 일어나고 있다. 그리고 이러한 움직임은 노인의 학습권 보장에 대한 사회적 과제로 대두되고 있다.

넷째, 현재 우리 사회는 노인에 대한 이분화된 가치체계를 가지고 있다. 효, 가족주의 가치와 개인주의, 청년 중심의 문화가 함께 공존하는 특이한 양상 속에서 젊은 층의 부양의식의 감소로 인한 노인의 자립성 필요와 노동력의 고령화로 인한 고령자 인력자원화의 필요성이 증가될 것이다.

이상에서 언급한 바와 같이 노인을 둘러싼 사회적 변화가 다양한 양상을 띠면서 노인문제를 보는 기존의 접근방식으로는 그 한계를 극복하기 어렵게 되었다.

3. 노인평생교육의 필요성

한국사회는 2000년 7월 1일을 시점으로 현재 고령화사회(aging society)에 진입하였다. 급속한 고령화의 진전에 따라 노년기가 연장되었으며 노인인구의 급속한 증가가 이루어지고 있다. 한국사회의 고령화 속도는 전세계에서도 그 유례를 찾아보기 힘들 정도로 매우 빠르게 전개되었다. 이와 같은 인구의 고령화는 필연적으로 노인인구의 질적인 변화를 초래하고, 사회의 노인부양부담 증가 및 경제활동인구가 감소하게 되며, 지식기반사회의 도래로 평생교육에 대한 요구가 증가함으로써 필연적으로 노인교육에 대한 수요가 증대할 것으로 예측된다(허정무, 2011; 92-93).

한정란(2005)은 이러한 사회 변화에 따른 노년교육의 중요성을 구체적으로 제시하였다.

첫째, 현대사회에서의 물질적 자원의 풍요와 여가의 증대는 모든 연령층이 다양한 교육 장면에 참여할 수 있는 평생학습사회(lifelong learning society)를 가능케 하고 있다. 즉, 누구나 언제 어디서나 자신이 원하는 교육에 자유롭게 접근할 수 있는 사회를 의미한다. 이러한 평생학습사회에서는 연령이 학습에 장벽이 될 수 없다. 그렇기에 오늘날 평생학습사회에서는 그 동안 상대적으로 교육의 기회로부터 소외되어왔던 노인학습자들을 위한 교육이 중요한 화두로 등장하고 있다.

그러나 본 연구자의 관점에서 볼 때 진정한 노인교육이 이루어지기 위해서는 평생학습사회((lifelong learning society)가 아니라 평생교육사회((lifelong education society)가 옳다. 평생학습사회란 말 그대로 노인이 교육의 학습자가 되는 것만 의미하지만 평생교육사회에서는 학습자인 노인이 학습의 기회를 통해서 차츰차츰 교수자의 역할을 담당해야 하기 때문이다. 평생학습사회가 교수자와 학습자가 이분화되어 있는 교육체제를 의미한다면 평생교육사회란 학습자와 교수자의 구별이 없는 진정한 의미의 교수-학습의 주체가 상황에 따라 바뀔 수 있다는 것을 뜻한다.

둘째, 고령화는 단순히 노인인구를 증가시키는 데 머무는 것이 아니라, 노인들과 다른 세대와의 관계에도 변화를 불러오는 변화이다. 현재 우리의 연령분리사회는 노인과 젊은이들을 역할 속에 가둠으로써 세대 간의 화합의 가능성마저 남겨 놓지 않는다. 따라서 서로 다른 세대들이 교류하고 긴밀하게 접촉을 유지함으로써 사회적 경쟁자라고 하는 의식으로부터 세대 간의 공동체 의식과 서로에 대한 이해를 넓히고 세대통합을 이루기 위한 노인 교육적 노력이 요구된다(김선숙, 2000).

셋째, 사회 변화의 속도는 그 변화의 속도 자체가 변하고 있다고 할 만큼 빠르게 가속화되고 있다. 그리고 사회 변화의 주기가 인간의 평균수명을 능가함으로써 한 사람이 일생을 사는 동안에도 여러 차례의 사회 변화를 경험하게 만들고 있다. 즉, 노인들 역시 변화하는 사회 속에서 효율적으로 기능하고 적응해 나가며, 특히 노년기의 주 활동 무대가 되는 지역사회의 당당한 일원으로서 그 역할을 수행해 나갈 수 있도록 하기 위해서는 변화하는 사회에서 요구하는 지식과 기술에 대한 끊임없는 학습의 노력이 요구된다.

넷째, 우리 사회는 급격한 현대화를 겪으면서 유교적인 '예(禮)'에 입각한 경로의 전통이 무너지고 개인주의와 합리주의가 사회 전반에 확대됨에 따라 젊은 세대 사이에서 노부모에 대한 부양의식이 점차 희박해져 가고 있다. 뿐만 아니라 노인들 역시 젊은 세대와의 가치관과 생활방식의 차이로 인하여 오히려 따로 생활하는 것으로 선호하는 것으로 나타나고 있다. 이에 따라 노년의 경제적 준비와 독립만큼이나 심리적 · 사회적 독립이 성취되어야만 진정한 의미에서의 독립이라고 할 수 있을 것이다.

다섯째, 노인에 대한 시각 자체가 변화하고 있다. 과거에는 노인을 신체적, 사회적으로 장애를 지니고 있는 소외지단으로 규정하여 왔다. 그러나 생활수준과 의학기술의 발전에 힘입어 노년의 건강상태가 개선되고 노인을 무한한 잠재력과 능력을 지닌 존재이자 발달의 과정에 있는 이들로 보려는 시각이 확산되고 있다. 따라서 지역사회에서의 노인의 새로운 역할 창출과 그를 위한 노년교육의 중요성이 강조되고 있다.

여섯째, 사회 전반의 생활수준 및 교육수준 뿐 아니라 노인층의 생활과 교육수준도 향상됨으로써 노인 자신의 욕구가 다양해지고 있다.

끝으로, 의료 보건 기술의 발달 및 영양과 위생상태의 개선으로 평균수명이 길어지고 있다. 평균수명의 연장은 인생의 길이 자체를 연장시키는 것이지만 더 구체적으로 분석해 보면, 결국 한 개인의 그의 일생 중에서 노인으로서 살아가야 하는 기간, 즉 노인기가 그 만큼 연장됨을 의미하는 것이다. 그러므로 늘어난 노년기 동안을 보다 효율적이고 유익하게 보낼 수 있도록 돕는 노년기를 대비하는 노후준비교육과 더불어 노년기 동안의 노인을 위한 교육 역시 중요성이 높아지고 있다.

이러한 사회적 변화에 따른 노인교육의 중요성을 충족하기 위한 노인교육의 필요성을 다음의 네 가지로 제시하면 다음과 같다(한국노년학회, 2000).

첫째, 노인교육은 노인들에게 학습의 주체로서 성장기회를 제공한다.

보다 많은 노인들이 사회에 참여할 수 있고, 자신들의 주장을 펴고 권리를 당당히 요구할 수 있도록 돕는 교육, 그리고 노인기의 여러 가지 변화에 효과적으로 적응할 수 있도록 도우며, 늘어난 노인기를 보다 보람 있고 유익하게 보낼 수 있도록 돕기 위한 교육이 요구된다.

둘째, 노인교육은 젊은 세대가 노후를 설계하고 노인에 대한 이해를 증진시키도록 한다.

계속적인 평균 수명의 증가로 노인기의 연장은 노후를 새로운 인생의 과정으로 설계하여야 할 필요성이 크다. 젊은 세대들은 앞으로 다가올 노인기 동안을 효율적으로 적응하고 준비하기 위해서는 노인기에 이르기 이전부터 자신의 노후를 설계하고 준비해야 한다. 그러므로 노인기에 대비하고 성공적인 노후를 계획할 수 있도록 돕는 교육이 요구된다. 노인에 관한 지식의 습득과 올바른 태도의 형성은 노인들과 효과적으로 관계 형성을 할 수 있는 가능성을 높여 주고 세대 간의 화합과 이해를 증진시켜 더불어 사는 사회를 만드는 데 기여한다.

셋째, 노인교육은 고령화 사회에서 노인 역할을 새롭게 모색한다.

노인들이 사회의 중요한 일원으로 참여하고 공헌하며 봉사하기 위하여 복지와 경제적인 뒷받침과 더불어 교육의 주체로서의 중요성이 높아지고 있다. 노인들이 일생을 통해 축적한 귀중한 경험과 지식, 기술이 버려지지 않고 사회에 다시 환원되어 부가적인 가치를 발휘하도록 해야 한다. 노인들로 하여금 사회 참여의 보람과 자신의 존재 가치를 맛볼 수 있도록 하기 위해 노인교육이 필요하다.

넷째, 노인교육은 젊은 세대에게 노인과 노화에 관한 자연스런 교육이 이루어지게 한다. 노인들은 중요한 교육자원으로서 지역사회에 참여하여 다른 세대와 공유하고 함께 경험하는 기회를 확산시킴으로써 세대 간의 화합을 증대시킬 수 있다.

허정무(2011)는 이러한 인구의 고령화는 필연적으로 노인인구의 교육수준이 높아짐에 따라 질적인 변화를 초래하고, 저출산화로 인하여 노인부양 부담이 증가 및 경제활동 인구가 감소하게 되며, 과거의 전통적인 가치보다는 지식정보화와 관련된 가치가 중시됨에 따라 노인들은 사회에 적응하기 위한 평생교육의 필요성이 증가하게 된다. 아울러 고령화사회로의 전환에 따른 노인인구의 질적인 변화 추세는 건강하고 경제력이 있으며 교육수준이 높은 노인들이 평생교육의 수단으로써 노인교육에 대한 수요를 창출할 것이다.

평생교육의 대두는 노인들이 교육에 참여할 수 있다는 가능성과 교육에 대한 의미변화를 실감하게 하였다. 평생교육은 학습내용, 방법, 기간, 대상, 장소가 고정되어 있지 않으며 개인의 평생을 통해 진행되는 의미를 가지며, 교육은 즐겁고 유익한 것이고, 문제해결 능력을 기를 수도 있다는 것을 인식하게 되었다. 평생교육은 지적인 삶의 계속을 의미하고 학습동기와 창의력을 부여하며 이를 실행에 옮길 수 있는 용기를 부여한다. 이러한 추세에 맞추어 노인 자신들도 학습하기에 적합한 존재임을 확인해 가고 있다.

노령인구가 상대적으로 큰 비중을 차지하는 고령화사회에서는 세대간의 효율적인 접촉, 사회변화와 전통적 경로사상의 붕괴 및 부양의식의 감소, 그리고 생활수준 및 교육수준의 향상으로 인한 노인들의 욕구 다양화를 비롯하여 개인적인 성장과 발전 도모, 지식과 기술 확장 등을 통해 학습사회의 도래를 예견하고 있다. 노인들도 교육의 주체로서 교육에 참여해야 할 것이다. 노인들이 변화하는 사회 속에서 효율적으로 적응해 나가는 데 필요한 재적응과 자립을 위한 교육과 함께 자기를 계발하고 자아를 실현하도록 돕는 노인교육의 필요성을 가중시키고 있다.

그리고 노인교육은 노인들을 고통으로부터 해방시키는 데 목표를 두어야 할 것이다. 노인의 三苦, 즉 외로움, 빈곤, 질병 등은 말할 것도 없지만 노인들 스스로 이와 같은 고통을 극복해 나가려는 의욕과 노력을 갖도록 하는데 목적을 두어야 한다. 또한 변천하는 사회에 잘 적응하여 남은 생을 보람되게 영위하는 데 도움을 주어야 한다.

노인들은 개인차가 있는 다양한 사람들로 이루어진다. 따라서 사회는 노인을 사회로 통합시키기 위해 교육적 노력을 해야 한다. 노인을 위한 계속교육, 평생교육 및 노인교육을 강화하고, 퇴직에 대해 적응하도록 해야 한다. 젊었을 때의 준비가 노후를 잘 보낼 수 있는 것이다. 특히 중년이야말로 노년을 잘 준비할 수 있는 시기이다. 사회도 중년기부터 노후생활에 대한 준비교육을 시키는 분위기가 되어야 한다. 특히 각 직장은 퇴직예정자들을 위한 교육을 제도화하여 역할 상실에 적응할 수 있도록 구성원들을 준비시켜야 한다.

노인교육의 경우, 의존도를 줄인다는 뜻은 노인 스스로가 자기의 일상생활을 이끌어 가는 능력을 가지며, 현실에 적응하고 원만한 가족관계를 갖고 건강을 관리하며, 상실과 퇴화문제를 줄이고, 어느 정도의 생산적인 역할을 하고 이웃과 사회에 기여하며, 경제적으로도 자립하는 일련의 능력들을 될 수 있는 대로 오랫동안 유지하도록 지도하는 계획적이고 의도적인 노력이 필요하다.

제2절 노인교육의 이론적 근거

1. 노인의 교육적 욕구

노인들에게 급변하는 현대사회에 적응할 수 있도록 도와주며 건강이 허락하는 범위 안에서 자신들의 문제를 스스롤 해결하고 자존감을 고양시키기 위하여 노인교육은 매우 중요하다. 이러한 사회 환경적 변화에 따라 맥클러스키(McClusky, 1971; 선순자, 2010: 9-10, 재인용)는 노인들의 교육적 욕구를 다음의 다섯 가지 범주로 분류하였다.

첫째, 노인들의 대처능력욕구(coping needs)이다. 자신의 노화에 따라 능력과 지식이 감퇴하여 일상생활에 곤란을 겪기 때문에 이를 만회하고 사회에서 정상적인 기능을 유지하기 위해 교육을 받으려고 하는 욕구이다.

둘째, 표현적 욕구(expressive needs)이다. 이것은 노인들의 활동이나 단체활동에 대한 참여욕구를 말하는데, 노인들은 자발적인 신체운동, 사회적 활동, 그리고 새로운 경험 그 자체로부터 새로운 것을 배우는 재미와 다른 동료들과의 교제로 심리적 적응과 보다 높은 정신건강 수준유지를 바라는 노인들의 욕구이다.

셋째, 공헌적 욕구(contributive needs)이다. 노인들에게는 자신 뿐만 아니라 남을 위해 헌신하고자 하는 욕구가 있는데, 노인들은 지역사회활동의 참여, 의료보건 및 사회복지 국방부 직할부대 및 국방부 직할부대 및 기관, 종교단체에 대한 자원봉사활동에 참여함으로써 자아개념을 충족시키고 스스로 만족을 구하게 되는 것을 말한다.

넷째, 영향력 욕구(influence needs)이다. 사람이 남의 영향을 단순히 받고만 있기보다는 적극적으로 사회 전체의 변화와 흐름에 대해 영향을 주고자 하는 것처럼 노인들도 사회단체, 노인단체, 종교단체, 봉사단체 등에 가입하여 많은 영향을 주려고 한다는 욕구이다.

다섯째, 초월적 욕구(transcendence needs)이다. 노인은 노년기에 현저히 나타나는 신체적 퇴락을 경험하면서 신체적 젊음보다 더 중요한 인생의 본질적 의미를 찾으려는 욕구가 있다.

2. 노인교육의 목표

노인교육의 목표란 교육에서 성취하고 하는 인간의 특성을 말하며, 의도적이며 계획적인 인간변화의 방향과 질을 포함하는 행동특성으로 진술되어야 한다. 그러므로 노인교육은 사회교육 및 평생교육의 차원에서 이해되어야 하며 자아실현, 자기개발 목표를 가지고 현대사회에서 제기되는 문제들에 대처하는 방법을 노인 스스로 터득하도록 하는 데 목표를 둔다. 그러기에 노인교육의 목표는 노인들의 학습욕구에 구체적인 방향을 제시하고, 노인교육의 전 영역을 포괄하는 것이어야 하며, 도시지역과 농·어촌지역, 노인들의 경제적 여건, 학력, 성별을 고려하여 교육목표가 달라져야 한다(송선희 외 13인 공저, 2011: 115-117).

첫째, 개인생활의 목표이다. 신체적으로 기능이 약화되어 일상생활에서 타인에게 의존하기 쉬운 노인들이 생에 대한 적극성을 가지고 자주적으로 계획을 세워 생활하려는 태도를 갖게 할 필요가 있다. 이를 통하여 역할상실, 고독감, 빈곤, 병고를 극복할 수 있으며, 강한 의욕을 가지고 노년기를 보낼 수 있다. 지속적으로 새로운 기술을 습득하고 교양을 쌓으며, 취미활동으로 원예, 공예, 시조, 무용, 장기, 바둑, 컴퓨터, 요리 등에 참여하여 여가를 활용하며, 건강유지와 질병에 대한 지식을 전문가에게 배울 필요가 있다. 노인들은 시력과 청력이 약해지고 안전사고에 취약하기 때문에 안전에 관한 학습이 필요하다. 또한 배우자, 동료의 사망으로 인생무상과 허무함을 느낄 때 종교를 통한 신앙심으로 이를 극복할 수 있도록 격려하고 도와줄 필요가 있다.

둘째, 인간관계의 목표이다. 노인들은 젊은 사람들과의 세대차가 존재함을 이해해야 하며, 그들의 사고방식도 수용할 필요가 있다. 불평, 불만, 고민 같은 심리적 갈등을 해소할 수 있도록 동년배 집단과 친밀한 관계를 형성할 필요가 있으며 지역사회의 어른으로서 존경받을 수 있도록 마을 청소, 청소년 선도와 지역사회운동에 앞장서는 태도를 갖도록 한다.

셋째, 경제생활의 목표이다. 노인에게 적합한 경제활동을 통하여 노인들의 고독감 해소와 여가 선용의 기회를 주는 것이 필요하다. 정년퇴직으로 인한 급격한 생활변화를 대비하기 위하여 새로운 일에 대한 정보를 얻고 필요한 기술과 지식을 습득하여 보람을 찾도록 한다. 또한 노년기 생활비를 스스로 마련하려는 태도를 기르고, 근로의 가치가 신성하다는 인식을 갖게 한다.

넷째, 국가생활의 목표이다. 국내 · 외의 정치, 경제적 상황과 추이를 이해시키고, 전통적인 미풍양속을 다음 세대에 가르치려는 태도를 지니게 한다. 사회봉사와 환경보호의 필요성을 인식하고 방법을 익혀 이에 앞장서는 태도를 갖도록 한다. 즉, 청소년 선도의 필요를 인식하고 청소년 선도사업을 위한 교육을 실시하여 적극적으로 참여하는 태도를 갖게 한다. 자원고갈을 방지하기 위해서 소비절약운동과 자연보호운동, 그리고 대기오염, 수질오염, 토양오염에 대한 이해를 하고 이를 위해 노인들이 솔선하여 노력하는 태도를 갖도록 해야 할 것이다. 노인교육에 관한 국가 및 사회적 관심을 불러일으키기 위해서 노인들이 노인교육의 개념과 국제적 동향을 알도록 해야 할 것이다.

이 연구에서 노인교육의 목표는 노인의 특성을 고려한 개인적인 측면과 변화하는 사회에 적응하고 대처할 수 있는 사회적인 측면을 상호보완할 수 있도록 설정해야 한다.

3. 노인교육의 범위

노인교육의 범위에 관해서는 여러 가지 이견들이 있다. 피터슨(1990)은 노인교육을 "노인을 위한 그리고 노인과 노화에 관한 교육적 노력의 실천과 연구"로 정의하였다. 자비스(1990)는 "노인들을 위한 교육, 노인과 노화에 대한 교육, 그리고 노인과 관련된 직업을 가진 이들을 위한 교육의 세 분야를 포함하는 것"이라고 정의하였다.

또한 김태준 외(2007)는 노인교육 기본 모형을 노인교육의 가치, 범위, 세부내용으로 나누었으며 〈표 10-2〉와 같이 제시하였다.

표 10-2 노인교육의 가치, 범위, 세부내용

노인교육의 가치	범 위	내 용(예)
사회통합(시민교육) Social Equality	노인을 위한 교육	· 노년기 역할 · 현대적 노인상
		· 노년기 직업능력교육 · 직업탐색기술 · 일의 의미와 중요성
		· 노화에 대한 이해 · 노년기 자기관리 · 인간관계
능력개발(직업교육) Productivity	노인에 대한 교육	· 노인과의 상호작용기술 · 더불어 사는 사회 · 경로와 효친
		· 고령친화사업 이해 · 노인고객의 이해 · 고령친화 직업능력개발
		· 노화에 대한 이해 · 노인의 특성 · 자신의 노화
삶의 질(여가문화) Liberalism	노인에 의한 교육	· 노인자원봉사 · 노년의 사회적 책임 · 어르신에 대한 예절

		· 일과 자원봉사 · 세대공동체교육 산업 · 직장 내 세대공동체 활동
		· 세대통합의 의의 · 세대의 특성 · 노년세대의 특성 · 노년세대의 경험과 문화 이해

출처 : 김태준 외(2007). 고령사회에 대응하기 위한 노년교육 장기발전방안 연구. 한국교육개발원.

첫째, 노인을 위한 교육(education for older adults)이다. 노인을 위한 교육은 사회적인 편견처럼 불필요한 장식품이나 사치품 정도에 그치는 것이 아니라, 진정한 자기성찰을 위한 공급원이자 노인들이 가진 중요한 욕구를 충족시켜 줄 수 있는 원천이다. 여가를 충당하는 수단이 아닌 삶에 힘을 얻는 것(empowerment)과 관련되어야 한다. 따라서 삶의 질의 측면에서는 노년기 역할, 현대적 노인상(老人像)에 대한 내용, 능력개발의 측면에서는 노년기 직업능력교육, 직업탐색기술, 일의 의미와 중요성에 대한 내용, 사회통합 측면에서의 노화에 대한 이해, 노년기 자기관리, 인간관계에 관한 내용을 그 예로 제시할 수 있다.

둘째, 노인에 대한 교육(education about older adults)이다. 노인에 관한 교육에서 학습자는 어린이로부터 노인에 이르기까지 어느 연령집단이든지 언젠가는 노인이 될 사람들, 퇴직을 준비하는 모든 '잠재적 노인'이다. 이 교육과정에서는 노화과정의 특성과 노년기의 과업 등 노화와 노인에 관한 지식과 기술을 다룬다. 또한 삶의 질의 측면에서 노인과 상호작용하는 기술, 더불어 사는 사회, 경로와 효친을 살펴볼 수 있으며, 능력개발의 측면에서는 고령친화산업 이해, 노인고객의 이해, 고령친화 직능개발, 사회통합 측면에서 노화에 대한 이해, 노인의 특성 및 자신의 노화에 대한 내용을 예로 활용할 수 있다. 노인교육에서 주장하는 교육은 노인 학습자를 대상으로 노인들에게 필요한 지식과 기능, 정보 등을 가르치는 교육이다.

셋째, 노인에 의한 교육(education by older adults)이다. 이는 노인들의 지혜와 경험을 활용하는 노인에 의한 교육이다. 위의 두 영역에 비해 훨씬 광범위하여 형식적 · 비형식적 교육까지 모두 포함하는, 즉 좁은 의미의 교육장면 뿐 아니라 넓은 의미의 봉사를 통한 교육적 의미까지 포함한다. 노인에 의한 교육의 내용으로는 삶의 질의 측면에서는 일과 자원봉사, 세대공동체교육 산업, 직장 내 세대공동체 활동을 제시할 수 있으며, 사회통합 측면에서는 세대통합의 의의, 세대의 특성, 노년세대의 경험과 문화 이해를 예로 사용할 수 있다.

4. 노인교육 방법의 원리

노인교육의 방법은 다른 연령과는 분명히 달라야 한다. 그 이유는 노인들이 처해 있는 외부적 상황과 노인들 자신의 내부적 특성 및 과업 그리고 교육적 욕구가 다르기 때문이다. 노인교육 방법의 원리를 살펴보면 다음과 같다(허정무, 2001: 215-218).

1) 자발성의 원리

이것은 노인교육이 타율적 · 강압적이 아닌 노인들의 흥미에 입각한 자발성에 기초를 두어야 한다. 그들은 풍부한 경험을 가지고 있기 때문에 자발적으로 학습할 수 있는 능력이 충분하며 교육방법에서는 이러한 장점을 살리도록 한다. 예를 들면, 일방적인 강의는 될 수 있는 대로 줄이고, 노인중심으로 발표, 토의, 제작, 연극, 견학 등의 자발적인 활동이 이루어지도록 해야 할 것이다. 즉, 의자에 가만히 앉아 있는 시간을 줄이도록 한다.

2) 경로사상의 원리

노인학교의 교사는 일반학교의 교사와는 그 특성이 달라야 하는 것으로 일반학교에서는 교사가 학생보다 나이가 많은데, 노인학교는 대부분의 경우 학생이 교사보다 나이가 많으며, 경우에 따라서는 학생이 특정 분야의 경험도 더 많다. 그렇기 때문에 교사가 학생보다 낫다고 생각하는 것은 삼가야 한다. 좌절감과 소외감을 해소하기 위하여 노인학교를 찾았는데 만일 여기에서 노인들이 소외당한다면 노인들의 문제는 더욱 심각해진다. 따라서 교사는 누구보다도 경로사상에 투철한 자질을 지니고 있어야 한다. 예의 바르고, 친절하며, 겸손하고, 세밀한 점까지 신경을 쓰는 경로사상이 노인학교 교사의 자질로서 요구된다. 노인들은 교사로부터 존경받고 있다고 느껴야 한다. 이와 같은 따뜻한 경로사상이 노인들의 가슴을 울려야 교육의 효과를 올릴 수 있는 것이다.

3) 사제동행(師弟同行)의 원리

노인교육은 강사가 일방적으로 계획을 세워서 실천하고 평가하는 것보다는 학습자들과 공동으로 계획을 세우며 실천하고 평가해야 한다. 노인들은 풍부한 경험을 가지고 있으며, 많은 자원에 익숙하기 때문에 노인들과 같이 계획을 세울 때에 보다 성공적인 교육이 이루어질 수 있다. 예를 들면, 어떤 교과를 배울 것인지, 강사는 누구로 하는 것이 좋을지, 견학은 어디로 언제 가는 것이 좋을지 등 노인학교의 모든 프로그램을 노인들과 같이 계획을 세우고, 실천하며, 그 결과도 함께 평가하도록 해야 할 것이다.

4) 생활화의 원리

이는 노인교육의 내용이나 교육방법은 노인들의 생활과 밀접하게 관련되는 것이어야 한다. 노인들은 노후의 생활을 정신적으로, 신체적으로, 건강하고 편안하게 살기 위하여 노인교육실을 찾는다. 그렇기 때문에 추상적인 이론이나 학문적인 지식은 노인들이 알아듣지도 못할 뿐만 아니라 관심도 끌지 못한다. 노인들의 일상생활 속에서 나타나는 문제를 중심으로 노인교육이 이루어져야 할 것이다. 노인학교나 노인교실에 다님으로써 다니지 않을 때보다 확실히 낫다는 심리가 노인들에게 나타나도록 가르쳐야 할 것이다. 여생이 얼마 남지 않은 노인들에게 있어 철학, 사상 등과 같은 차원 높은 학문에 대해 어느 정도 관심이 있을 것인지는 재고해 볼 필요가 있을 것이다.

5) 다양화의 원리

노인교육의 단순한 강의 중심만이 아니라, 여러 가지 활동 등을 다양하게 전개해야 한다. 왜냐하면 대개의 강의는 암기를 요구하는데 노인기에 이르면 암기력이 감퇴하기 때문이다. 물론 필요하면 강의도 해야겠지만 여러 가지 활동이 다양하게 전개될 수 있도록 함이 바람직하다.

6) 직관(直觀)의 원리

이는 노인교육을 실제로 보고, 듣고, 만져 보고, 맛보게 하는 등 학습자들로 하여금 구체적이고 실제적인 내용을 경험하게 해야 한다. 흔히 '백 번 듣는 것보다 한 번 보는 것이 낫다'라는 말이 있는데, 이것이 직관의 원리를 나타냈다고도 볼 수 있다. 만일 직접 경험을 할 수 없는 경우에는 대리 경험을 해야 하는데 이 때는 사진, 그림, 표본, 도표, 그래프, 슬라이드, 영화, 라디오, 텔레비전 등과 같은 시청각 교재를 최대한으로 사용해야 한다. 이와 같은 직관의 원리에 입각하여 학습을 지도할 때 학습이 구체적이 되어 학습의 흥미가 나타나며 인상적으로 되고 심화된다.

7) 개별화의 원리

노인교육은 개인차를 고려하여 개개인의 학습욕구를 충족시켜 주어야 한다. 노인들은 지적인 능력, 학력, 흥미, 성격, 경험적인 배경, 가정배경, 건강상태 등에 있어서 그 차이가 너무나 크다. 따라서 노인들의 단체교육은 대단히 어렵다. 가능한 한 적은 인원수로 구성된 학습집단을 만들고, 개개인의 욕구를 충족시켜 줄 수 있는 교육방법을 찾아야 한다. 개인의 욕구와 거리가 먼 지도가 이루어질 때 노인학교나 노인교실은 재미없는 국방부 직할부대 및 기관으로 인식될 가능성이 있다.

8) 경험의 원리

노인교육은 추상적인 강의보다는 직접 경험하면서 배우도록 해야 한다. 즉, 이론적인 것보다 실제적인 것, 추상적인 것보다 구체적인 것에 유의하여 지도해야 할 것이다. 예를 들면, 요리의 이론보다는 실제로 만들어 보는 것, 운동을 실제로 해 보는 것, 여행을 가는 것, 견학 가는 것 등과 같은 학습활동이 노인교육에 보다 적합한 교육이다.

9) 사회화의 원리

노인교육의 일부는 사회봉사와 관련되어 있어야 한다. 이것은 노인들 입장에서 보면 사회를 위하여 일한다는 긍지와 자부심을 가지게 되며, 일반 사회인의 입장에서 보면 노인들이 저렇게 일하는데 우리가 게을리할 수 없다는 마음을 가지게 하는데 도움을 준다. 사회화의 다른 하나의 측면은 급격한 사회변화에 적응할 수 있도록 노인들을 도와주는 교육이 이루어져야 한다. 가치관, 생활양식, 가족구조, 인간관계 등이 너무나 갑자기 변하기 때문에 이 측면의 교육을 소홀히 하면 보수성, 전통성이 강한 노인들은 현대사회에서 점점 살기가 힘들게 된다. 노인들이 행복하게 살기 위해서는 사회변화에 적응하는 방법을 배워야 한다.

제3절 노인교육의 주요정책

우리나라에서 노인이 '교육정책'의 대상이 된 것은 1978년 문교부가 민간노인교육단체에 의해 운영되던 노인교실에 운영비를 지원하면서부터라고 볼 수 있다(이혜연 · 김기석, 2009). 이후 1987년 정부조직이 개편되면서 노인교육정책 지원이 문교부의 사회교육국 담당업무에서 보건사회부의 가정복지국으로 이전된 이래 대부분의 노인관련 사업 및 교육은 보건복지부의 지원 하에 있다.

노인에 대한 정책지원이 본격적으로 이루어지기 시작한 것은 1990년 보건복지부에 노인복지과가 신설되면서부터이며, 초기 노인교육 정책의 대상이었던 노인교실도 현재에는 「노인복지법」 제36조에 의해 노인여가복지시설로 규정되어 지원되고 있다.

1996년에는 교육인적자원부 평생학습정책과에 노인교육정책에 대한 조정 기능이 추가되면서 노인이 '교육정책'의 대상으로 다시 등장하였다. 그러나 노인평생교육시설들은 보건복지부 감독 하에 그대로 있으면서 노인 평생교육정책 조정 기능만 수행하게 되면서 부처 간에 명확한 역할분담이 이뤄지지 않았다. 이후 노인 평생교육정책 조정 기능도 노인을 포함한 소외계층 전체를 포괄하는 업무로 통합 · 축소되었고, 2008년부터는 노인평생교육 업무 직제가 폐지되었다(교육과학기술부 · 평생교육진흥원, 2011).

1. 노인교육의 법적 근거

결론부터 밝히자면 현재 우리나라의 노인교육에 관한 법적 근거와 전담 부서는 없다. 평생교육법 제2조(정의)에 "평생교육이란 학교의 정규 교육과정을 제외한 학력보완교육, 성인 기초 · 문자해득교육, 직업능력 향상교육, 인문교양교육, 문화예술교육, 시민참여교육 등을 포함하는 모든 형태의 조직적인 교육활동을 말한다."

라고 명시하고 있고, 동법 제4조(평생교육의 이념)에 모든 국민은 평생교육의 기회를 균등하게 보장받고, 평생교육은 학습자의 자유로운 참여와 자발적인 학습을 기초로 이루어져야 한다고 명시하고 있어 노인도 평생교육의 대상임을 밝히고 있다. 그나마 평생교육법시행규칙에 평생교육사 양성과정의 과목 중으로 '아동교육론, 청소년교육론, 여성교육론, 노인교육론, 시민교육론, 문자해득교육론, 특수교육론, 성인학습 및 상담' 중 1과목 이상을 선택할 수 있는 말 그대로 선택과목으로 포함되어 있는 것이 전부이다.

노인교육과 관련하여 평생교육법에 근거한 금빛평생교육봉사단과 노인을 위한 평생교육 지원 정책(교육인적자원부, 2004 평생교육백서) 그리고 노인복지법 제36조(노인여가복지시설)에 의하면 노인여가복지시설을 다음과 같이 밝히고 있다.

1) 평생교육법에 근거한 노인교육

첫째, 금빛평생교육봉사단은 퇴직자를 평생교육자원봉사자로 활용하는 「퇴직자 인적자원활용+평생교육+자원봉사」의 새로운 연계모델을 도입하여 지역사회 평생학습을 활성화하고 자원봉사 붐을 조성하여 지역의 퇴직인력개발을 도모하고자 추진하는 사업이다.

둘째, 교육인적자원부는 2000년도부터 대학부설 평생교육원에서의 노인교육 담당자 및 전문가 양성과정 개설 운영을 지원하고 있다. 전·현직 노인교육 담당자나 향후 노인교육분야에서 활동하고자 하는 사회복지사, 평생교육사, 자원봉사자 등을 대상으로 노년기에 대한 교육적 이해와 교육방법 및 프로그램 기획론 등 교육전문성을 신장시킬 수 있는 기회를 무료로 제공하는 것이다.

2) 노인복지법에 근거한 노인여가복지시설

「노인복지법」 제36조에 의하면 노인복지관, 경로당, 노인교실은 노인여가복지시설로 정책 대상에 포함되어 있는데(보건복지부, 2013), 이 세 유형의 시설 모두 일정 부분 노인교육 프로그램을 운영하고 있다.

첫째, 노인복지관은 노인의 교양 · 취미생활 및 사회참여활동 등에 대한 각종 정보와 서비스를 제공하고, 건강증진 및 질병예방과 소득보장 · 재가복지 그밖에 노인의 복지증진에 필요한 서비스 제공을 목적으로 하는 시설이며, '노인의 교양 향상을 위한 프로그램의 제공 및 레크리에이션 활동 등의 지도'가 노인복지관 사업 중 하나로 평생교육적 기능이 제시되어 있다.

둘째, 경로당은 지역노인들이 자율적으로 친목도모 · 취미활동 · 공동작업장 운영 및 각종 정보교환과 기타 여가활동을 할 수 있는 시설이며, 교육보다는 여가기능에 치우쳐 있지만 최근 경로당 활성화사업을 통해 다양한 교육프로그램을 투입하고 있다.

셋째, 노인교실은 처음 초등학교 학구단위의 노인평생교육기관으로 출발하였지만 현재에는 여가활동과 교육이라는 기능을 복합적으로 담당하고 있다. 노인교실은 '건전한 취미생활 · 노인건강유지 · 소득보장 및 기타 일상생활과 관련한 학습프로그램을 제공'을 목적으로 지원되고 있어 평생교육적 목적에 가장 부합하는 시설이다. 노인교실은 실제로 노인대학, 노인학교 등의 여러 명칭으로 불리고 있으나 '노인교실'이라는 명칭으로 일괄 등록되고 있다.

2. 노인교육시설

노인교육시설과 관련하여 평생교육법에 근거한 금빛평생교육봉사단과 노인을 위한 평생교육 지원 정책(교육인적자원부, 2004 평생교육백서) 그리고 노인복지법 제36조(노인여가복지시설)에 의하면 노인여가복지시설을 구체적으로 살펴보면 다음과 같다.

1) 금빛평생교육봉사단

금빛평생교육봉사단은 오랜 사회활동을 통해 전문적인 능력과 경험을 축적한

55세 이상의 퇴직자를 대상으로 한다. 금빛평생교육봉사단원들의 자원봉사활동 참여는 자신에게는 육체적 · 정신적 만족감을 갖는 기회를 제공하며, 사회적으로는 부족되는 교육부문 등을 지원하여 교육복지 정신을 심어 준다는 의미에서도 매우 유익한 활동으로 보다 적극적으로 추진되어야 할 정책적 과제라 할 수 있다.

따라서, 그들의 전문적 지식과 풍부한 경험을 바탕으로 자원봉사활동을 통하여 지역사회에서 어려운 이웃을 도울 수 있다는 자신들의 역할에 대한 자긍심을 갖게 된다는 점에서 실제로 노인들은 자원봉사활동에 대한 부정적인 측면보다는 긍정적인 면을 더 높이 평가할 수 있다. 노약자뿐만 아니라 유아 · 청소년 · 성인 · 노인 등 지역사회의 모든 사람을 대상으로 하며, 노인을 위한 교육, 노인에 관한 교육이 아니라 노인이 주체적으로 교육활동을 수행하는 노인에 의한 교육봉사이고, 단순 자원봉사가 아니라 집단교육뿐 아니라 1:1상담, 행정지원업무 등 공직 또는 전문직 퇴직자가 수행할 수 있는 포괄적 교육자원봉사활동이다.

퇴직 교원 · 공무원 등의 전문 인력의 능력과 경험을 살려 지역의 평생교육 · 복지서비스를 활성화하고자 하며, 퇴직자의 전문지식을 지역사회 평생교육 자원으로 활용함으로써 개인적으로는 평생교육자로서의 새로운 역할부여로 활기찬 노후생활을 영위하고 자아실현의 욕구와 사회참가 의식을 갖도록 함으로써 지역사회와 국가를 위해 봉사하는 긍정적 퇴직자상을 정립하고자 한다.

사업의 총괄적인 관리와 효율적인 업무추진을 위해서 평생교육센터, 16개 시 · 도교육청, 지역평생교육정보센터의 공동운영협의회를 구성하며, 금빛평생교육봉사단의 운영체제 및 역할은 다음 〈그림 10-1〉과 같다.

평생교육센터	➡	□ 사업관리 및 지원 – 사업홍보 – 매뉴얼 작성 – 관리자 연수 – 자원봉사자 DB구축 □ 사업평가
지역평생교육 정보센터	➡	□ 자원봉사자 교육 및 배치 – 희망자 모집 · 교육 – 지역사회 기관과 연계하여 프로그램 작성 □ 자원봉사자 사후관리
평생학습관	➡	□ 자원봉사자 쉼터 및 자율 연수의 장

사업계획서 수립 · 승인	· 교육청과 지역평생교육정보센터가 협력하여 계획수립 · 교육인적자원부에서 심사 · 승인

⇩

사업 및 자원봉사자 모집 홍보	· 전국단위 발대식 거행 및 포스터 작성 배포 · 지역신문, 반상회보, 각종 간행물, 소식지에 게재 · 시민단체, 학교, 관공서, 직능단체 등에 공문발송 · 은행, 관공서, 평생교육기관 등에 홍보책자 비치 · 교육부, 공무원연금관리공단, 평생교육정보센터 교육청, 자원봉사센터 홈페이지 등에 탑재 · 지역사회 유력 인사를 초청하여 발대식 거행 · 자원봉사관련 단체와 연대하여 event행사 추진

⇩

자원봉사자 모집	· 건강상 문제, 경제적 어려움이 있는 자는 모집대상에서 제외 · 자원봉사자를 도와줄 수 있는 명예봉사자 모집

⇩

자원봉사자 선발	· 1차 서류전형(자격심사) → 2차 면접 (자질검사) · 탈락자를 고려하여 추가인력 선발 – 현재 직업을 가진 자는 제외 등 · 퇴직교원은 전체 인원의 일정비율만 배정

⇩

자원봉사자 교육/재교육	· 지역사회 형편에 따라 다양한 유형 선택 – 지역평생교육정보센터에서 자체 교육 – 지역대학에 자원봉사자 교육 위탁 – 자원봉사센터와 연계하여 교육 · 자원봉사자 활동 중 재교육 및 평생교육 실시

⇩

자원봉사단 조직 및 자치활동	· 평생교육봉사단 발대식을 통해 조직 · 자원봉사자 활동분야별로 자치활동 모임(모둠) 조직 · 모둠 단위로 자체 활동비 지급 가능 · 같은 모둠끼리 학습동아리를 형성하여 자율 연수 – 평생학습관, 주민자치센터 등을 모임장소로 활용

⇩

자원봉사자 DB구축	· 평생교육정보망에 자원봉사자 DB를 구축 · 지속적인 관리로 평생교육강사 요원으로 활용

⇩

자원봉사자 활동 및 재배치	· 지역사회기관에서 자체 평생교육프로그램 운영 · 수요처와 봉사자의 요구를 고려하여 활동기관에 배치 · 부적응 봉사자는 다른 봉사분야로 재배치 ※ 특정 봉사자에게 활동이 편중되지 않도록 유의

⇩

활동의 관리 및 보상	· 중간 탈락자가 발생하지 않도록 관리에 유의 · 활동일지를 작성하여 매달 관리자에게 점검 – 활동내용을 점검 후 실비 지급

⇩

사업평가 및 인정	· 연말에 사업결과에 대해 자체 평가 실시 · 우수 평생교육봉사자에 대해서 교육감상 등 표창

〈그림 10-1〉 금빛평생교육봉사단의 운영체제 및 역할

아울러, 금빛평생교육봉사단의 활동영역을 제시하면 다음 〈표 10-3〉과 같다.

표 10-3 금빛평생교육봉사단의 활동영역

분 야	활 동 프 로 그 램
아 동	아동 놀이지도, 독서교육, 한문교육, 학습부진아 지도, 예절교육, 바른 식생활 습관, 어린이 재해예방 교육, 어린이 안전모니터 활동, 특별활동 지도, 시설아동 컴퓨터 가르치기, 어린이 공부방 학습지도
청소년	독서교육, 한문교육, 학습부진아 지도, 청소년 상담, 소년 · 소녀가장 학습지도, 특별활동 지도, 예절교육, 진로지도, 교육환경 감시, 인성교육
소 외 계 층	한글, 한자, 영어, 컴퓨터 등 기초 문해교육
여 성	성교육, 소비자경제 교육, 환경교육, 부모교육
장애인	생활적응 교육, 기초 문해교육, 직업능력 향상교육
노 인	기초 문해교육(한글, 영어, 한자, 기초수리, 컴퓨터), 건강교육, 사회변화 및 세대이해 교육, 노후생활 설계 및 여가 교육, 지역사회 참여촉진

금빛평생교육봉사단의 연도별 봉사자 수를 살펴보면, 다음 〈표 10-4~6〉과 같다.

표 10-4 금빛평생교육봉사단 연도별 봉사자 수

2002년	2003년	2004년	2005년	2006년	2007년	2008년	2009년	2010년	2011년	2012년
1,681명	1,902명	2,044명	2,041명	2,146명	1,887명	1,926명	2,001명	1,844명	1,756명	1,572명

출처 : 교육부 · 한국교육개발원(2013). 2013 평생교육통계자료집.

금빛평생교육봉사단은 2002년 1,681명에서 지속적으로 증가해 2006년 2,146명으로 최고 많은 봉사자가 참여하였다가 2012년에 1,572명으로 점차 감소 추세에 있다.

표 10-5 2012년 지역별 금빛평생교육봉사단 봉사자 수

단위 : 명

서울	부산	대구	인천	광주	대전	울산	경기	강원	충북	충남	전북	전남	경북	경남	제주	합계
182	–	100	161	136	133	64	67	86	94	175	–	115	79	100	80	1,572

출처 : 교육부 · 한국교육개발원(2013). 2013 평생교육통계자료집.

지역별로는 서울, 인천, 광주, 대전 등 대도시지역에서 높게 나타났으며, 충남, 전남, 경남 등의 지역에서 비교적 많이 참여하는 것으로 나타났다.

표 10-6 영역별 금빛평생교육봉사단 봉사자 수

학습지도 분야					일반평생교육 분야				기타	계
문해교육	외국어	교과지도	방과후 학습지도	컴퓨터	상담	예술	체육	역사지도		
279명	122명	110명	234명	40명	128명	418명	90명	9명	414명	1,844명

출처 : 교육부 · 한국교육개발원(2013). 2013 평생교육통계자료집.

금빛평생교육봉사단의 주요 봉사활동 영역은 학습지도 분야에서 문해교육과 방과후 학습지도, 일반평생교육 분야에서는 예술과 상담 등이 많이 이루어지고 있었다.

2) 노인여가복지시설

2012년도 보건복지부 통계자료에 의한 전국노인여가복지시설을 살펴보면 다음 〈표 10-7〉과 같다.

표 10-7 전국노인여가복지시설 현황

시 · 도	65세 이상 노인인구 (2011. 12. 31. 기준)	합 계	노인복지관		경로당	노인교실
			시설수	종사자수		
합계	5,700,972	63,375	281	3,770	61,537	1,557
서울	1,044,750	3,572	41	950	3,181	350
부산	418,043	2,244	17	193	2,054	173
대구	260,038	1,444	11	77	1,380	53
인천	250,528	1,415	18	209	1,359	38
광주	136,411	1,264	9	155	1,228	27
대전	135,740	777	6	82	757	14
울산	80,465	775	8	81	743	24
경기	1,072,462	9,175	48	896	8,782	345
강원	233,219	2,936	9	112	2,905	22
충북	209,473	4,062	16	185	3,984	62
충남	315,079	5,652	13	168	5,571	68
전북	291,919	6,467	20	195	6,362	85
전남	356,349	8,579	29	203	8,460	90
경북	424,386	7,532	13	96	7,413	106
경남	399,530	7,063	17	143	6,968	78
제주	72,580	418	6	25	390	22

출처 : 보건복지부(2012). 보건복지부 통계자료.

노인여가복지시설은 위에서 밝힌 바와 같이 크게 노인복지관과 경로당 그리고 노인교실로 나눌 수 있다.

먼저, 노인복지관은 노인층으로 특화된 대상에 대한 특화 서비스를 제공하는 시설로서 무료 또는 저렴한 비용으로 노인에 대하여 건강의 증진, 교양, 오락, 기타 노인의 복지증진 및 상담 등을 제공하고 있다.

2012년도 통계자료에 의하면 전국적으로 281개의 노인복지관, 61,537개의 경로당 그리고 1,557개의 노인교실 등 총 63,375개의 시설이 설치 · 운영되고 있다. 대체로 인구에 비례하여 서울과 경기도에 집중적으로 설치되고 있으며, 상대적으로 충청남도는 전체 5,652개로 인근지역이면서 인구가 적은 전라북도의 6,467개보다 오히려 적게 설치되어 있다. 제주도의 경우도 이와 비슷하여 인구는 울산광역시와 비슷하나 노인여가복지시설은 그 절반에 이르고 있는 실정이고, 강원도와 충청북도를 비교해도 유사한 상황임을 알 수 있다. 노인여가복지시설에 있어서도 여전히 지역에 따라 불균형하게 서비스가 이루어시고 있는 것은 개선되어야 할 사안임에 틀림없다.

제4절 노인교육의 실태 및 발전방안

우리나라 노인교육에 대한 일반적인 실태를 분석하고, 그것에 기초하여 노인교육 발전을 위한 노인교육전문가 양성에 관한 법적, 행정적 근거를 마련하고, 나아가 실무형 노인교육과정(안)을 제시하면 다음과 같다.

1. 노인교육의 실태

노인교육 프로그램에 직접 참여하고 있는 노인들을 대상으로 일대일 대면적 접근을 통한 설문지 검사에서 나타는 결과는 다음과 같다(조재준, 2015).

첫째, 노인교육에 대한 일반적인 실태를 분석한 결과, 전반적으로 노인은 건강관리를 위한 교육프로그램에 가장 많이 참여하고 있었으며, 연령이 높을수록, 그리고 학력이 낮을수록 노인들은 건강에 더 많은 관심을 보였다(이부섭, 2008; 장창수, 2009). 일반적으로 1주일에 평균 5일, 즉 주말을 제외하고 매일 오전 시간에 걸어서 교육기관에 도착하고, 교육프로그램을 선택할 때 나에게 실제로 도움이 될 수 있는지와 친한 친구분의 권유와 동참이 매우 크게 작용하였으며, 교육비는 대체로 1만원 이내가 적정하다고 보아 교육비가 낮게 책정될 것을 시사한다.

둘째, 노인교육 프로그램에 대한 전반적인 만족도는 매우 높았으며, 노인교육 프로그램에 대한 하위영역 만족도는 교육비에 대한 만족이 가장 높았고, 다음으로 교수자(강사), 교육시설 순이었다. 다시 말해 교육비와 교수자에 비해 교육시설에 대한 만족도는 상대적으로 떨어지는 것으로 나타났다. 아울러 교육시설, 교수자, 교육비에 대한 만족에 있어 일반적인 경향이 있었는데 이는 연령이 높으면 높을수록, 학력이 낮으면 낮을수록 만족도가 높게 나타났다. 바꾸어 말하면 연령이 낮고, 학력이 높을수록 노인교육에 대한 만족도가 낮게 나타났다. 교육비에 있어서는 할아버지가 할머니에 비해 교육비에 대한 만족도가 높게 나타났다(하상록, 2002; 이부섭, 2008; 조임현, 2005).

셋째, 노인교육 프로그램 참여에 대한 향후 계획에 있어 성별, 연령별, 학력별과 상관없이 모든 어르신이 지속적으로 참여하고자 하였으며, 가장 참여하고 싶은 교육프로그램의 영역은 건강관리였고, 다음으로 취미 · 여가활동, 자원봉사활동 그리고 법률 또는 재산관리 순으로 나타났다. 이는 평균 수명과 학력이 높아짐에 따라 건강관리뿐만 아니라 자원봉사활동과 법률 또는 재산관리에 관심이 높아지는 것을 알 수 있다.

넷째, 노인교육 개선을 위해서는 무엇보다도 노인교육의 정책과 경제적 지원이 가장 시급하며, 지속적으로 연계되는 노인교육 프로그램의 운영 · 개발 그리고 교육시설 그리고 노인교육 전문가인 교수자(강사 또는 교수)의 확보가 필요하다. 끝으로 노인은 노인교육의 전문성 제고를 위해 대학에 노인교육전문가를 양성하는 '노인교육과'를 신설하는 것을 적극 검토해야 할 것임을 시사한다.

2. 노인교육의 발전방안

앞에서 제시한 노인교육의 실태에 근거한 발전방안을 제시하면 다음과 같다(조재준, 2015).

첫째, 노인교육에 대한 양적 · 질적 수준을 높이면서 노인에 대한 다양한 특성에 알맞은 프로그램이 연구 · 제공되어야 한다.

노인은 연령이 낮을수록, 학력이 높을수록 노인교육에 대한 만족도가 낮게 나타났다. 이는 상대적으로 젊은 노인인 경우 일반적으로 예전에 비해 상대적으로 학력이 높고, 학력이 높은 사람일수록 노인교육에 대한 기대치가 높기 때문일 것이다. 노인교육 프로그램에 있어서도 종전 건강관리와 취미 · 여가활동에서 점차 자원봉사활동과 법률 또는 재산관리 등 다양한 교육적 관심과 욕구로 다변화하고 있다. 이에 노인교육도 노인의 성별에 따라, 연령에 따라, 학력이 높고 낮음에 따라, 도시와 농 · 어촌에 따라 다양한 노인교육에 욕구되고 있기에 노인을 위한 교육체제도 시대적 · 국가적 · 사회적 추세에 따라 능동적 · 선구적으로 변화해야 한다.

둘째, 노인교육에 대한 관련 법규를 개정 또는 제정하여야 한다.

노인교육의 근본적 · 총제적 개선을 위해서는 무엇보다도 노인교육에 대한 정책이 뒷받침되어야 한다. 우리나라 노인교육의 정책이 현재 교육부와 보건복지부로 서로 이원화되어 있어 정책 수립과 집행, 그리고 평가에 있어 동역자적 관계를 유지하지 못하고 있다. 이를 해소할 수 있는 방안 중의 하나가 노인교육에 관한 법적 장치, 즉 제도를 마련되어야 한다.

헌법 제31조에 근거한 교육기본법 제9조(학교교육)에서 '학교교육을 유아교육 · 초등교육 · 중등교육 및 고등교육'으로 명시하고 있는 바, 노인교육을 학교교육의 범주에 포함하는 방향으로 교육기본법 제9조를 개정하여 「노인교육법」을 제정 · 공포하여야 한다. 이 과정은 노인의 학력에 따라 문해교육과 초 · 중등학교 및 고등교육 교육과정 이수를 위한 학위과정, 원격매체를 활용한 온라인교수-학습과정, 진로직업을 준비하는 과정 등 노인의 개인적 · 국가적 · 사회적 교육목적과 교육목표에 다양하게 계획 · 수행하게 된다. 아울러 평생교육법과 연계하여 노인을 위한 학교부설 · 원격 · 사업장 · 시민사회단체 · 언론기관 등 교육으로 확대 · 연계시킬 수 있다. 이로써 우리나라는 법적 · 제도적 · 행정적 차원에서 볼 때, 노인교육을 학교교육에 포함시킨 세계에서 유일한 국가가 되고, '요람에서 무덤까지', '누구나, 언제, 어디서나'라는 평생교육 이념의 차원에서도 노인교육이 학교교육과 사회교육까지 모두 이루어짐으로써 교육사적으로 매우 선구적 · 혁신적 시도가 될 것이다.

셋째, 노인교육에 관한 제 정책이 수립되고, 이를 달성하기 위한 경제적 지원이 뒤따라야 한다.

노인교육에 관한 「교육기본법」에 기초한 「노인교육법」이 제정 · 공포되면 「노인교육법」에서 규정한 사항을 추진하기 위한 전담부서가 교육부에 설치될 것이다. 현행 교육부의 직제에 따른다면 '교원정책과'에 추가 · 신설되어야 할 것이다. 여기서는 노인교육에 관한 종합정책을 수립하고, 노인교육에 필요한 전문직으로서 교원을 양성하며, 교원의 전문성을 신장할 수 있는 연수와 평가 등을 직무를 수행할 것이다.

넷째, 노인교육의 전문성을 신장하고 확보하기 위한 고등교육기관인 대학에서 노인교육전문가를 양성하는 제도적 마련이 요구된다.

노인교육전문가 양성을 위한 노인교육과정(안)의 마련을 위해서는 위에서 밝힌 바와 같이 교육기본법 제9조 학교교육의 범주에 노인교육을 포함시키는 것에서 출발하여야 한다. 이를 구현하기 위한 하위법인 「노인교육법」이 제정 · 공포되고, 이를 구체적으로 추진하기 위한 「노인교육법 시행령」, 「노인교육법 시행규칙」 등이 마련될 것이다.

노인교육의 목적을 달성하기 위해서는 노인을 위한 노인교육전문가, 즉 교원 양성이 뒷받침되어야 한다. 노인교육을 위한 교원은 중등교원을 양성하는 사범대학(학부)에 '노인교육과'를 설치 · 운영하는 것이 바람직하며, 교원 양성을 위한 노인교육과정(안)은 유아교육과, 초등교육과 및 중등교육과의 교육과정에 준해 구성되어야 할 것이다.

노인교육과 교과교육 영역 중 '교과교육론'은 노인의 지적 능력, 신체적 특성, 학력, 흥미, 성격, 사회적 경험, 건강, 평균수명의 연장 등을 고려하여 노인교육론, 노인발달, 노인건강교육, 노인사회교육, 노인직업교육 및 노인웰다잉교육을 개설하였고, 노인교육연구와 노인교직 및 교과논술 등 8개 교과교육을 개설 · 운영하는 방안도 모색되어야 한다.

제11장

다문화가정 평생교육

제1절 다문화가정의 개념과 유형
제2절 다문화가정의 현황
제3절 다문화가정에 대한 지원

제1절 다문화가정의 개념 및 유형

한국사회에서 고학력화, 낮은 취업률, 여성의 사회적 · 경제적 참여의 증가 등으로 인한 만혼화 현상이 두드러지고 있으며, 전통적인 남아선호사상으로 인하여 성비의 불균형으로 결혼 상대자를 구하지 못하는 남성들이 증가하고 있다.

또한 글로벌화로 대변되는 국내 · 외 사회환경의 변화와 맞물려 이주민들이 급격히 유입되면서 우리 사회는 다문화 사회로 진입하고 있다. 2013년 기준 국내 체류 외국인 수는 전체 인구의 3%에 달하는 144만여 명(귀화자 포함)에 이르며(안전행정부, 2013), 이는 지난 2001년의 57만 명 대비 약 3배 가량 늘어난 수치이다.

유형별로도 단기체류자인 이주노동자와 유학생뿐만 아니라 결혼이민자와 그 자녀 등 한국 국적을 취득했거나 희망하는 장기 혹은 영구거주 이주민들이 크게 증가하고 있는 상황이다. 특히 중도입국 자녀를 포함한 이주배경 학생 수 또한 지속적으로 증가하고 있어 2014년에는 전체 초 · 중 · 고 재학생의 1%(약 7만여 명) 수준을 상회할 것으로 예상되고 있다(교육부, 2013).

1. 다문화가정의 개념

다문화가정이란 국적을 달리하는 남녀가 결혼으로 가정을 형성하는 것 또는 한국인이 외국인과 결혼하여 형성한 가족을 의미한다.

다시 말해 다문화가정이란 첫째, 한국인 남성과 외국인 여성 또는 한국인 여성과 외국인 남성처럼 국제결혼을 하여 가정을 이룬 경우다. 둘째, 외국인 근로자가 한국에서 결혼해 이룬 가정이나 자국에서 결혼한 가족이 함께 국내에 이주해 가정을 이룬 경우다. 셋째, 북한에서 입국하여 한국인 또는 외국인을 만나 결혼한 새터민 가족의 경우가 여기에 해당된다.

그 동안 한국에서 태어난 다문화가정의 자녀를 부르는 명칭으로 '혼혈아', '코메

리칸', '아메리시안', '아이꼬노', '라이 따이한' '코피노' 등이 사용되어 왔다. 하지만 이러한 단어는 전통적으로 '단일민족'과 다른 혈통을 의미하는 부정적인 의미와 의도 그리고 내용을 포함하고 있어 다른 문화에 대한 차별적인 개념으로 사용되었다. 이러한 용어의 부정적 이미지를 해소하고자 2003년 30여 개의 시민단체로 구성된 '건강가정 시민연대'는 '다문화가족' 또는 '다문화가정'으로 부르자는 제안을 채택하였다.

2. 다문화가정의 유형

위에서 밝힌 다문화가정의 개념을 바탕으로 다문화가정의 유형은 다음 〈표 11-1〉과 같이 세 가지로 구분된다.

표 11-1 다문화가정의 유형

구분	내용
국제결혼가정	① 한국인 남성과 외국인 여성의 결혼으로 이루어진 가정 ② 한국인 여성과 외국인 남성의 결혼으로 이루어진 가정
외국인 근로자 가정	① 외국인 근로자인 남성과 여성이 한국에서 결혼하여 이루어진 가정 ② 외국인 근로자인 남성과 여성이 자국에서 결혼 후 한국으로 이주한 가정 ③ 외국인 근로자로서 결혼하지 않고 단독 또는 동료와 함께 생활하는 가정 ④ 자국에서 남편과 사별 · 이혼한 후 여자 혼자 한국에 입국하여 일하다가 자녀를 데리고 온 경우 ⑤ 부부가 자녀와 한국에 왔다가 어느 한쪽이 자국에 돌아가고 다른 한쪽이 자녀를 데리고 남아 있는 경우
새터민 가정	① 탈북자 출신의 남성 또는 여성이 한국에서 결혼하여 이루어진 가정 ② 탈북 출신의 남성 또는 여성이 한국에 입국 후 한국의 여성 또는 남성과 결혼하여 이루어진 가정 ③ 탈북자 출신으로서 결혼하지 않고 단독 또는 동료와 함께 생활하는 가정

출처 : 김주아 · 류현수 · 최용득(2013), 오주 · 이덕희 · 이명희(2012) 참고하여 수정함.

제2절 다문화가정의 현황

1. 다문화가정의 증가

한국 내에 장기체류하는 외국인 근로자는 2000년 210,249명이었나 2009년 870,636명으로 지속적으로 증가하였고, 새터민의 경우도 2000년 312명에 불과하던 입국자가 2009년 2,927명으로 급속히 증가하고 있다. 이러한 현상은 앞으로도 계속될 것으로 전망한다.

다음 〈표 11-2〉와 같이 국제결혼을 통한 다문화가정은 매년 증가하고 있다.

표 11-2 총 결혼건수 대비 국제결혼건수의 비율

단위 : 건, %

	2003년	2004년	2005년	2006년	2007년	2008년	2009년
총 혼인건수	302,503	308,598	314,304	330,634	343,559	327,715	309,759
외국인과의 결혼	24,776	34,640	42,356	38,759	37,560	36,204	33,300
총 혼인건수 대비 구성비	8.2	11.2	13.5	11.7	10.9	11.0	10.8
증감	9,574	9,864	7,716	−3,597	−1,199	−1,135	−2,904
증감률	63.0	39.8	22.3	−8.5	−3.1	−3.6	−8.0
한국남성+외국여성	18,751	25,105	30,719	29,665	28,580	28,163	25,142
증감률	75.3	33.9	22.4	−3.4	−3.7	−1.5	−10.7
한국여성+외국남성	6,025	9,535	11,637	9,094	8,980	8,041	8,158
증감률	33.8	58.3	22.0	−21.9	−1.3	−10.5	1.5

출처 : 통계청(2010). 인구동태 통계연보.

한국 남녀의 국적별 외국인과의 결혼을 살펴보면 다음 다음 〈표 11-3〉과 같다.

표 11-3 국적별 외국인과의 결혼

단위 : 명, %

	2005년	2006년	2007년	2008년	2009년	2010년	구성비	전년대 비증감
한국男+외국女	30,719	29,665	28,580	28,163	25,142	26,274	100.0	1,132
중국	20,582	14,566	14,484	13,203	11,364	9,623	36.6	−1,741
베트남	5,822	10,128	6,610	8,282	7,249	9,623	36.6	2,374
필리핀	980	1,117	1,497	1,857	1,643	1,906	7.3	263
일본	883	1,045	1,206	1,162	1,140	1,193	4.5	53
캄보디아	157	394	1,804	659	851	1,205	4.6	354
태국	266	271	524	633	496	438	1.7	−58
미국	285	331	376	344	416	428	1.6	12
몽골	561	594	745	521	386	326	1.2	−60
우즈베키스탄	332	314	351	492	365	317	1.2	−47
네팔	16	33	82	159	316	202	0.8	−114
러시아	234	230	152	110	139	119	0.5	−20
기타	601	669	749	741	777	894	3.4	117
한국女+외국男	11,637	9,094	3,980	8,041	8,158	7,961	100.0	−197
중국	5,037	2,589	2,486	2,101	2,617	2,293	28.8	−324
일본	3,423	3,412	3,349	2,743	2,422	2,090	26.3	−332
미국	1,392	1,443	1,334	1,347	1,312	1,516	19.0	204
캐나다	283	307	374	371	332	403	5.1	71
영국	104	136	125	144	166	178	2.2	12
호주	101	137	158	164	159	194	2.4	35
독일	85	126	98	115	110	135	1.7	25
파키스탄	219	150	134	117	104	102	1.3	−2
기타	993	794	922	939	936	1,050	13.2	114

우리나라 다문화 현상의 원인은 다음 세 가지로 구분할 수 있다(김주아 외, 2013).

첫째, 급격한 도시화로 농어촌에 살고 있는 결혼 적령기의 남자들이 결혼할 여성 배우자를 찾지 못하게 되었다.

둘째, 우리나라가 1960~70년대에 노동력을 수출하는 나라에서 1988년 서울올림픽 이후 급속한 경제성장으로 인해 아시아인이 선호하는 이주노동력 유입 국가로 변화되었기 때문이다.

셋째, 북한 사회가 경제적으로 피폐해짐에 따라 북한을 탈출하는 새터민이 꾸준히 증가하고 있기 때문이다.

2. 다문화가정의 아동

1) 다문화가정의 아동 현황

행정자치부의 2011년 외국인 주민실태조사 결과, 국내거주 외국인주민은 1,265,006명으로 주민등록인구의 2.5%를 차지하고 있다. 이는 2010년 1,139,283명보다 11% 증가한 것이다. 그 중에 결혼이민자는 141,654명으로 전체 외국인주민의 11.2%로 전년(2010년) 대비 16,567명 증가하여 13.3% 증가하였다(김주아 외, 2013).

표 11-4 2011년 연령별 외국인주민 자녀의 비율

구분	계	만 6세 이하	만7~12세	만13~15세	만 16~18세
학생수	151,154명	93,537명	37,590명	12,392명	7,635명
비 율	100%	61.9%	24.9%	8.1%	5.1%

출처 : ① 행정안전부. 2011 지방자치단체 외국인주민 현황.
② 김주아 · 류현수 · 최용득(2013). 아동복지론. 서울: 동문사.

다문화가정의 또 다른 유형인 새터민의 수는 해마다 증가를 보이고 있으며, 현재 제3국 체류자의 대거 입국 등으로 국내에 거주하는 새터민의 수가 5,000명을 넘어섰다. 특히 입국유형이 '여성중심'과 '가족동반' 중심으로 변화하고, 최근 들어 국내 거주 새터민의 재북, 재중 잔여 가족의 연계 탈북 및 입국의 증가로 유아와 청소년층이 점차 증가하고 있어 현재 남한에 정착하고 있는 새터민 가족 중 아동과 청소년은 약 700여 명 정도로 추정된다.

다음 〈표 11-5〉는 2010년 지역별 국제결혼 가정에 대한 학생의 비율을 나타낸 것이다.

표 11-5 2010년 지역별 국제결혼 가정 학생 비율

단위 : 명, %

구분	전체 학생수				국제결혼가정 학생 수				국제결혼가정 학생 비율			
	초	중	고	합계	초	중	고	합계	초	중	고	합계
전국	3,299,094	1,974,789	1,962,356	7,236,248	23,602	4,814	1,624	30,040	.72	.24	.08	.42
서울	566,149	345,413	362,466	1,274,.028	3,108	584	196	3,888	.55	.17	.05	.31
부산	197,397	129,285	136,665	463,347	978	197	70	1,245	.50	.15	.05	.27
대구	167,548	108,082	109,300	384,930	606	115	30	751	.36	.11	.03	.20
인구	183 261	112,142	113,247	408,650	1,171	209	82	1,462	.64	.19	.07	.36
광주	115,827	70,352	67,750	253,929	567	104	34	705	.40	.15	.05	28
대전	109,013	65,904	64,764	239,711	409	98	36	543	.38	.15	.06	.23
울산	81,678	52,213	52,42	186,315	349	62	19	430	.43	.12	.04	.23
경기	848,135	482,170	461,461	1,791,766	5,029	1,144	515	6,688	.59	.24	.11	.37
강원	99,797	58,408	56,711	214,916	1,341	289	77	1,707	1.34	.49	.14	.79
충북	105,026	63,120	60,897	229,043	1,089	241	62	1,392	1.04	.38	.10	.61
충남	138,404	78,580	76,857	293,841	1,565	399	129	2,093	1.13	.51	.17	.71
전북	126,869	76,583	76,708	279,160	1,674	250	75	1,999	1.32	.33	.10	.72
전남	123,912	74,251	72,493	270,656	2,337	449	106	2,892	1.89	.60	.15	1.07
경북	164,230	97,491	97,767	359,488	1,475	262	75	1,812	.90	.27	.08	.50
경남	227,813	135,600	130,009	493,422	1,677	377	103	2,157	.74	.28	.08	.44
제주	44,035	25,204	238,907	93,046	227	34	15	276	.52	.13	.06	.30

출처 : ① 교육과학기술부(2010). '10년 다문화가정 학생 교육 지원.
② 오주 · 이덕희 · 이명희. 아동복지론(2012). 서울: 동문사.

2010년 현재 초 · 중 · 고등학교에 재학 중인 전체 학생 수는 7,236,248명이고, 이 가운데 국제결혼 가정 학생 수는 30,040명으로 전체 학생의 0.42%에 해당한다(오주 외, 2012).

이것을 지역별로 살펴보면, 경기도의 초 · 중 · 고등학생 수는 1,791,766명으로 가장 많았으며, 다음으로 서울, 전남, 경남, 충남 순이었다.

국제결혼 가정 학생 비율에서 전남, 강원, 전북, 충남, 충북 등은 0.60%대 이상의 높은 비율을 나타내고 있는 반면에 대구, 대전, 울산, 부산, 광주 등 광역시는

0.30% 이하의 낮은 비율을 보이고 있어 지역별 격차가 큰 폭으로 나타냈다. 이는 여성 국제결혼 이민자들이 인구가 적은 농촌지역의 남성들과 결혼함으로써 그 지역의 국제결혼 가정 학생 수가 대폭 늘어난 것을 반영하는 결과이다(전경숙 외, 2010).

또한 국제결혼 가정의 학생의 부모 출신국별 분포는 지역별로 약간의 차이를 나타내고 있는데, 상위 5위권에 있는 경기, 서울, 전남, 경남, 충남의 국적별 분포를 보면, 경기도의 경우 일본(2,584명), 중국(1,103명), 필리핀(993명), 조선족(620명), 베트남(297명) 순으로 나타났으며 충남도 동일한 순서로 나타났다. 서울의 경우는 일본(1,432명), 중국(794명), 조선족(446명), 필리핀(401명), 베트남(138명) 순으로 조선족이 필리핀보다 많았다.

전남의 경우에는 일본(1,109명), 필리핀(815명), 중국(456명), 조선족(237명), 베트남(100명) 순으로 나타나 일본 다음으로 필리핀이 높게 나타났으며, 경남도 전남과 동일하게 일본(807명), 필리핀(373명), 중국(321명), 조선족(258명), 베트남(116명) 순으로 나타났다.

2) 학습지도와 학교적응

자녀교육에 있어 어머니의 역할이 큰 비중을 차지하고 있는 우리나라의 현실에 비추어 한국말조차 서투른 외국인 어머니들은 다른 가족의 도움을 받지 않으면 안될 입장이다.

가정에서 부모들의 지도 아래 한글과 숫자, 읽기 등 학습능력을 획득하는 일반 어린이들과 달리 충분한 지도를 받지 못한 다문화가정 자녀들은 기초학력조차 갖추지 못하고 초등학교에 입학할 수밖에 없다. 때문에 학교에 입학해도 학력부진이 그대로 이어질 우려가 높고, 또래와 어울리거나 적응하는 데 많은 어려움을 겪게 된다.

특히 새터민 아동은 남한 학교에 편입학하는 단계에서부터 남북한 학제와 수학 연한의 차이로 인한 학력인정 문제에 직면하게 된다. 또 한국에 오기까지의 오랜

학습공백으로 학습능력, 학습과정, 학교생활 등에서 어려움을 겪고 있다. 학교 안의 경쟁적 분위기, 교사와 학생관계, 남한 학생의 개인주의적 경향 등 북한과는 다른 남한의 교육풍토가 갈등의 원인이 되기도 한다. 그러나 보다 근원적인 면은 남북관과 교육목표, 교육내용의 이질적 요소들에 의해 성장한 새터민아동은 자신이 성장한 북한사회와는 다른 이념과 체제에 적응해야 하는 어려움이 있다.

3) 다문화가정 아동의 부적응

농촌지역의 초등학교의 입학생 중 다문화가정 아동의 비율은 꾸준히 증가하고 있다. 하지만 이들은 학교생활에서 여러 가지 부적응의 문제에 직면하게 된다(김주아 외, 2013).

첫째, 언어소통에서 오는 부적응이다. 국제결혼가정 2세들은 말을 배우는 가정 중요한 시기인 유아기에 한국말이 서투른 외국인 어머니의 교육에서 성장하게 된다. 이로 인해 언어발달이 늦어지고 의사소통에 제한을 받기 때문에 부적응 현상을 보일 수 있다. 또한 한국어가 서툴기 때문에 친구를 사귀는 데 상당한 어려움을 겪고 있다.

둘째, 부모의 가치관 차이에서 오는 부적응이다. 부모가 각각 다른 국가에서 다른 가치관을 가지고 살아왔기 때문에 그 자녀들은 아버지와 어머니로부터 보고 배우는 내용이 각각 다를 수 있기 때문에 가치관의 혼란을 일으킬 수 있다. 그들은 이중문화의 환경에서 가치관이나 국가관 등의 혼돈을 겪고 있다.

셋째, 혼혈인에 대한 편견에서 오는 부적응이다. 한국 사람들은 역사적으로 단일민족이라는 자부심을 가지고 살아왔다. 따라서 국제결혼가정 자녀들은 순수한 한국인이 아니라는 사람들의 편견으로 인해 부적응을 나타낼 수 있다.

넷째, 새터민아동은 언어소통에는 다른 다문화가정 아동에 비해 덜 어려움을 겪고 있지만 학업부진과 학교적응의 어려움, 교사와의 관계, 진학과 진로결정, 비정규 교육기관에서의 인간관계 형성의 어려움, 교우관계 형성의 어려움, 부모와의 관계 등 여섯 가지 영역에서 어려움을 겪는다.

제3절 다문화가정에 대한 지원

다문화가정에 대한 여성가족부 및 관계부처 종합지원을 담은 제2차 다문화가정 정책 기본계획(2013~2017)에 따르면, 2013년 여성가족부, 교육부를 포함한 13개 중앙행정기관 및 지방자치단체에서 6대 영역, 86개 세부과제를 수립하여 다문화 관련 정책사업을 시행하고 있다. 이 중 다문화교육 관련 정책은 크게 여성가족부, 법무부, 교육부를 중심으로 추진되고 있으며, 다음 〈표 11-6〉과 같다(교육부(2013), 평생교육백서).

표 11-6 주요 부처별 다문화교육 정책 현황

부 처	교육부	여성가족부	법무부
추진체계	중앙 · 지역다문화교육센터, 시도교육청 · 교육지원청, 글로벌선도학교(200개교)	한국건강가정진흥원 산하 다문화가족본부, 지역다문화가족지원센터(215개)	출입국관리사무소 산하 사회통합프로그램 운영기관(278개)
정책계획	2013 다문화학생 교육 지원계획	제2차 다문화가족정책 기본계획(2013~2017)	–
정책초점	다문화학생 공교육진입지원, 다문화친화형 학교환경 구축	다문화가족 구성원 복지, 상담, 언어교육 지원	이주민 초기정착 지원
주요 대상	학교구성원(학생, 관리자, 교 · 강사), 결혼이주여성	다문화가정 영유아 자녀, 다문화가족 구성원	이민자
주요 정책사업	글로벌선도학교 지원, 한국어(KSL) 교육과정운영 지원, 다문화학부모교육 지원	다문화가족 방문교육, 다문화가족자녀 언어발달, 다문화인식개선	사회통합프로그램(KIIP), 해피스타트프로그램

출처 : 교육부 · 국가평생교육진흥원(2013). 2013 평생교육백서.

1. 여성가족부의 다문화가정 지원

여성가족부의 경우 관계법령인 「다문화가족지원법」에 의거, 한국건강가정진흥원(www.kihf.or.kr) 산하 지역다문화가족지원센터(215개)를 중심으로 결혼이주여성과 영유아 자녀를 대상으로 한 다문화가족 방문교육을 비롯하여, 다문화가정 아동을 위한 언어발달 지원 사업, 다문화가족 인식개선사업, 결혼이민자 통·번역서비스사업 등을 지원·실시하고 있다.

또한 최근 들어서는 다문화이해교육 강사를 양성하여 공무원, 경찰, 다문화시설 종사자 등 대상별로 다문화이해교육을 맞춤지원하고 있다(교육부(2013), 평생교육 백서).

구체적인 사례를 살펴보면, 서울특별시 서대문구의 다문화가족지원센터는 다문화가정의 가족 간 유대감 강화 일환으로 자녀의 건강한 자아형성 및 자존감 향상을 위해 2015년 다문화가정 집단상담 프로그램을 실시하고 있다(시사포커스, 2015. 8. 2). 관내 결혼이민자와 다문화가정 자녀, 다문화부부면 누구나 신청할 수 있으며, 결혼이민자의 문화적응과 자아표현을 위한 '힐링카운셀링', 다문화자녀의 자존감 함양과 문화적 공감 형성을 위한 '나와 너 마음 톡톡', 다문화부부의 의사소통과 건강한 부부관계 형성을 위한 '예그리나(사랑하는 우리 사이)' 등의 프로그램들을 통해 안정적이고 평등하며 서로의 문화적 차이를 이해하는 다문화가족 관계 형성과 결혼이민자들의 한국사회 조기 적응 및 자녀교육 등에 도움을 주기 위해 마련하였다.

울산광역시 동구다문화가족지원센터에서는 결혼이미자 35명에게 리본공예, 풍선아트 과정을 마련하였으며 그 중 끝까지 과정을 이수한 33명이 자격증 3급을 취득하였다. 이를 통해 결혼이민자들이 자격증 취득으로 자신의 역량강화와 자존감 향상에 큰 성과를 보였으며 앞으로도 지속적이고 전문적 기술교육을 통해 취업으로 연계돼 다문화가정의 한국사회 안정적 정착에 도움이 될 것으로 본다(경상일보, 2015. 8. 2).

충남 공주시 다문화가족지원센터에서는 관내 다문화가정의 조기 정착과 사회

생활의 적응력을 높이기 위해 관내 결혼이주여성 33명을 대상으로 운전면허교실 '달려라 무지개'를 진행하였다. 이번 운전면허교육은 결혼이주여성의 필기 교육에 대비해 공주경찰서와 공주자동차운전전문학원과 협약을 맺고 진행하였으며, 이를 위해 공주경찰서에서 운전면허교실에 필요한 강의 자료를 지원해 주게 되며, 공주자동차운전전문학원에서는 전문 강사를 지원, 통·번역사와 함께 운전면허교육을 지원하였다(중부매일, 2015. 8. 3).

2. 교육부의 다문화가정 지원

교육부는 2006년부터 '다문화가정 자녀 교육지원 대책'을 수립한 이후 지금까지 다문화가정 구성원들을 위한 다양한 다문화교육을 추진하였다.

최근 교육부 다문화교육정책 동향은 2012년 3월에 교육부에서 발표한 '다문화학생 교육 선진화 방안'과 이 방안을 모태로 2013년 3월 발표한 '다문화학생 교육지원 계획'을 통해 기본적인 골격과 성격을 알 수 있다. 다문화학생 교육 선진화 방안은 다문화사회에 부합하는 새로운 교육정책방향 수립, 다문화학생의 교육수요에 맞는 맞춤형 지원 필요, 다문화학생 지원을 위한 전 사회적 협력체계 구축 필요라는 세 가지 추진배경을 명시하였다.

이러한 배경 아래 새롭게 등장하고 있는 다문화교육의 기본 목표와 주요 세부사업 현황을 살펴보면 다음과 같다.

첫째, 급증하고 있는 중도입국 자녀 및 외국인 가정 자녀의 원활한 공교육 진입 지원을 위한 원스톱 서비스 체제를 구축해 나가고 있다.

이를 위해 전국에 다문화 예비학교(2013년 글로벌 선도학교 '예비형' 변경)를 운영함으로써 한국어와 한국문화에 익숙하지 않은 중도입국 자녀 및 외국인 가정 자녀의 학교적응을 지원하였다. 또한, 시·도교육청 및 출입국관리사무소에 다문화 전담 코디네이터를 배치하여, 다문화가정 학부모를 대상으로 자녀의 학교생활 안내 및 학교 편입학 관련 서류준비 및 학교배정(예비학교 및 정규학교), 학사상담 지원 등 다문화학생의 입국부터 학교적응까지 원스톱 서비스도 제공하고 있다.

둘째, 다문화학생 교육 내실화 및 재능 발현을 위해 다양한 교육서비스를 제공하였다.

외국어 능력이 부족한 다문화학생들을 위해 지난 2012년 한국어(KSL) 교재를 개발하였으며, 2013년에는 글로벌 선도학교 연구형(32개교)을 통해 한국어(KSL) 교육과정을 시범운영하고 있다. 이와 함께 일반대학생과 다문화학생이 1 : 1로 멘토, 멘티로 활동하는 다문화학생 멘토링지원사업을 통해 다문화학생의 학교생활 적응 및 기초학력 향상을 지원하고 있다. 또한 결혼이주여성의 모국어 능력을 활용한 이중언어교육 강사 양성 및 배치 사업을 통해 일선 학교에서 다문화학생들과 일반학생들의 이중언어능력을 높이고, 결혼이주여성의 자립능력 신장을 지원하고 있다.

셋째, 다문화 친화적 교육환경 구축과 관련해서는 다문화학생 및 일반학생의 다문화 감수성 제고를 위해 다양한 다문화교육 프로그램을 운영하는 글로벌 선도학교를 지원하였다(집중지원형, 거점형, 예비형, 연구형 2013년 200개교). 또한, 중앙다문화교육센터를 통해 다문화 이해 교육자료를 개발 · 보급하여 다문화 친화적 학교환경 조성을 지원하였다. 이와 함께 일반교원 및 학교관리자의 다문화 인식제고를 위한 온라인 연수과정을 개발 · 운영하고 있으며, 전국 14개 교육기관에서는 다문화가정 학부모 역량강화 교육프로그램 운영을 통해 다문화 학부모들의 자녀양육과 사회참여 기회 확대를 위해 지원하고 있다.

넷째, 다문화교육 활성화와 체계적인 교육지원을 위해 추진체계를 정비하였다.

다문화교육 정책사업 추진의 허브기관으로 국가평생교육진흥원 내 중앙다문화교육센터를 지정, 운영하고 있으며, 지역다문화교육 활성화를 위해 시 · 도교육청 단위 다문화전담부서 지정 및 신설, 시 · 도교육청 산하 지역다문화교육센터의 설치 · 지정 운영, 그리고 지역단위 다문화교육 유관기관과의 협의체 구성 · 운영 등을 지원하고 있다.

3. 법무부의 다문화가정 지원

법무부의 경우에는 출입국관리사무소 산하 거점, 일반운영기관(263개)을 통해 성인 이주민들의 한국 사회 초기 정착을 위한 사회통합교육 프로그램(한국어, 한국문화이해교육 중심), 2011년 7월 1일 이후 입국한 결혼이민자를 대상으로 '해피스타트 프로그램'을 실시하고 있다.

해피스타트 프로그램이란 결혼이민자에게 한국사회 적응에 필요한 정보를 제공하고, 바람직한 다문화가정 형성을 지원하기 위해 실시하는 프로그램이다. 이 해피스타트 프로그램의 이수대상은 국민의 배우자(F-2) 자격으로 입국한 외국인을 대상으로 하여 국제결혼으로 국내 최초 입국 후 3개월 이전에 신청할 수 있으며, 출입국사무소·출장소에 전화 또는 FAX로 신청할 수 있다. 주요 교육내용으로는 체류, 국적 등 출입국 관련 업무, 기초생활정보 및 결혼이민자 지원 정책 등에 대한 안내 및 선배 결혼이민자와의 만남 등이다. 또한, 프로그램 이수 시에는 체류기간 연장 시 2년을 부여하고 상회통합 프로그램 이수시간 2시간 등을 인정하는 혜택을 부여하고 있다.

제12장

국제기구의 평생교육

제1절 유네스코의 평생교육 이념

제2절 유네스코의 평생교육 활동

제3절 ASEAN의 평생교육정책

제1절 유네스코의 평생교육 이념

21세기는 평생교육시대라고 한다. 지금은 모두들 당연하게 사용하고 있지만 사실 이 용어는 국제연합교육과학문화기구(UNESCO, United Nations Educational, Scientific and Cultural Organization)가 주도적으로 사용하기 시작하였다. 1960년대 말 유네스코가 중심이 되어 주창한 평생교육 이념은 1970년대를 전후로 하여 교육을 담당하고 있는 모든 사람들에게 상당한 반향을 불러일으켰고 현재 유네스코의 교육 사업은 모두 평생교육 이념을 기조로 하여 수립 · 집행되고 있다.

유네스코 평생교육 이념의 특징은 다음과 같다(교육인적자원부, 1999 평생교육백서).

첫째, 기초교육에서 계속교육으로의 확장을 의미한다. 평생교육 운동은 초기 기초보편교육이라는 횡적 기회의 확대에서 출발하여 종적으로 중등교육, 고등교육에 이은 비형식교육, 계속교육 등의 총괄적인 교육기회를 확장하는 형태로 이어졌다.

둘째, 교수자 공급 중심에서 학습자 선택 중심으로의 확장을 의미한다. 평생교육 운동의 첫 번째 초점이 교육기회의 수평적, 수직적 확대였다면 두 번째로 강조되어 온 평생교육 운동의 흐름은 그 내용과 주도권을 교육공급자의 입장으로부터 학습수요자의 입장으로 전환하는 것이었다. 유네스코의 교육에 대한 기본 시각이 초기 "교육권"에 대한 헌장에서부터 "학습권"에 대한 선언으로 전환한 것이 그 좋은 예이다.

셋째, 형식교육에서 비형식/무형식 교육으로의 확장을 의미한다. 평생교육 운동의 세 번째 전개 방향은 기존의 학교라고 하는 "구별된" 교육 기제를 통해 수행되어 오던 교수-학습의 메커니즘이 사실상 그 밖에서, 즉 "무형식"이라는 맥락을 통해서도 이루어져 오고 있었다고 하는 점에 대한 자각 및 바로 그 "무형식적" 맥락을 보다 적극적으로 교수-학습의 메커니즘에 활용해야 한다고 하는 전략적인 인식의 수립이었다.

이처럼 교육은 일정 시점에서 끝나는 것이 아니라 평생을 통해 이루어져야 한다는 평생교육의 이념을 60년대 말부터 강조하기 시작한 유네스코는 1972년의 에드가 포르(Edgar Faure)가 주도한 교육발전국제위원회의 보고서 "존재하기 위한 학습 : 오늘과 미래의 교육세계(Learning to Be : The World of Education, Today and Tomorrow)"에서 다시 한번 평생교육의 이념의 중요성을 강조하였다.

유네스코는 1990년대 교육사업의 방향을 결정한 「모든 이를 위한 세계회의(World Conference on Education for All, Jomtien in Thailand, 1990)」에서도 "누구나 다 기초학습능력, 즉 문해능력, 문제해결능력, 수치능력, 의사표현능력 등을 배양할 수 있어야 하고 기초적인 학습내용을 습득할 수 있어야 한다고 한다"고 평생교육의 중요성을 재차 강조하였다.

유네스코의 21세기 교육사업의 방향을 결정하기 위한 특별위원회가 1996년에 발간한 보고서인 「배움, 그 안에 감추어진 보물(Learning : The Treasure Whthin)」에서도 역시 평생학습의 중요성을 재천명하면서 평생학습의 개념과 역할을 다음과 같이 기술하고 있다.

> "평생학습의 개념은 21세기를 여는 열쇠이다. 그것은 초기교육과 계속교육간의 전통적인 구분법을 뛰어넘는다. 그러나 이는 새로운 이념이라기보다는 이미 강조되어 왔던 것이 더욱 강조되고 있는 것이다. 평생학습에 도달하는 유일한 방법을 바로 모든 사람들이 학습하는 방법을 배우는 것이다. 이외에도 다른 사람들, 다른 세계에 대한 이해와 상호 공존하는 것을 배우는 것도 필요하다."

이러한 관점에서 특별위원회는 교육의 근본으로 4개의 큰 기둥을 제기하고 있다. 그 중에서 가장 중핵적인 것은 바로 다른 사람들과 하나로서 "함께 살아가기 위한 배움(learning to live together)"이다. 이러한 "함께 살아가기 위한 배움"을 뒷받침하기 위해 3개의 큰 기둥을 추가적으로 제시하고 있다. 다른 나라 · 다른 문화 · 다른 언어권에 속하는 사람들과 공존하기 위해서, 그리고 내 이웃과 친척과 서로 협력하며 살아가기 위해선 먼저 나 자신을 알고 다른 사람 · 다른 문화를 알아야 한다는 것이다. "알기 위한 배움(learning to know)"이 두 번째 기둥이다. 앎 다음에 반드시 뒤따라야 하는 것은 바로 행동으로 옮기는 것이다. 그래서 세 번째 기둥으로 나온 것이 바로 "실천하기 위한 배움(learning to do)"이다. 그러나 앞에서 제기한 세 개의 기둥들이 내 자신이 독립된 인격체로서 성숙하지 않으면 불가능한 것이다. 따라서 마지막 네 번째 기둥으로 "존재하기 위한 배움(learning to be)"을 들고 있다.

이러한 21세기 교육의 중요한 네 가지 기둥을 달성하기 위한 유네스코의 21세기 교육 정책 방향으로 이 보고서는 기초교육을 강화하고 중등교육이 청소년의 학습과정과 사회발전에 핵심적 역할을 수행하여야 하며 고등교육기관은 지식의 센터, 전문가를 양성하는 훈련기관, 그리고 평생학습과 국제협력을 위한 핵심적인 기관이 되어야 한다고 강조하고 있다.

최근에 유네스코는 전통적인 "평생교육(Lifelong Educatiom)"이란 용어 대신에 "모든 이를 위한 평생교육(Education for All throughout Life)"이라는 용어를 새롭게 사용하여 기존의 평생교육 개념을 더욱 명료화하고 있다. 즉 모든 사람들이 평생교육의 기회를 누릴 수 있어야 한다는 점을 강조하고 있다고 할 수 있다.

제2절 유네스코의 평생교육 활동

유네스코는 평생학습 개념의 제도적 실천을 위해 학교제도의 유연화를 위한 평생교육, 기초문해와 기능문해 교육을 위한 평생교육, 직업기술교육 영역에서의 평생교육 확대, 고등교육 영역에서의 평생교육 등의 다양한 분야에서 활동하고 있다(교육인적자원부, 1999 평생교육백서).

1. 학교제도의 유연화를 위한 평생교육

1948년 유엔총회는 「인권선언」의 일부로서 제26장에서 '교육의 권리'를 규정함으로써 최소한 초등교육에 대하여 무상의무교육을 실시할 것을 권고하였다. 이후 1950년 UNESCO/OAS(Organization of American Societies)의 기초 교육에 관한 세미나가 열렸고, 1951년 공교육에 대한 14차 회의에서 기초 의무교육에 관한 권고문을 채택하였다. 이것을 계기로 하여 의무교육 실시 확대를 위한 유네스코 지역회의가 활성화되고 각종 권고문과 실행안이 결의되었다.

2. 문해교육을 위한 평생교육

유네스코 창립 이후 성인 문해 문제는 지속적인 관심의 대상이 되어 왔다. 기초 교육의 확충과 아울러서 이미 기초 교육 대상 연령을 넘긴 성인들에 대한 기초 성인교육의 성공적 수행이 유네스코 활동의 주요 목표로서 등장하였다. 초기의 문해교육이 주로 초등학교 적령기 아동의 교육기회에 대한 관심에 초점이 맞추어져 있었으나 성인 문해에 대한 관심도 이와 병행하여 지속적으로 사업 내용으로 반영되었다. 유네스코의 문해 사업은 기초문해 단계, 기능문해 단계, 인간해방을 위한 문해 단계로 구분된다.

1) 제1단계 : 기초문해 단계(Fundamental Education)

초기 기초문해 운동은 문해의 목적을 '인간 권리로서의 문해'에 두고 무차별적인 비문해에 대한 전쟁을 선포함으로써 시작되었다. 즉, 문해란 인간으로서 누려야 할 한 가지 권리이며 그 달성은 어떠한 외재적 목적에 의해 정당화될 필요없는 인간의 내재적 요청으로 이해하는 것이었다.

① 1946년 기초교육위원회(Fundamental Education Committee)에서 "기초교육 : 모든 이를 위한 공통기반(Fundamental Education : Common Ground for All Peoples)"을 출판

함으로써 아동 및 성인을 총망라한 기초교육의 이념 확립하였다.

② 1949년 Elsinore에서 국제 성인교육대회(International Conference on Adult Education)가 개최되었고, 이 대회를 통해 기초교육(Fundamental Education)에 관한 pilot project가 시작되고 이어서 브라질과 인도에서 성인문해에 관한 지역 세미나가 개최되었다.

③ 1961년 유엔총회에서 유네스코의 대규모 문해캠페인 전략이 제안되었고, 1963년 유네스코 총회에서 Rene Mahaeu Report를 보고하였다.

2) 제2단계 : 기능문해 단계(Functional Literacy)

기능문해란 문해의 목적을 경제 및 사회 발전의 도구적 역할로서 인식하고, 따라서 문해의 대상도 모든 국민이 아니라 경제 및 사회 발전의 선도적 역할을 수행할 수 있는 '선택된' 집단에 한정되는 개념이다. 즉, 기초문해가 인간의 권리로서 문해를 인식하였다면, 기능문해는 경제발전의 도구로서 인간을 상정하고 거기에 요청되는 한 가지 기능으로서의 문해력을 신장시키고자 하는 데에서 도출된 도구적 개념인 것이다.

① 1964년 유엔총회는 Universal Literacy Campaign 전략을 포기하고 경제개발 전략에 종속된 형태의 부분적인 문해교육 전략을 채택하였다.

② 1965년 World Conference of Ministers of Education on the Eradication of Illiteracy(Tehran)에서 1964년 유엔총회의 방향 전환을 구체화하여 기능문해 운동을 전개하는 데에 있어서 기초 이념을 수립하였다.

③ 1967년부터 1973년까지 World Experimental Literacy Program을 추진하였다.

3) 제3단계 : 인간해방을 위한 문해(Literacy for Human Emancipation)

1975년에는 테헤란 회의 10년이 되는 해로서 페르세폴리스(Persepolis) 선언이 채택되었다. 이 선언은 다음과 같이 천명하고 있다. "문해는 단지 읽고, 쓰고, 셈하는 기능을 학습하는 데에 머물지 않고 인간 해방을 위해 기여해야 한다. 그것은 기술적 측면 뿐만 아니라 인간관계적 측면도 동시에 고려되어야 하는 것이다." 이 단계에서 문해는 경제 발전이라는 단일 과정에 부응하는 것에서 탈피하여 각 사회의 다양성을 고려하여 실시되어야 하며, 제3세계 뿐만 아니라 선진국에서도 이루어져야 하는 것으로 인식되었다.

1980년의 니카라구아 문해에 대한 유네스코의 지원이 이루어지면서 과거 쿠바 이후 사회주의 국가에서 성공적으로 수행되어 온 문해 운동들에 대한 관심이 증대되기 시작하였다. 1990년에 개최된 Education for All Conference (Jomtien, Thailand)는 문해교육에 있어서 지구적 접근 및 후기 문해교육(Post-literacy Education)에 중점을 두는 계기가 되었다.

최근 유네스코는 '98년, '99년 교육분야 사업명을 "모든 이를 위한 평생교육(Education for All throughout Life)"이라고 정하였으며, 이 사업계획은 크게 두 개의 프로그램으로 구성되어 있다.

(1) 모든 이를 위한 기초교육

유네스코 교육 프로그램에서 가장 높은 우선 순위가 부여되어 왔던 "모든 이를 위한 기초교육(Basic Education for All)" 프로그램은 '98년, '99년에도 역시 가장 높은 우선 순위가 부여되었다. 이 프로그램은 평생교육의 관점에서 기초교육의 접근성을 강화하고, 개인과 사회발전의 요구에 적합하도록 기초교육의 내용, 방법 그리고 그 과정을 새롭게 하는 것에 목적을 두고 있다.

기초교육의 개념에는 아동교육, 초등교육 그리고 청소년과 성인들을 위한 문해교육과 강화된 직업능력 배양훈련까지 포함한다. 또한 초등교육제도의 확대와 보완적이고 대안적인 다른 전달체제의 개발도 강조한다. 이 프로그램의 정책 대상으로는 현 체제로부터 교육의 혜택을 받지 못한 소외된 사람들로서, 이들에 대한 기회 부여, 교육의 적실성(適實性)과 문해능력, 수치능력의 향상, 생존기술과 시민으로서의 윤리 등의 획득에도 관심을 나타내고 있다.

구체적인 사업내용은 다음과 같다.

① 아프리카 회원국, 9개의 다(多)인구국, 저개발국, 그리고 도서벽지의 여성들, 사회적 약자, 소외된 청소년들에 대한 교육기회를 확대한다.

② 학습자 중심의 교육과정과 시민윤리, 기초직업 능력을 향상시키는 교육방법 등을 개발함으로써 초등교육제도의 질과 내부 효율성을 증진하며 초등교육 전 교육과 초등교육 강화, 특수교육 촉진, 교사들의 직전교육과 현직연수를 강화한다.

③ 유아교육 프로그램 개발 지원 특히 지역사회 지도자, 국제비정부기구, 고용주, 부모, 교사단체, 교장단, 지방행정기관들이 유아교육의 중요성을 자각할 수 있도록 지원한다.

④ 전달방식의 다양성과 유연성 확보, 일상 생활과 고용에 필요한 실용기술의 습득에 초점을 맞춘 프로그램을 통해 문해, 문해 후 그리고 기초성인교육 프로그램을 강화한다.

⑤ 소외된 사람들을 위한 교육기회의 확대, 특히 도서벽지 여성, 성 착취 피해자, 특수교육을 필요로 하는 아이들과 청소년, 집이 없거나 일을 하는 아이들, 학교 탈락생, 직업이 없는 청소년들을 위한 교육기회 확대. 그들의 언어와 그들의 필요에 부합하는 방식, 수단, 그리고 프로그램 개발 그리고 정보통신기술과 현지 자원들의 적절한 사용체제를 구축한다.

(2) 평생교육체제로의 개편

평생교육체제로의 개편 프로그램은 평생교육 관점에서 그리고 그들이 21세기의 도전과 사회적 변화에 더 반응적이 되도록 교수-학습과정, 프로그램, 교육제도를 확대하고, 다양화하며, 혁신하는 데에 목적을 두고 있다.

이 프로그램은 세 개의 하위 프로그램으로 구성되어 있다. 첫째, 교육체제의 재건과 발전, 혁신을 위한 적절한 전략을 수립하고 교육의 수단과 목적을 재고

하도록 회원국의 역량을 강화하고, 둘째, 중등단계에서의 일반교육과 직업기술 교육을 다양화하고 쇄신하며, 셋째, 사회와 교육체제의 발전에 따라 모든 사람들이 항구적으로 접근할 수 있는 학습 및 훈련센터로서 고등교육기관의 역할을 변환한다.

구체적인 사업내용은 다음과 같다.

① 회원국들이 21세기의 교육에 대한 도전에 대해 토론하고 반성하며, 그들의 교육제도의 혁신을 위한 적절한 전략을 형성할 수 있도록 지원한다.

② 유네스코의 정보와 문서 제공 서비스를 통해 전파되는 정보와 자료의 효율성과 적실성을 확보한다.

③ 성인교육, 계속교육의 다양한 형태를 계획하고 실행할 수 있도록 국가역량을 강화, 빈곤, 실업, 경제적 불확실성 하에서 독립적으로 살아갈 수 있도록 현직훈련 및 진보된 기술에 대한 지속적인 훈련을 실시한다.

④ 교육용 시설, 교과서, 학습자료 등을 포함한 교육제도의 재건과 개혁을 위한 행동 계획과 국가정책 정교화를 지원한다.

⑤ 회원국에 대한 지원, 조언을 강화한다.

⑥ 중등단계의 교육구조, 내용, 방법의 갱신을 위한 노력 강화, 직업기술교육 프로그램과 일반교육 프로그램 간의 연계 강화, 대다수의 학습자가 혜택을 받을 수 있도록 학습방법을 유연화한다.

⑦ 다문화사회에서 민주시민 의식과 태도 등을 습득할 수 있도록 그리고 진보된 과학과 기술을 학습할 수 있도록 교육과정과 교육내용을 갱신한다.

⑧ 약물 남용(술 · 담배 포함) 그리고 AIDS 예방 교육 프로그램을 추진한다.

⑨ 교사교육을 강화하고 교사들의 사회적 지위를 향상시키고 회원국의 역량을 강화한다.

⑩ 직업기술교육을 촉진한다.

⑪ 전환기 고등교육의 역할과 기능에 대한 정책 토론과 반성을 지원, 대학간 협력을 강화한다.

⑫ 학습, 학위, 및 이수를 인정하는 정부위원회를 촉진하는 방식으로 고등교육

의 이동성을 촉진한다.

3. 직업기술교육 영역에서의 평생교육

제2차 세계대전 이후 교육의 목적과 내용은 점차 직업 세계에 대한 준비에 그 초점이 맞추어져 갔다. 1952년 유네스코는 1948년의 총회에서 결정되었던 국제노동기구(ILO, International Labour Organization)와의 협력 방안에 대한 구체적 결과물로서 『기술사회에서의 교육(Education in a Technological Society)』을 출간하였다. 이 연구물에서 유네스코는 정규 교육과정으로 경제, 사회 및 문화적 요소들을 직업기술훈련과정에 적극적으로 도입할 필요에 대하여 기술하고 있다.

1954년에는 국제노동기구와 유네스코의 직업교육에 대한 기본적 협력이 이루어졌으며, 1962년에는 직업기술교육에 대한 권고문이 유네스코 총회에서 채택되었다. 당시의 초점은 주로 농업기술교육과 지역사회교육에 맞추어졌지만, 이 때부터 여성교육 및 기술훈련과정도 관심의 대상이 되어 가기 시작하였다. 1974년에 개정된 이 권고문은 보통 교육과정, 특별히 설정된 직업기술교육, 기타 계속교육 영역에 포함된 모든 종류의 직업기술교육을 포괄하고 있다.

1960년대의 주된 관심은 당시 급격하게 늘어나는 신생국들의 자본 축적 및 인프라 구축에 있었고, 한꺼번에 150여 개 국의 개발 프로젝트가 이루어지기도 했다. 1964년 ILO는 국제직업기술교육센터(Center for Technical and Vocational Education)를 이탈리아의 튜린(Turin)에 설립하고 유네스코와 공동 운영하기 시작하였다.

1981년 국제교육회의(The International Conference on Education)에서는 교육과 생산, 노동간의 상호 관계에 관한 권고문을 채택하였다. 1987년 직업기술교육의 발전과 증진에 관한 국제회의(International Congress on the Development and Improvement of Technical and Vocational Education)가 베를린에서 개최되었고 1989년 세계직업기술교육회의(Convention on Technical and Vocational Education)가 10월에 파리에서 열렸다. 당시 채택된 권고문의 3장에서는 "직업기술교육은 개발적이고

유연한 사회구조에서 기능할 수 있는 평생교육체제를 만족시키는 방식으로 구성되고 운영되어야 한다"고 기술하고 있다.

1992년 베를린에 근거를 둔 UNEVOC(UNEVOC은 UNESCO와 VOCATIONAL Education의 합성어로서 유네스코의 직업기술교육 프로젝트를 의미한다)은 집행사무소를 설립함으로써 놀라운 속도로 변화하고 있는 기술 세계에 대응할 수 있는 직업기술교육을 계획하고 구안할 수 있는 기반을 구축하였다. 이 기구는 국제노동기구, 유엔산업개발기구(UNIDO, United Nations Industrial Development Organization), 경제사회개발기구(OECD) 및 유럽직업교육재단(ETF : European Training Foundation) 등의 지원에 의해 설립되었으며, 그 운영은 독일을 비롯하여 프랑스, 한국, 일본 등의 지원에 의해 이루어지고 있다.

1999년 4월 우리나라 서울에서 개최된 "제2차 세계직업기술교육회의(The Second International Congress on Technical and Vocational Education)"에서도 21세기 지식 · 정보화시대에 대응하기 위해서는 직업교육과 훈련이 통합 또는 연계되어야 하고 평생학습과 훈련을 보장하는 체제로 개편되어야 한다는 점을 강조하고 있다.

4. 고등교육 영역에서의 평생교육

제2차 세계대전 이후 세계 교육에서의 큰 특징 중의 하나는 고등교육의 급속한 발전이라고 할 수 있다. 하지만 중심국과 제3세계간의 차이는 더욱 심화되었다고 할 수 있다.

1948년 국제대학대표자회의(International Congress of Representatives of Universities)가 네덜란드의 Utrecht에서 열렸다. 이 회의 이후 사회 경제적 하부구조를 구축하는 데에 있어서 과학과 기술이 기여할 수 있는 방법에 대한 심도 있는 논의가 진행되었다. 1950년에는 국제대학협의회(IAU : International Association of Universities)가 파리에 본부를 두고 설립되었다.

1960년대 이후 주로 제3세계의 경제발전과 맞물리는 고등교육 발전을 모색하기 위한 유네스코 자문단이 브라질, 부룬디, 나이지리아, 소말리아 등에서 활동하였다. 이와 함께 지역별로 회의가 수회 개최되었고, 이 결과로 다음과 같은 세 가지 기본 목표가 확인되었다.

첫째, 교육체제 전반의 개혁을 선도하는 고등교육의 역할에 대한 인식을 확고히 한다. 대학은 초·중등 교육의 교사를 양성하는 것 뿐만 아니라 교육 연구를 통하여 교육과정과 체제를 개혁하는 데에 앞장서야 한다.

둘째, 교육 발전을 위한 국제협력을 증진하며 다음과 같은 세부 사항들을 실천한다. ① 고등교육에 대한 투자 증대, ② 국제적, 지역적, 국가적 요구에 부흥하는 교육 내용 구축, ③ 고등교육기관의 질 관리, ④ 고등교육에 있어서 연구기능의 확대, ⑤ 학문의 자유와 조직 구조의 자율성 확보한다.

셋째, 고등교육을 통한 전문 인력의 국제 교류를 촉진하기 위하여 각국의 고등교육의 질과 학위를 비교 가능한 질적 기준으로 인정하는 체제를 확립한다.

이를 위하여 다섯 차례의 지역회의가 1974년부터 1983년 사이에 이루어졌으며, 그 결과는 10년 후인 1993년에 "학술 연구와 학위에 관한 국제 권고문"을 유네스코 총회에서 통과시킴으로써 확립되었다.

고등교육에 대한 최근의 접근 방향은 고등교육기관을 중심으로 한 각종 첨단기술 협력을 증진하는 데에 주력하였다. 1991년 유네스코 총회의 제26분회에서 UNITWIN/UNESCO Chairs Program을 의결하였는데, 이 프로그램은 특히 제3세계 및 중·동부 유럽의 대학을 지원하기 위한 각종 학술적인 협력을 증진시키는 것을 목표로 하였다. 이 프로그램은 해당 대학들간의 네트워크를 형성함으로써 서로 간의 자원 공유, 기술 및 경험의 교류, 교원 및 학생 교류 등을 촉진하고 결과적으로 대학의 조직적 구조를 확충해 나가는 데에 주안점을 두었다. 이것은 또한 심화되고 있는 제3세계로부터 중심국으로의 두뇌 유출을 막는 효과도 거두고 있다.

1995년 파리에서 「대학과 지속가능한 도시 발전」이라는 주제의 원탁회의가 개최되었고 1996년에는 「고등교육개혁을 위한 정책과 전략」이라는 주제로 쿠바의 하바나에서 지역회의가 열렸다. 1998년 21세기를 위한 유네스코 세계 고등교육대회가 파리에서 열렸으며, 이 회의에서도 고등교육기관의 평생교육기관으로서의 역할 강화가 논의되었다.

제3절 ASEAN의 평생교육정책

전 세계적으로 평생교육의 중요성이 높아짐에 따라 점점 더 많은 국가들이 교육 정책을 개발하는데 있어서 평생교육을 중요 정책으로 포함시키고 있는 추세이다. 다양한 국제기구와 지역기구들 역시 평생교육에 관한 정책기조를 발표하였다.

APEC(Asia-Pacific Economic Cooperation)은 다음과 같이 평생교육의 중요성을 주장하고 있다.

> 신경제체제에서 지속적인 경제 성장을 위해서는 적응력이 뛰어난 숙련된 노동력이 반드시 필요하다. 신경제체제에서 증가하는 기술 수요에 대응하기 위해서는 평생학습 참여 증가와 기술 향상을 통한 인적자원개발이 필요하며, 인적자원개발을 촉진하기 위해서는 모든 이해관계자의 공동 노력이 요청된다.
>
> 수준 높은 기술 개발을 위해서는 국가 차원에서 포괄적이며, 이에 적합한 노동시장 정책을 실시해야만 한다. 이러한 정책은 디지털 격차를 줄일 수 있도록 특히 노력을 기울여야만 한다. 수준 높은 기초 교육을 받을 수 있는 기회를 증가시키고 기초 문해 및 수해력을 개발하는 것은 추가 학습 참여와 기술 습득을 위한 필수 기반이다. 지속적으로 고용 경쟁력을 강화하기 위하여 개인은 평생학습에 참여해야만 한다. 근로자와 사업주가 함께 기술 개발과 향상에 투자하도록 장려해야 한다(Wongboonsin, 2010).

ASEAN 국가들은 지식이 생산성과 성장을 결정하는 경향이 더욱 강해지는 지식 기반 사회로 빠르게 변화하고 있다. 이러한 배경 속에 평생학습의 개념은 동남아시아 지역 전체의 국가 경제와 사회 개발에서 중요한 역할을 수행하고 있다.

국제노동기구(International Labour Office, 2000)에 따르면 평생학습은 업무와 기술, 능력 조건의 변화에 따라 개인의 기술과 역량을 유지하거나 발전시킬 수 있도록 하고, 근로자의 개인적 발전과 경력 개발을 보장하며, 사회적으로 총 생산성과 소득을 높이고 사회적 평등을 개선한다.

이를 배경으로 ASEAN 국가들의 평생교육 정책과 관련된 우수 사례를 소개하면 다음과 같다(국가평생교육진흥원, 2014).

1. 태국의 평생교육정책

태국에서의 평생교육은 오래 전부터 그 중요성을 인정받아 왔으며, 국가 차원에서 평생교육 개념은 1977년 수립된 국가교육계획(National Education Plan)을 통하여 공식적으로 도입되었다.

1999년 제정된 국가교육법(National Education Act)에서는 국가 전체 교육체계를 구성하는 원칙으로서 평생교육을 다음과 같이 제시하였다.

> "평생교육은 사람들이 일생 동안 지속적으로 삶의 질을 개선할 수 있도록 하는 모든 종류와 형태의 형식교육, 비형식교육, 무형식교육을 포함한다."

2007년 제정된 태국 헌법은 국민들이 12년 간의 기본 교육을 받을 수 있는 동등한 기회를 가지고 있음을 규정하였으며, 전문 기관을 통한 교육과 훈련, 대안교육, 자기주도적 학습, 평생학습을 통한 모든 방식의 교육 및 학습 참여는 촉진되고 지원되어야 함을 명시하였다.

태국은 2008년 「비형식 및 무형식교육 촉진법(Non-formal and Informal Education Promotion Act)」을 통해 태국 국민들이 평생학습의 과정의 혜택을 얻을 수 있도록 효율적으로 비형식 및 무형식교육을 제공할 수 있도록 하는 방향과 지침을 마련하였다. 이 법에서는 특히 중앙 정부에서 지역 수준으로의 행정 권한의 탈중앙집권화를 강조하였다. 또한 협력 네트워크를 구축, 지원하며, 지역사회 내에서의 참여를 장려하는 내용을 포함하였다.

2차 교육개혁 10개년 계획안(Proposals for the Second Decade of Education Reform, 2009-2018)은 "모든 태국인이 질 높은 평생교육을 받을 수 있도록 한다"는 비전을 정하였다. 이 계획안의 목표는 다음과 같다.

(1) 태국 국민을 위한 교육 및 학습의 품질과 표준 개발, 교육기관 개발 및 학습 환경 조성, 학습자료, 교육과정 및 교육 내용 개발, 교사 및 교직원 개발

(2) 모든 태국 국민이 수준 높은 교육과 학습에 보편적으로 참여할 수 있도록 교육 및 학습 기회를 확대

(3) 교육 운영 및 계획 과정에서 사회 모든 부문의 참여를 강화

태국의 평생교육은 연령과 성별, 교육 배경, 직업에 관계 없이 모든 국민이 교육에 참여할 수 있도록 교육 활동을 제공, 촉진, 지원하는 서비스를 전달하고자 하며, 이를 위한 평생교육의 목적은 다음과 같다.

첫째, 대상 집단이 기초 수준의 필수 지식과 기술을 갖추게 한다. 이러한 지식과 기술은 직업활동을 강화하고, 평생 스스로 지식을 습득하는데 필요한 도구로써 사용된다. 또한 대상 집단이 이러한 교육활동에 적극적으로 참여하여 평생교육에 대해 긍정적 태도를 취하도록 한다.

둘째, 대상 집단이 스스로 학습하고 발전할 수 있는 능력을 갖추어 훌륭한 시민이 될 수 있도록 한다. 대상 집단은 올바른 독서 및 학습 습관을 갖추어야 하며, 국제화에 적합한 소양을 가져야 한다. 이를 통하여 관심 분야의 지식, 기술과 함께 삶의 질을 향상시키는데 필요한 지식을 가지게 될 것이다. 또한 균형잡힌 지식을 갖추고, 평생학습을 실천하는 사람들을 요구하는 사회에 올바르게 적응할 준비를 하게 된다.

셋째, 각 지역사회 주민들로 하여금 그들이 속한 사회, 환경, 경제, 정치, 기술에 관련된 지식을 갖추게 한다. 이러한 지식을 통해 지역사회 발전을 도모하고, 학습과 지속적인 발전이 이루어지는 사회로 성장할 수 있게 된다.

2. 베트남의 평생교육정책

베트남의 평생교육 이념은 베트남의 독립을 이끈 호치민 대통령에게서 나왔다고 볼 수 있다.

호치민은 다음과 같이 언급하였다.

> "나의 유일한 궁극적 소망은 우리나라가 완전히 독립하고, 국민이 완전한 자유를 누리며, 모든 사람이 먹을 음식과 입을 옷을 얻고, 배울 수 있도록 하는 것이다."
> "학습은 평생의 사명이 되어야 한다."
> "사람은 학교에서 배울 수 있고, 책에서도 배울 수 있으며, 동료와 사람에게서 배울 수 있다. 사람에게서 배우지 않는 것은 큰 실수이다."

베트남은 전 세계에서 가장 빠르게 발전하는 국가 중 하나이다. 원활하게 기능하는 사회와 경제체제를 구축하고 유지하기 위해 노력하고 있다. 베트남의 "사회경제 개발 10개년 전략(Ten-Year Strategy for Socio-Economic Development, 2011-2020)"에는 평생교육을 위한 중요한 조치가 포함되어 있다. 이 계획은 급진적이고 포괄적인 교육개혁을 통하여 노동시장의 요구에 부합하는 우수한 인재를 배출하고, 전 사회 내의 시민 참여를 촉진하는 인적자원 개발의 가속화를 전략적인 돌파구로 언급하였다.

평생교육은 베트남 헌법(1992), 교육법(1998, 2005), 기타 베트남 정부 주요 문서를 통해 제도화되었으며, 이를 바탕으로 2005년부터 2010년까지 베트남은 학습사회 구축을 위한 첫 번째 국가 계획을 실시하였고, 2011년 6월 "학습사회 구축을 위한 국가운영위원회(National Steering Committee on Building a Learning Society)"를 구성하였다.

2013년 1월 6일에는 "베트남 학습사회 구축에 관한 국가체계(National Framework on Building a LearningSociety, 2012-2020)"가 승인되었다(Ministry of Education and Training of Vietnam, 2012).

이 국가 체계에는 다음과 같은 원칙이 포함되었다.

(1) 학습사회의 구축은 사회 · 경제적 발전의 핵심이며 교육발전 전략의 기본 목적이다.

(2) 학습사회는 모든 개인이 정기적으로, 평생 동안 학습하며, 주어진 모든 학습 기회를 충분히 활용하고, 국가와 사회는 국민의 평생학습에 적합한 환경을 마련하는 사회이다.

이 국가 체계에서 평생교육과 학습사회를 구축하기 위해 다음과 같이 제안한다.

(1) 평생교육과 학습사회 구축에 대한 인식 제고 및 목적과 의미, 역할과 효용을 전파한다.

(2) 학교 외 교육기관(언론, 도서관, 박물관, 문화관, 클럽 등)에서 평생학습 활동을 조직한다.

(3) 학습사회 구축에 도움이 되는 공식 및 비공식교육 네트워크 개발을 강화한다.

(4) 원거리 및 온라인 학습 촉진, 교수 및 학습에서 ICT 활용을 확대한다.

(5) 평생학습의 수준 및 효과성을 향상시키기 위하여 지원 메커니즘 구축 및 자기주도적 학습 촉진을 포함한 학습자 지원 방법을 구현한다.

(6) 평생학습 및 학습사회 구축을 위한 사회의 다양한 부문과 조직, 사업의 책임과 협력 체계를 파악한다.

(7) ASEAN, ASEM, 국제 네트워크 등과의 협력과 경험 교류 등 국제 협력을 촉진한다.

3. 싱가포르의 평생교육정책

싱가포르는 1997년 발표된 "생각하는 학교, 학습국가(Thinking Schools, Learning Nations)"를 통하여 국가 차원에서 학습 문화를 조성하고, 교육을 생애에 걸친 연속적 과정으로 운영하겠다는 전 국가적 비전을 제시함으로써 국가 차원의 평생학습 정책 추진의 기반을 조성하였다(Kitagawa, 2012).

천연자원이 없는 작은 섬나라의 취약성을 극복하고자 하는 경제적 필요성이 싱가포르 평생교육을 이끄는 강력한 동기가 되고 있다. 최근 리센룽 싱가포르

총리는 “싱가포르와 같이 작은 국가에서 인재는 생존의 문제이다. 그러므로 우리는 교육과 평생학습, 인재 양성에 집중적으로 투자를 해야만 한다.”라고 평생학습의 중요성을 다시 한 번 강조하였다(Ng, 2013).

정부 부서와 기관들의 정책은 노동력의 기술 수준 향상, 세계화로 인해 나타난 변화를 극복하기 위한 조직 역량 구축, 지역사회에 적극적으로 참여하는 시민 양성을 목표로 한다.

싱가포르 평생교육 정책을 주도하는 주체는 교육부(Ministry of Education)와 인력부(Ministry of Manpower)이다. 교육부가 학령기 학생들의 평생학습 참여에 중점을 두고 있다면, 인력부는 전 국민의 역량과 기술 향상을 통하여 고용 가능성과 소득 증진에 기여하고자 한다. 특히 싱가포르의 평생교육은 순수한 교육적 차원이 아니라 근로자들의 새로운 기술 습득과 새로운 업무 환경에 대한 적응을 촉진시키는 경제적 측면에 큰 초점을 두고 있는 것으로 인식되고 있으며(Ng, 2013), 이에 따라 인력부의 역할에 중요성이 두어지고 있다.

싱가포르 인력부 산하에는 계속교육 및 훈련(Continuing Training and Education: CET)을 전담하는 인력개발청(Workforce Development Agency: WDA)이 설립되어 계속교육 및 훈련 종합계획 수립을 비롯한 국가 차원의 CET의 인프라를 조성하는 역할을 담당하고 있다(Kitagawa, 2012).

CET 종합계획에 따라 2020년까지 경제활동 인구의 60%가 최소 대학 학위를 소지할 수 있도록 하며, 싱가포르인들이 새롭게 성장하는 산업에서 일자리를 얻을 수 있는 기술을 갖추게 하는 것을 목적으로 WDA는 다양한 사업을 전개하고 있다. 그 주요 사업을 살펴보면, 먼저 국가 자격 종합 시스템인 노동기술자격체계(Workforce Skill Qualification: WSQ)를 개발, 체계적인 훈련과 역량 인증을 지원하고 있다(WDA, 2011). 2008년에는 성인교육원(Institute for Adult Learning: IAL)이 설립되었다. IAL은 성인교육자, 기업경영자, 인사담당자, 정책집행자 등을 지원, 효과적이고 혁신적이며, 변화에 대응하는 CET 체제를 구축하는 것을 목적으로 역량 향상, 혁신 프로그램, 연구 수행을 실시하는 기관이다.

싱가포르 정부는 학습자의 훈련 참여지원을 위하여 2001년에 「평생학습기금법」을 제정하였다. 이를 바탕으로 싱가포르 뿐 아니라 해외를 포함하여 원하는 장소에서 고용가능성 향상을 목적으로 기술 및 전문성을 습득하고 향상시키고자 하는 싱가포르인들에게 재정 지원을 실시하고, 이에 대한 성취를 이룬 사람들에게는 인센티브를 제공한다. 이 기금을 통하여 싱가포르 정부는 2014년에 5억달러 규모의 예산 지원을 실시하였다. 현재 총 기금 규모는 46억 달러 규모에 이른다(Singapore Government, 2014).

한편 저숙련 근로자들을 지원하는 것을 목적으로 자활훈련지원체계(Workfare Training Support Scheme: WTS)를 개발하였다. 저숙련 근로자들이 근로활동을 지속하면서도 훈련에 계속적으로 참여할 수 있도록 동기부여를 하기 위하여, 이들이 훈련에 참여하는 기간 동안의 임금을 국가에서 보존해 준다. 이들을 고용한 고용주 역시 이들의 부재로 인하여 추가로 지급해야 할 임금액을 국가에 청구할 수 있다.

4. 말레이시아의 평생교육정책

말레이시아는 "말레이시아 평생학습 문화화를 위한 청사진(Blue- print on Enculturation of Lifelong Learning for Malaysia, 2011-2020)"을 통해 평생학습을 촉진하고 있다.

이 청사진의 핵심 주제는 교육은 언제나 삶의 한 부분이 되어야 한다는 의미를 포함하는 '문화화(enculturation)'라는 제목에서 잘 드러난다. 이는 교육은 개인의 삶에서 직업이나 의무가 아닌 문화와 생활방식으로 생각해야 한다는 것을 강조하고 있는 것이다.

2011년 11월 고등교육부(Ministry of Higher Education)에서 발표한 이 청사진은 평생학습을 생활화할 뿐 아니라 한 세대에서 다음 세대로 전달하는 국가적 가치로 만들고자 하는 국가 차원의 특별한 노력을 나타낸다. 이 계획의 주 원리에서 평생학습은 초 · 중등교육 및 고등교육과 함께 인적자본 개발의 한 축으로 포함하고 있으며, 이는 평생학습을 말레이시아 교육 체제의 주류에 편입시키기 위한 중요한 단계로 여겨지고 있다. 이 청사진은 정부 문서로 발표되었지만, 실제로 말레이시아의 다양한 정부 부처와 기구, 고등교육기관 등 다양한 교육 및 평생교육 관계자들이 참여하여 노력을 투입한 결과물이다.

말레이시아 평생교육 정책의 이슈와 과제에 대한 전반적 검토를 바탕으로 이 청사진은 말레이시아 교육 관계자들에게 평생학습 실현을 위한 로드맵을 제공하는 다양한 권고사항을 제안하였다.

이와 함께 1) 평생학습 매커니즘과 인프라의 개선, 2) 공공 인식과 참여 강화, 3) 평생학습의 지속성과 평가 강화, 4) 재정 지원 등 네 가지 전략으로 제시하고, 이를 추진하기 위한 총 21개 계획을 포함시켰다. 각각의 계획에는 관련 활동, 프로그램, 관계자, 조직 목표 달성 일정이 제시되었다.

21개 계획 중 가장 중요한 계획 중 하나는 국가 평생학습위원회(National Lifelong Learnin Council)를 설립하여 평생교육 관계자들로 하여금 그들이 수립한 각각의 목적과 목표를 추진하도록 하는 것이다. 나머지 계획들의 실행여부는 국가 전체에 평생학습 캠페인을 확산시키는 국가평생학습위원회의 역량에 달려 있다고 볼 수 있다.

2007년부터 말레이시아 평생학습의 중심으로 일컬어지고 있는 커뮤니티컬리지(Community college)의 역할 역시 중요하게 강조되었다. 이는 커뮤니티 칼리지에서 진행하는 지역사회 기반 훈련 및 교육 프로그램을 통해 국민의 삶을 개선하고자 하는 말레이시아 정부의 관심을 반영한다.

여러 정부 부처와 기구 및 기관들, 특히 폴리테크닉 대학과 전통적인 공립대학, 원거리 개방형 학습기관(open and distance learning: ODL) 등이 담당해야 할 역할 역시 이 청사진에 포함되었다.

5. 인도네시아의 평생교육정책

인도네시아 정부는 교육 발전에 큰 관심을 두고 있다. 인도네시아 헌법 31조에는 “모든 국민은 교육과 의무교육을 받을 권한이 있으며, 정부는 교육활동에 재정

지원을 할 의무가 있다"고 명시하고 있다.

정부는 국가 교육체제를 운영하기 위하여 국가 예상 세입 세출의 약 20%를 교육 예산에 할당해야 하고, 이는 2003년 국가교육제도에 관한 법 20호(Law No. 20 of 2003 on National Education System)에 근거한다. 또한 1989년 여성차별철폐협약(Convention on Elimination of Discrimination Against Women: CEDAW), 1989년 아동권리협약(Child Rights Convention), 2000년 다카르 모든 이를 위한 교육 선언(Declaration of Education for All: EFA), 2000년 새천년 개발 목표(Millennium Development Goals: MDGs) 선언 등 국제 협약 비준에 적극 참여함으로써 국민의 교육 기본권을 보장하고 높은 수준의 교육을 제공하고자 노력하고 있다 .

'2005-2025 국가장기발전계획'과 '2010-2014 국가중기발전계획'에 근거하여 인도네시아 국가교육부(Ministry of National Education)에서는 '2010-2014 국가교육전략계획'을 수립하였다.

국가교육부는 "총명하며 경쟁력을 갖춘 인도네시아인 양성"을 2025년까지 달성할 비전으로 설정하고, 이를 위한 2014 비전을 "전인적인 총명한 인도네시아 인재 양성을 위한 최고의 국가 교육서비스 제공"으로 수립하였다. 아울러 2010-2014 미션으로 1) 교육서비스의 이용가능성(availability) 제고, 2) 교육서비스 합리적 비용성(affordability) 제고, 3) 교육서비스의 질과 적합성 제고, 4) 교육서비스 형평성 제고, 5) 교육서비스를 받는데 있어 확실성과 보장성 제고를 제시하였다.

이러한 미션을 달성하기 위해, 인도네시아 정부는 비형식교육과 무형식교육 제공을 통해 소외 계층 없이 고르게 수준 높은 교육을 제공하는 것에 노력을 기울이고 있다. 유아교육, 평등교육, 언어교육, 지역사회교육, 기술 및 직업훈련, 생활기술교육, 여성교육 지원 등 전반적으로 교육의 질을 높이고자 하였으며, 이와 관련하여 15개의 정책 방향을 제시하였다.

여기에는 '비형식, 무형식교육의 강화와 확대'가 포함된다. 지역학습센터(Centre for Community Learning Activities)의 학습 프로그램 강화와 확대, 중도 탈락학생과 성인을 위한 생애기술교육의 강화 및 확대, 도서관과 읽기 자료 제공을 통한 읽기

문화 확산, 성평등 달성을 위한 비형식, 무형식교육 확대, 부모교육과 홈스쿨링을 통한 지식 습득과 스킬 개선 촉진이 포함된다. 이렇듯 교육을 포함한 전 사회 분야의 시민사회단체, 종교단체, 여성단체, 훈련기관, 지역사회개발기관, 대학, 지역학습센터, 자원봉사 조직, 학습그룹, 보육기관 등 지역사회 내의 비형식 및 무형식교육기관 등 모두가 비형식 및 무형식교육의 조직과 운영에 참여하고 있다.

참고 문헌

강성국 · 신종수 · 조재동 · 하봉운 · 권재현(2006). 학점은행제 학습자 만족도 분석 연구, 서울: 한국교육개발원.

곽삼근 · 윤혜경 · 박진아(2011). 대학평생교육의 전문화를 위한 성인학위과정에 대한 요구분석. 평생교육학연구, 17(2), 93-122.

국가평생교육진흥원(2013). 한국평생교육, 창간호.

_______________(2013). 학점은행제 종합정보시스템 DB.

권두승 외(1999). "지식 기반 사회에서의 평생교육법 개정 방향과 과제." 교육법학회, 1999년 연차대회 주제발표 원고.

권두승 · 이경아(2004). 학점은행제 성인학습자의 학습 양식에 관한 연구. 평생교육학연구, 10(2), 25-48.

권인탁(1999). 고등교육체제에서의 사회교육 진흥에 관한 연구. 평생교육학연구, 5(2), 57-83.

_____(2009). 평생교육경영론, 서울: 학지사.

곽영우 외(1993). 교육행정 및 교육경영, 서울: 과학과 예술.

곽영우 외 4인 공저(1984). 평생교육의 원리, 전북: 전북대학교부설 사회교육연구소.

교육과학기술부(2010). '10년 다문화가정 학생 교육 지원, 교육과학기술부 · 한국교육개발원.

___________(2011). 2011 한국 성인의 평생학습실태, 서울: 한국교육개발원.

___________(2012). 다문화학생교육 선진화 방안, 서울: 교육과학기술부.

교육부(1999). 평생교육백서.

_____(2000). 평생교육백서.

_____(2013). 다문화학생 교육지원계획, 서울: 교육부.

교육부 · 한국교육개발원(2013). 2013 고등교육기관 졸업자 건강보험DB연계 취업통계연보, 서울: 한국교육개발원.

교육인적자원부(2001). 평생교육백서, 2001.

김국현(2006). 학점은행제도의 정책과정에 대한 평가. 박사학위논문, 계명대학교 대학원.

김귀성 외 7인 공저(2001). 교육학개론, 서울: 형설출판사.

김도수(1994). 사회교육학, 경기: 교육과학사.

_____(2001). 평생교육, 경기: 양서원.

김명한 외(1996). 교육행정 및 경영, 서울: 형설출판사.

김명희(2001). 영유아보육의 이론과 실제, 서울: 교육아카데미.

김병우 · 강환세 · 류기형(2009). 사회복지사 자격 취득을 위한 학점은행제 교육과정에 대한 사례연구: A대학을 중심으로. 한국사회복지교육, 10, 1-35.

김승한(1981). 평생교육입문, 경기: 정민사.

김신일 · 정우현 · 한준상 · 최운실(1996). 학점은행제 도입 및 실시방안, 서울: 교육부 중앙교육심의회 평생교육분과위원회.

김영돈(1981). 학교경영의 이론과 실제, 경기: 교육과학사.

김영모 · 표갑수(1998). 선진국 아동보육 제도와 보육 프로그램, 서울: 한국복지정책연구소 출판부.

김윤수 외 4인 공저(1982). 평생교육론-철학 · 심리 · 사회학적 기초-, 서울: 문음사.

김윤태(1995). 교육행정 · 경영신론, 서울: 배영사.

김익균(2001). 보육행정론, 경기: 양서원.

김익균 · 정원주 공저(2000). 보육학개론, 서울: 대학출판사.

김재춘 · 김재현 · 전선아(2007). 학점은행제 표준교육과정의 재구조화 방향 탐색. 교육과정연구, 25(3), 133-153.

김종서외 3인 공저(2000). 평생교육개론, 경기: 교육과학사.

김종철 · 이종재(1995). 교육행정의 이론과 실제, 경기: 교육과학사.

김주아 · 류현수 · 최용득(2013). 아동복지론, 서울: 동문사.

김창걸(1997). 교육행정 및 교육경영, 서울: 형설출판사.

나장함(2006). 학점은행제 교육과정 운영에 대한 질적 분석. 교육과정연구, 24(4), 181-202.

남정걸(2002). 평생교육경영학, 경기: 교육과학사.

남정걸 외 2인 공저(2000). 평생교육행정 및 정책, 경기: 교육과학사.

노병일 외 2인 편저(2001). 사회복지법전, 서울: 홍익재.

노종희(1992). 교육행정학, 서울: 문음사.

대구대학교사회복지연구소편(1998). 사회복지사전, 서울: 경진사.

박인종 · 오병진 · 김태준 · 류경숙 · 고영주 · 유지윤(2001). 학점은행제 질 관리체제 구축 방안 연구, 서울: 한국교육개발원.

백은순 · 임두순 · 김미란 · 나장함 · 기영화(2005). 학점은행제 학습자 특성 분석 연구, 서울: 한국교육개발원.

백은순 · 최상덕 · 김미숙 · 윤여각 · 황인성 · 류경숙 · 신종수(2004). 학점은행제 평가인정체제 개선방안연구, 서울: 한국교육개발원.

법무부(2013). 제2차 외국인정책 기본계획. 서울: 법무부.

손준종 · 구혜정(2007). 비전통적 학습자의 고등교육기회 분석. 평생교육학연구, 13(2), 141-163.

심한식 · 신경석 · 이수경 · 변숙영 · 이은정(2012). 고용노동부 직업훈련과정의 학점은행제 연계 방안 연구, 서울: 고용노동부 · 국가평생교육진흥원.

안전행정부(2013). 2013년 지방자치단체 외국인 주민 현황. 서울: 안전행정부.

양문영(2008). 학점은행제 성인학습자의 자기주도적 학습 준비도 연구. 석사학위논문, 아주대학교 대학원.

여성가족부(2012). 제2차 다문화가족정책 기본계획, 서울: 여성가족부.

오기형(1983). 전인교육 : 원리와 실제(상), 서울: 인간교육학회.

오주 · 이덕희 · 이명희(2012). 아동복지론, 서울: 동문사.

왕기항(1986). 교육조직론, 서울: 집문당.

유네스코한국위원회 · 한국평생교육기관 공저(1983). 평생교육의 기초와 체제, 경기: 정민사.

육광심(2007). 학점은행제 교육훈련기관의 평가를 위한 사례연구: 호텔 · 관광 · 외식 · 조리분야를 중심으로. 국제관광연구, 4(1), 19-55.

이부섭(2008). 노인종합복지관 교육프로그램의 실태 및 만족도. 석사학위논문, 경남대학교 교육대학원.

이삼경(2007). 고등교육으로서 학점은행제의 현황 및 의미 고찰. 교육연구논총, 28(2), 165-182.

이상기 · 한상효(1999). 교육학개론, 서울: 형설출판사.

이상기(2000). 교육행정 및 교육경영, 서울: 형설출판사.

이형행(1990). 교육행정, 서울: 문음사.

임옥진(2007). 학점은행제 평가인정의 메타평가 준거 개발. Andragogy Today, 10(2), 31-69.

장수명 · 최상덕(2010). 성인의 고등교육 참여 실태와 경제성과 분석. 평생교육학연구, 16(1), 163-184.

장천식(2009). 노인복지관 평생교육프로그램 운영에 관한 실증적 연구. 박사학위논문, 국제신학대학원대학교.

정지선 · 최은수 · 나승일 · 최지희 · 정해욱(2002). 생애에 걸친 직업교육체제 구축에 관한 연구: 고등교육기관을 중심으로. 서울: 한국직업능력개발원.

조임현(2005). 노인복지교육의 활성화 방안에 관한 연구. 석사학위논문, 상지대학교 행정대학원.

조재준(2015). 노인교육을 위한 전문가 양성에 관한 연구, 미래교육연구.

천세영 · 이삼경(2009). 성인여성학습자의 학습욕구와 고등교육기회 접근형태 간의 불일치 현상탐구. 평생교육학연구, 15(2), 169- 185.

천세영 · 한숭희(2006). 평생학습사회에서의 고등교육의 의미와 대학의 위상전환. 평생교육학연구, 12(1), 127-144.

최상덕 · 김미란 · 이정미 · 김승보 · 장수명(2007). 평생학습 사회 실현을 위한 고등교육 체제 혁신 방안 연구, 서울: 한국교육개발원.

최상덕 · 정기수 · 신종수(2005). 학점은행제 평가인정 및 사후관리체제 개선방안 연구, 서울: 한국교육개발원.

최순남(2000). 현대노인복지론, 서울: 한신대학교 출판부.

하상록(2002). 노인의 교육참여가 생활만족도에 미치는 영향. 석사학위논문, 서남대학교 사회정책대학원.

한국교육행정학회(1995). 교육조직론, 서울: 한국교육행정학회.

한준상 · 김용현 · 김성길(2010). 학점은행제 내실화 방안 연구, 서울: 평생교육진흥원.

Barnard, C. I. *The Function of the Executive*. Cambridge: Harvard Univ. Press, 1938.

Dave, R. H. Life-long Education and School Curriculum. Unesco, Institute for Education, 1973.

Etzioni, A. *A Comparative Analysis of Complex Organiations*. New York: Free Press, 1961.

_____, *Modern Organization*. New Jersey: Prentice-Hall Inc., 1964.

Fiedler, F. E. *A Theory of Leadership Effectiveness*. New York: McGraw-Hill Book

Co., 1967.

Gaus, J. M. et al. *The Frontiers of Public Administration.* Univ. of Chicago Press, 1936.

Graicunas, V. A. "Relationship in Organization." in L. Gulick and L. Urwick(eds.). *Papers on the Science of Administration.* New York: Institute of Public Administration, 1937.

Halpin, A. *Theory and Research in Administration.* New York: Macmillan, 1966.

Hemphill, J. K. and Coons, A. E. *Leader Behavior Description.* Columbus, Ohio: Personnel Research Board, Ohio State Univ., 1950.

Hersey, P. and Blanchard, K. H. *Management of Organizational Behavior : Utilizing Human Resources*, 3rd ed.. Englewood Cliffs, New Jersey: Prentice-Hall, 1982.

Hoy, W. K. and Miskel, C. G. *Educational Administration : Theory Research,* Practice, 4th ed.. New York: McGraw-Hill Inc., 1991.

Kimbrough, R. B. and Nunnery. M. Y. Educational *Administration : An Introduction.* New York: Macmillan, 1976.

Lewin, K, Lippitt, R. and White, R. K. "Patterns of Aggressive." Behavior in Experimentally Created." *Social Psychology X*. May, 1939.

Lipham, J. "Leadership and Administration." in of the NSSE. Part Ⅱ. Chicago: Univ. of Chicago, 1964.

Mooney, J. D. and Reily, A. C. *The Principles of Organization.* New York: Harper & Brothers, 1939.

Morphet, E. L, Johns, R. L. and Reller, T. L. *Educational Organization and Administration:Concepts and Issues*, 3rd ed.. Englewood Cliffs, N.J: Prentice-Hall Inc., 1974.

Perry, W. *Open University.* Milton Keynes : Open University Press, 1976.

Schein, E. H. *Organizational Psychology.* New York: Prentice-Hall Inc., 1965.

Stogdill, R. M. *Handbook of Leadership.* New York: The Free Press, 1974.

___________, "Leadership, Membership and Organization" *Psychological Bulletin.* 47, 1950.

Weber, Max. *The Theory of Social and Economic Organization.* Translated by H. H. Gerth and C. W. Mills. New York: Oxford University Press, 1947.

저자 소개

✍ 조재준(趙載準)

원광대학교 사범대학교 교육학과 졸업
원광대학교 대학원 석사 · 박사학위 취득
원광대학교, 원광보건대학교 시간강사
백석대학교 사범학부 유아교육과 교수
현, 백석문화대학교 유아교육과 교수

평생교육경영의 실제

초판인쇄 2016년 1월 25일
초판발행 2016년 1월 30일

조재준
2016. 1.

저 자 조 재 준
발행인 김 현 태
발행처 태영출판사

주 소 (08301) 서울 구로구 구로동 104-10 동남오피스텔 201호
전 화 02 · 839-3757, 839-3752
팩 스 02 · 837-3754
등 록 2005년 5월 30일 제12-421호
홈페이지 http://www.taeyeongbook.co.kr
E-mail tys2005@hanmail.net
ISBN 978-89-6302-188-1 93370
정 가 16,000원

NAVER 태영출판사

* 잘못 만들어진 책은 교환해 드립니다.